株式会社・各種法人別
清算手続マニュアル
― 手続の選択から業種別の注意点まで ―

編集代表　尾島　史賢（弁護士・関西大学大学院法務研究科教授）
編集委員　田中　智晴（弁護士）
　　　　　溝渕　雅男（弁護士）
　　　　　渡邊　一誠（弁護士）
　　　　　太田　洋一（弁護士）

新日本法規

は し が き

　会社（法人）の清算は、人間でいえば「死」を意味するものであり、ともすればマイナスのイメージが強い。しかしながら、事業を譲渡（分割）した上で、事業の一部は新しい譲受人（承継会社）の下で存続し、残された事業が譲渡人（分割会社）の下で静かにクローズ（閉鎖）することは、事業の「再生」を意味するものであって、マイナスよりもプラスをイメージするものである（実際に、私は、法科大学院の講義では「倒産」は事業の「再生」を目指すものであるから決してマイナスイメージではない、といつも述べている。）。

　我々弁護士は、いかにして事業を再生させるか、というプラスの側面を重視して業務に当たりがちであり、これまでにも、弁護士業務のこういった側面（私的整理や民事再生等）に関しては、多くの書籍が刊行されている。一方で、事業再生が頓挫し、法的整理（自己破産や特別清算等）を余儀なくされた場合の書籍も、また多く刊行されている。

　しかしながら、会社（法人）を「通常清算」する局面においては、解散・清算確定申告を税理士に依頼したり、会社（法人）の解散登記を司法書士に依頼したりすることから、会社（法人）の「通常清算」業務が弁護士に依頼されることは少なく、それゆえ、弁護士の「通常清算」業務に着目した書籍はそれほど多くはないように思われる。

　もっとも、2017年度に休廃業した会社（法人）は28,142社と言われ、2000年以降過去最多を更新している（東京商工リサーチ調べ）。多くの会社（法人）は、後継者不足や、代表者が不慮の事故・病気等により死亡ないし意思能力を喪失したことによる自主廃業を余儀なくされる（親会社（法人）が子会社（法人）を清算し、整理する場合も多い。）など、社会において「通常清算」業務は大いに必要とされている。

　そして、会社（法人）を「通常清算」する局面においては、従業員の退職・解雇等や賃借物件の明渡し、リース物件の返還等をはじめとする手続が必要となるし、法的な論点や問題点が顕出されることも多い。また、会社（法人）の種類にも様々なものがあることから、それぞれの特性を理解した上で清算手続に臨まなければ清算手続自体が滞ってしまうおそれもある。したがって、社会において、「弁護士」が「通常清算」業務に携わる必要性も、また高いのである。

　本書は、「通常清算」業務に初めて携わる弁護士や会社（法人）の法務担当者等を念頭に執筆したものである。

まず、第1章「相談・受任」では、「通常清算」の相談を受けた際の対応を、第2章「清算方法の選択」では、通常清算とそれ以外の清算手続の選択と留意点を、第3章「清算の実施」では、通常清算とそれ以外の清算手続に加えて、持分会社、社団法人・財団法人、医療法人、社会福祉法人、宗教法人、特定非営利活動法人、学校法人の解散・清算を、第4章「業種別の注意点」では、各種会社（法人）の業種に着目した注意点を、それぞれ記載している。

　そして、各章の冒頭にフローチャートを作成することで、大まかな流れが理解できるように工夫している（なお、第3章の第5以降は重複することからフローチャートは省略している。）。また、本書は、「弁護士」が「通常清算」業務を受任することを前提に記載しているが、会計・税務や登記業務の観点からの記載にも配慮している（もっとも、「通常清算」の会計・税務や登記業務の詳細に関しては多くの書籍が刊行されていることからそちらを参照されたい。）し、「アドバイス」という形で実務上の注意点を提供したりもしている。

　読者各位におかれては必ずしも本書を最初から通読する必要はなく、読者各位が関連する項目をピックアップして読んでいただけるように各項目を相互に対応させている。

　本書の執筆を担当したのは若手から中堅の弁護士、公認会計士・税理士、司法書士で、それぞれ多忙を極める業務の合間に自らの知識・経験を振り絞って原稿を執筆してくれた。加えて、編集代表である私の厳しい締切設定を守ってくれたおかげで、構想から刊行まで約1年半という短期間で本書を刊行することができた。これもひとえに執筆者各位の能力の高さゆえである。このような優秀な執筆者を選出できたのが私の唯一の功績であろう。また、昼夜を問わず飛び交うメーリングリスト上のメールのやりとりを適確に受け止め、適切なスケジュール管理に尽力した新日本法規出版の中村佳代子さんには大変感謝申し上げる。中村さんの存在なくしては、ここまでスピーディに本書が刊行されることはなかったであろう。

　最後に、このチームの面々とは、今後、何か一つの事件を共同受任して取り組みたい（利害関係の問題があり、なかなか難しいのではあるが。）、それが無理でも何か別の書籍をまた一緒に執筆したい、と思えるほど優秀であった（また一緒に仕事をしたいと思えるというのはとても幸せなことである。）。次の業務を一緒にできることを期待して、本原稿の執筆を「清算」したいと思う。

平成31年3月

編集代表　尾　島　史　賢

編集・執筆者一覧

≪編集代表≫

弁護士・関西大学大学院法務研究科教授

尾島　史賢　（尾島法律事務所）

≪編集委員≫

弁護士　田中　智晴　（弁護士法人経営創輝）

弁護士　溝渕　雅男　（共栄法律事務所）

弁護士　渡邊　一誠　（弁護士法人大江橋法律事務所）

弁護士　太田　洋一　（リードリーフ法律事務所）

≪執筆者≫（五十音順）

弁護士　太田　洋一　（リードリーフ法律事務所）
［執筆担当］第3章第3 ①〜③・第4章第6・第4章第12

弁護士　岡田　良洋　（弁護士法人関西法律特許事務所）
［執筆担当］第3章第9 ①〜④・第4章第7

弁護士　北井　歩　（弁護士法人第一法律事務所）
［執筆担当］第3章第6 ①〜④

公認会計士・税理士　金　鍾明　（税理士法人わかば経営会計）
［執筆担当］第3章　会計・税務部分

司法書士　田中　利和　（田中利和司法書士事務所）
［執筆担当］第3章　登記部分

弁護士　田中　智晴　（弁護士法人経営創輝）
［執筆担当］第3章第1 ①〜④・第3章第2 ①〜⑤・第4章第1・第4章第

弁護士　福井　俊一　（はばたき綜合法律事務所）
［執筆担当］第4章第4・第4章第9

弁護士　堀野　桂子　（北浜法律事務所・外国法共同事業）
［執筆担当］第3章第7 [1]～[4]・第4章第8

弁護士　松尾　洋輔　（堂島法律事務所）
［執筆担当］第3章第5 [1]～[4]・第3章第10 [1]～[4]・第4章第11

弁護士　溝渕　雅男　（共栄法律事務所）
［執筆担当］第3章第4 [1]～[5]・第4章第5

弁護士　森本　英伸　（弁護士法人淀屋橋・山上合同）
［執筆担当］第3章第1 [1]～[4]・第3章第8 [1]～[4]・第4章第13

弁護士　山本　知広　（尾島法律事務所）
［執筆担当］第1章・第4章第10

弁護士　渡邊　一誠　（弁護士法人大江橋法律事務所）
［執筆担当］第2章・第4章第2

凡　例

<本書の内容>

　本書は、会社（法人）の清算業務の処理方法をマニュアル化したものです。業務の流れを適宜フローチャートで図示した上で、業務遂行上の留意事項をコンパクトにまとめることにより、一通りの業務ができるよう編集しています。

<本書の体系>

　本書は、次の4章により構成しています。

　第1章　相談・受任
　第2章　清算方法の選択
　第3章　清算の実施
　第4章　業種別の注意点

<表記の統一>

1　法令等

　根拠となる法令等の略記例及び略語は次のとおりです（〔　〕は本文中の略語を示します。）。

　　会社法第105条第1項第2号＝会社105①二
　　平成19年3月30日文部科学省告示第41号＝平19・3・30文科告41
　　平成20年9月1日民商第2351号＝平20・9・1民商2351

会社	会社法	NPO法〔NPO法〕	特定非営利活動促進法
会社規	会社法施行規則		
一般法人	一般社団法人及び一般財団法人に関する法律	会社非訟規	会社非訟事件等手続規則
一般法人規	一般社団法人及び一般財団法人に関する法律施行規則	介保	介護保険法
一般法人登規	一般社団法人等登記規則	学教	学校教育法
		学教令	学校教育法施行令
医薬品医療機器等	医薬品、医療機器等の品質、有効性及び安全性の確保等に関する法律	学教規	学校教育法施行規則
		各種法登規	各種法人等登記規則
医療	医療法		
医療規	医療法施行規則	貨物自運	貨物自動車運送事業法

略語	正式名称
貨物利運	貨物利用運送事業法
観光圏整備	観光圏の整備による観光旅客の来訪及び滞在の促進に関する法律
組登令	組合等登記令
警備	警備業法
警備規	警備業法施行規則
建設	建設業法
建設令	建設業法施行令
建設リサイクル〔建設リサイクル法〕	建設工事に係る資材の再資源化等に関する法律
建築物衛生	建築物における衛生的環境の確保に関する法律
建築物衛生規	建築物における衛生的環境の確保に関する法律施行規則
公益法人認定	公益社団法人及び公益財団法人の認定等に関する法律
個人情報	個人情報の保護に関する法律
個人情報令	個人情報の保護に関する法律施行令
古物	古物営業法
古物規	古物営業法施行規則
私学	私立学校法
私学規	私立学校法施行規則
〔下請法〕	下請代金支払遅延等防止法
社福	社会福祉法
住宅宿泊事業	住宅宿泊事業法
住宅宿泊事業規	住宅宿泊事業法施行規則
住宅品質	住宅の品質確保の促進等に関する法律
宗法	宗教法人法
酒税	酒税法
酒税令	酒税法施行令
浄化槽	浄化槽法
浄化槽規	環境省関係浄化槽法施行規則
商登	商業登記法
商登規	商業登記規則
食品衛生	食品衛生法
食品衛生規	食品衛生法施行規則
所税	所得税法
振動規制	振動規制法
水質汚濁	水質汚濁防止法
製造物	製造物責任法
騒音規制	騒音規制法
租特	租税特別措置法
大気汚染	大気汚染防止法
宅地建物	宅地建物取引業法
特定商取引	特定商取引に関する法律
特定商取引令	特定商取引に関する法律施行令
廃棄物〔廃棄物処理法〕	廃棄物の処理及び清掃に関する法律
廃棄物規	廃棄物の処理及び清掃に関する法律施行規則
破産	破産法
美容師	美容師法
風営	風俗営業等の規制及び業務の適正化等に関する法律
法税	法人税法
保険業	保険業法
保険業令	保険業法施行令
マンション管理	マンションの管理の適正化の推進に関する法律
民	民法
改正前民	民法の一部を改正する法律(平成29年法律第44号)による改正前の民法
改正後民	民法の一部を改正する法律(平成29年法律第44号)による改正後の民法
民再	民事再生法
〔有限責任事業組合契約法〕	有限責任事業組合契約に関する法律
理容師	理容師法
旅館	旅館業法
旅館規	旅館業法施行規則
旅行	旅行業法

旅行令	旅行業法施行令	老福	老人福祉法
労基	労働基準法	法基通	法人税基本通達
労派遣 〔労働者 派遣法〕	労働者派遣事業の適正な運営の 確保及び派遣労働者の保護等に 関する法律		

2 判　例

　根拠となる判例の略記例及び出典の略称は次のとおりです。

　最高裁判所平成29年12月14日判決、判例時報2368号30頁
　　＝最判平29・12・14判時2368・30

判時　　判例時報
民集　　最高裁判所民事判例集

目　次

第1章　相談・受任

第1　相談予約

ページ

＜フローチャート～相談予約＞……………………………………… 3
1 会社（法人）・事業内容の聴取……………………… 4
2 資料の送付・準備の指示……………………………… 5
3 費用（概算）の説明…………………………………… 6

第2　相談に向けた準備

＜フローチャート～関係資料の検討＞……………………………… 8
1 関係資料の検討………………………………………… 9
2 想定される法的問題点の事前検討…………………… 11

第3　相　談

＜フローチャート～相談＞…………………………………………… 13
1 相談者からの事情聴取………………………………… 14
2 相談者への説明・アドバイス………………………… 15

第4　委任契約の締結

＜フローチャート～委任契約の締結＞……………………………… 17
1 受任する場合の費用の説明…………………………… 18
2 委任事項及び範囲の確認……………………………… 18
3 委任契約書の作成……………………………………… 18
　【書式1】　委任契約書………………………………… 20

第2章　清算方法の選択

第1　清算方法の種類

＜フローチャート～清算方法の種類＞……………………………… 25
1 通常清算手続の概要…………………………………… 26

- 2 特別清算手続の概要……………………… *27*
- 3 破産手続の概要…………………………… *29*
- 4 Ｍ＆Ａ型清算手続の概要………………… *31*

第2 各種清算手続の選択と留意点
　＜フローチャート～各種清算手続の選択と留意点＞…………… *33*
- 1 各種清算手続の特徴と事前準備の重要性の確認………… *34*
- 2 手続選択上の留意点の確認……………………… *38*
- 3 各種契約関係の処理上の留意点の確認………… *42*
- 4 財産換価上の留意点の確認……………………… *44*
- 5 債務弁済上の留意点の確認……………………… *46*
- 6 残余財産分配上の留意点の確認………………… *47*

第3章　清算の実施

第1　通常清算（株式会社）
　＜フローチャート～通常清算（株式会社）＞………………… *51*
- 1 会社法上の通常清算手続の流れ………………… *52*
- 2 通常清算に向けた事前準備……………………… *53*
- 3 各種契約の処理上の留意点……………………… *56*
- 4 会社法上の清算手続……………………………… *63*
- 5 通常清算手続における会計・税務……………… *68*
- 6 通常清算手続における登記……………………… *71*
  - 【書式2】　株式会社解散・清算人及び代表清算人選任登記申請書………… *74*
  - 【書式3】　株式会社清算結了登記申請書……… *75*

第2　特別清算（株式会社）
　＜フローチャート～手続開始から終結まで＞………………… *76*
- 1 特別清算………………………………………… *78*
- 2 制度の概要……………………………………… *79*
- 3 通常清算手続との関係………………………… *84*
- 4 清算株式会社の機関…………………………… *84*

5　個別和解型・対税型の利用……………………… 85
　　6　特別清算手続における会計・税務……………… 86
　　7　特別清算手続における登記……………………… 86
　　　【書式4】　特別清算開始申立書…………………… 88

第3　破産手続
　＜フローチャート〜破産手続の一般的な流れ＞……………… 93
　　1　破産手続の概要………………………………… 96
　　2　破産手続の流れ………………………………… 97
　　3　破産手続における諸手続……………………… 98
　　4　破産手続における会計・税務………………… 104
　　5　破産手続における登記………………………… 105

第4　持分会社の解散・清算
　＜フローチャート〜持分会社の解散・清算＞………………… 107
　　1　持分会社の概要………………………………… 108
　　2　清算手続の選択………………………………… 111
　　3　通常清算手続…………………………………… 112
　　4　破産手続………………………………………… 116
　　5　任意清算手続…………………………………… 116
　　6　持分会社における会計・税務………………… 117
　　7　持分会社における登記………………………… 118

第5　一般社団法人・一般財団法人、公益社団法人・公益財団法人の解散・清算
　　1　一般社団法人・一般財団法人、公益社団法人・公益財団法人の概要……………………………… 120
　　2　清算手続の選択………………………………… 124
　　3　通常清算手続…………………………………… 125
　　4　破産手続………………………………………… 132
　　5　一般社団法人・一般財団法人、公益社団法人・公益財団法人における会計・税務……………… 132
　　6　一般社団法人・一般財団法人、公益社団法人・公益財団法人における登記…………………… 133

第6　医療法人の解散・清算

　1　医療法人の概要……………………………………… *136*
　2　清算手続の選択…………………………………… *140*
　3　通常の清算手続…………………………………… *141*
　4　破産手続…………………………………………… *145*
　5　医療法人における会計・税務…………………… *146*
　6　医療法人における登記…………………………… *146*

第7　社会福祉法人の解散・清算

　1　社会福祉法人の概要……………………………… *148*
　2　清算手続の選択…………………………………… *151*
　3　通常清算手続……………………………………… *152*
　4　破産手続…………………………………………… *157*
　5　社会福祉法人における会計・税務……………… *157*
　6　社会福祉法人における登記……………………… *157*
　　　【書式5】　社会福祉法人解散認可（認定）申請書………… *160*

第8　宗教法人の解散・清算

　1　宗教法人の概要…………………………………… *161*
　2　清算手続の選択…………………………………… *163*
　3　通常清算手続……………………………………… *164*
　4　破産手続…………………………………………… *168*
　5　宗教法人における会計・税務…………………… *168*
　6　宗教法人における登記…………………………… *169*

第9　特定非営利活動法人の解散・清算

　1　特定非営利活動法人の概要……………………… *171*
　2　清算手続の選択…………………………………… *174*
　3　通常清算手続……………………………………… *174*
　4　破産手続…………………………………………… *178*
　5　特定非営利活動法人における会計・税務……… *178*
　6　特定非営利活動法人における登記……………… *179*

第10　学校法人の解散・清算
- 1　学校法人の概要……………………………………………… *180*
- 2　清算手続の選択……………………………………………… *182*
- 3　通常清算手続………………………………………………… *183*
- 4　破産手続……………………………………………………… *187*
- 5　学校法人における会計・税務……………………………… *188*
- 6　学校法人における登記……………………………………… *189*

第4章　業種別の注意点

第1　建設業
- 1　業　態………………………………………………………… *193*
- 2　多く見られる契約類型……………………………………… *194*
- 3　許認可等……………………………………………………… *196*
- 4　注意点………………………………………………………… *198*

第2　不動産業
- 1　業　態………………………………………………………… *205*
- 2　多く見られる契約類型……………………………………… *206*
- 3　許認可等……………………………………………………… *208*
- 4　注意点………………………………………………………… *209*

第3　製造業
- 1　業　態………………………………………………………… *213*
- 2　多く見られる契約類型……………………………………… *213*
- 3　許認可等……………………………………………………… *215*
- 4　注意点………………………………………………………… *216*

第4　卸売業・小売業
- 1　業　態………………………………………………………… *218*
- 2　多く見られる契約類型……………………………………… *219*

第5 運輸業
　1 業　態 ………………………… 223
　2 多く見られる契約類型 ………………………… 224
　3 許認可等 ………………………… 225
　4 注意点 ………………………… 225

第6 サービス業（飲食関係）
　1 業　態 ………………………… 228
　2 多く見られる契約類型 ………………………… 229
　3 許認可等 ………………………… 230
　4 注意点 ………………………… 232

第7 サービス業（宿泊関係）
　1 業　態 ………………………… 235
　2 多く見られる契約類型 ………………………… 235
　3 許認可等 ………………………… 237
　4 注意点 ………………………… 238

第8 サービス業（旅行関係）
　1 業　態 ………………………… 241
　2 多く見られる契約類型 ………………………… 242
　3 許認可等 ………………………… 243
　4 注意点 ………………………… 244
　　【書式6】　事業廃止等届出書 ………………………… 247

第9 サービス業（美容関係）
　1 業　態 ………………………… 248
　2 多く見られる契約類型 ………………………… 249
　3 許認可等 ………………………… 250
　4 注意点 ………………………… 251

（目次冒頭に）
　3 許認可等 ………………………… 220
　4 注意点 ………………………… 220

第10 サービス業（清掃関係）
　1　業　態 ……………………………………………… *253*
　2　多く見られる契約類型 ……………………………… *253*
　3　許認可等 …………………………………………… *254*
　4　注意点 ……………………………………………… *255*
　　【書式7】　一般廃棄物収集運搬業廃止届出書 ……… *258*
　　【書式8】　建築物衛生管理業登録事業廃止届出書 … *259*
　　【書式9】　産業廃棄物処理業廃止届出書 …………… *260*
　　【書式10】　古物商許可証　返納理由書 ……………… *261*

第11 サービス業（情報技術（IT）関係）
　1　業　態 ……………………………………………… *262*
　2　多く見られる契約類型 ……………………………… *262*
　3　許認可等 …………………………………………… *264*
　4　注意点 ……………………………………………… *264*

第12 サービス業（警備関係）
　1　業　態 ……………………………………………… *266*
　2　多く見られる契約類型 ……………………………… *267*
　3　許認可等 …………………………………………… *267*
　4　注意点 ……………………………………………… *268*
　　【書式11】　警備業廃止届出書 ………………………… *271*

第13 サービス業（介護関係）
　1　業　態 ……………………………………………… *272*
　2　多く見られる契約類型 ……………………………… *273*
　3　許認可等 …………………………………………… *274*
　4　注意点 ……………………………………………… *275*

第 1 章

相談・受任

第1 相談予約

＜フローチャート～相談予約＞

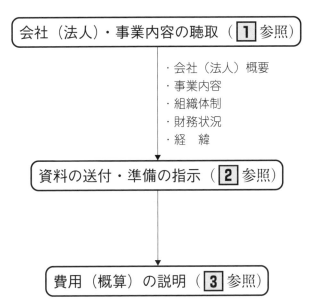

1 会社（法人）・事業内容の聴取

(1) 事前準備の重要性

　法律専門家が会社（法人）から清算について相談を受けた際、相談を受けた法律専門家としては、会社（法人）が置かれている状況を正確に把握し、どのような方法によって当該会社（法人）を清算するのが適切かを判断する必要があります。

　その判断に時間がかかればかかるほど、相談者を取り巻く状況は変化していきますし、その間に会社（法人）の財産が散逸されかねません。したがって、会社（法人）の清算に関して相談を受けることになった法律専門家としては、早期に会社（法人）の事業内容、事業規模、資産・負債の状況等を把握し、円滑に手続を進める必要があります。

　そこで、初回相談の機会を無駄にしないためにも、(2)に記載する事項等を事前に聴取することが有用です。

(2) 事前に聴取しておくべき事項

　初回の相談をより有意義なものにするため、可能な範囲で以下の事項を聴取しておくことが効果的です。

① 会社（法人）概要
　　事業規模、本店・支店所在地、事業所や工場の所在地を聴取します。
② 事業内容
　　業界や業種等をはじめとする具体的な事業の内容を聴取します。
③ 組織体制
　　会社（法人）の種類や構成員、構成員の人的属性、株式会社であれば株主や取締役の構成、従業員数とその内訳、労働組合の有無その他組織体制について聴取します。
④ 財務状況
　　年間の売上げや会社（法人）が有する資産、負債総額等について聴取します。
　　具体的な財務状況については、2で記載する資料の送付を求め、これらを確認の上、初回の相談に臨む必要があります。
⑤ 当該会社（法人）について清算を検討するに至った経緯
　　当該会社（法人）について清算を検討するに至った経緯を聴取します。
　　事情を聴取した上で債権者の取付騒ぎや、従業員による会社（法人）財産の持ち

逃げが予想される事案では早期に財産を保全する必要があります。したがって、円滑に清算手続を進めるためには経緯の聞き取りは不可欠です。

2　資料の送付・準備の指示

(1)　資料確認の重要性

　初回の相談の前に会社（法人）に関する資料を確認することは、会社（法人）概要や取引先業者を把握し、効率的に相談を進めることに繋がります。
　また、相談者の記憶には限界がありますし、事実の誤認や記憶違いをしていることもあれば、意図的に事実と異なる説明をすることも少なくありません。
　相談を受ける法律専門家としては、相談者の話に真摯に耳を傾けつつも、初回相談の前に(2)に記載する資料等を検討し、資料に基づき相談を進めていく必要があります。

(2)　送付・準備を依頼すべき資料

　相談者に送付及び準備を依頼すべき資料は、次のとおりです。
① 　商業登記簿謄本（現在事項全部証明書）
② 　直近3決算期分の決算報告書
　　取引先業者や資産の具体的内容等については勘定科目内訳明細書から把握することができるため、決算報告書の送付を求める際には、勘定科目内訳明細書を付けて送付するよう依頼することで、法律専門家が必要とする資料を取得することができます。
　　また、中小企業では、いわゆる粉飾決算がなされていることも稀ではないため、粉飾がないか、あるとすればその内容についても事前に確認する必要があります。
③ 　直近の試算表
④ 　資金繰り表（月次、日繰り）
　　今後のスケジュールを検討する必要があるため、最低でも直近3か月程度の日繰り表があると有用です。
⑤ 　会社（法人）所有の不動産に関する不動産登記簿謄本（登記事項証明書）
⑥ 　定　款
⑦ 　会社（法人）案内（会社（法人）概要）
　　当該会社（法人）に関するウェブサイト等があるのであれば、ウェブサイトで会

社（法人）概要を確認しておくと事業のイメージが湧き、円滑に相談を進めることができます。
⑧　組織図
⑨　（株式会社であれば）株主名簿
⑩　事業所一覧
⑪　債権者一覧表
⑫　主たる財産の一覧表

　以上①～⑫の資料を挙げましたが、清算を検討している会社（法人）代表者が初回の相談までに①～⑫の資料を全て用意することは簡単なことではありません。上記資料の中でも、最低限、会社（法人）の現状を把握するのに効果的な①～④については、必ず相談前に送付するよう依頼し、法律専門家において検討をしておくべきです。

3　費用（概算）の説明

　会社（法人）概要、事業内容や財務状況を確認できれば、選択し得る手続について費用（概算）を説明します。
　清算手続にかかる裁判所予納金は＜参考資料＞のとおりです。もっとも、＜参考資料＞に記載された裁判所予納金は目安に過ぎず、個々の事案を考慮して決定されますので、清算手続を検討している法律専門家は、実際に必要となる費用について裁判所に問い合わせてみましょう。
　弁護士費用については法律事務所ごとに様々ですが、(旧)日本弁護士連合会報酬等基準が参考になります。(旧)日本弁護士連合会報酬等基準では、資本金及び負債の額、関係人の数等事件の規模並びに事件処理に要する執務量に応じるとされつつ、事業者の自己破産の場合50万円以上、特別清算の場合100万円以上とされています。
　法律専門家が不当に高額な報酬を受けていると、当該会社（法人）について破産手続開始決定がなされた場合に、破産管財人による否認権行使の対象ともなりかねませんので、報酬は当該事案において適正かつ妥当な金額を定める必要があるといえます。

＜参考資料＞裁判所予納金（大阪地方裁判所の例）
　(1)　破産手続（大阪弁護士会ウェブサイト会員専用サイト（大阪地方裁判所・大阪弁護士会　破産管財運用検討プロジェクトチーム編『新版　破産管財手続の運用と書式』322頁（新日本法規出版、2009）参照））

破産手続における裁判所予納金は、債権者数、予想される破産管財業務の内容や破産財

団形成の見込みなどを考慮して判断されます。

　弁護士代理による自己破産（準自己破産を含みます。）申立事件の裁判所予納金は、債権者数によって異なりますが、債権者数が1～99名の場合の法人の引継予納金は最低20万円、郵券代替分5,000円（債権者数が1～50名の場合）、官報公告費用1万3,197円が必要です（この場合、20万5,000円は破産管財人に直接引き継ぎますが、官報公告費用は裁判所に予納することになります。）。債権者数が多い場合や明渡未了物件がある場合にはさらに加算されますので注意が必要です。

(2) 特別清算手続

協定型　　150万円以上(注1)
和解型　　8,598円
(注1)　裁判所との事前面談の結果、清算人の選任を要しない事案と判断された場合には5万円以上

(3) 清算人選任を申し立てる場合（大阪地方裁判所ウェブサイト参照）

　申立手数料・予納郵券以外に、清算人に対する報酬・費用の支払のために、予納金の納付が必要となります。
　予納金額につきましては、事案（清算人の行う清算事務の内容）によって異なります。
　不動産の任意売却を目的とする申立ての事案では20万円から50万円、債権譲渡通知の受領を目的とする事案では10万円から20万円程度の予納をした事例が多いといえます。
　ただし、清算事務を遂行する上で清算人による調査を行うことが必要である場合や、清算事務遂行中に問題が生じるおそれがありその解決に労力を要することが予想される場合（当然清算人の就任期間も長くなります。）には、上記より高額になります。

　　　　　アドバイス

○必要な資料を早期に収集するために
　会社（法人）代表者が、法律専門家から資料の送付を依頼された場合、相談者としては、「全て揃ってから送ろう」と思ったり、「完璧なものを送ろう」と思ったりして、資料がなかなか送られてこないということが少なくありません。そこで、法律専門家としては、特に必要性が高い資料については、見つかったものから順次送付するよう依頼するとともに、資金繰り表等新たに作成する必要がある資料については、資料収集の目的を伝えた上で「完璧なものを作成する必要はない」とアドバイスすることで、必要な資料を早期に取得することができます。

第2 相談に向けた準備

＜フローチャート～関係資料の検討＞

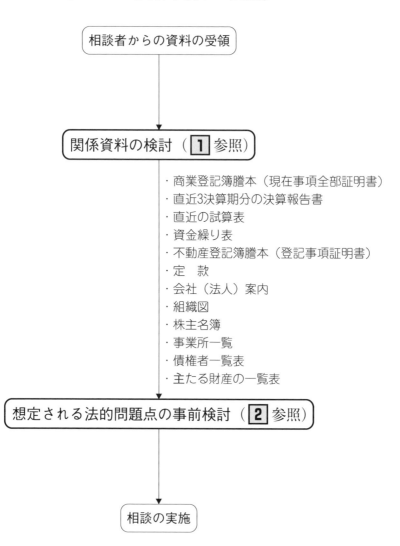

1 関係資料の検討

(1) 関係資料検討の重要性 ■■■■■■■■■■■■■■■■■■■■

　初回の相談の前に資料を確認することの重要性は**本章第1 2**で解説したとおりです。ここでは、相談に先立ち送付を受けた関係資料について、事前に検討すべきポイントを説明します。

(2) 関係資料の検討 ■■■■■■■■■■■■■■■■■■■■■■■■

　相談に先立ち送付を受けた関係資料で確認するポイントは以下のとおりです。
① 商業登記簿謄本（現在事項全部証明書）
　　当該会社（法人）の意思決定機関や役員構成、本店所在地、支店の有無、資本金の額等を把握し、会社（法人）の規模や、清算手続を進めるに当たり会社（法人）内部でどのような手続が必要となり、また法的手続を選択する場合にはどこの裁判所に管轄があるかを確認します。
② 直近3決算期分の決算報告書
　　決算報告書を確認することは、当該会社（法人）の財務状況を把握する上で必須であるといえます。直近3決算期分の貸借対照表・損益計算書を比較することによって、売上げや経費の推移を把握し、相談の際の会社（法人）代表者の説明と齟齬がないかを検証することができます。また、粉飾決算が行われている場合には、粉飾している対象項目や規模を事前に確認しておくことで、正確な会社（法人）の財務状況の把握に努めます。
　　さらに、勘定科目内訳明細書から、主要な取引先、取引銀行等を確認することで、流動資産の概要や当該会社（法人）が置かれている大まかな状況を把握しておきます。
③ 直近の試算表
　　会社（法人）の現在の状況を示しているのは直近の試算表ですので、直近の試算表を確認して会社（法人）が現在置かれている状況を把握します。
　　清算を検討している会社（法人）においては、会計事務所の報酬が支払われていない等の事情により直近の試算表がないことも少なくありません。その場合には、相談時に決算報告書からの大きな変更点があるかどうかを確認することによって、

当該会社（法人）の財務状況の把握に努めます。

④　資金繰り表

　　資金ショートの可能性がある事案においては、手続選択が制限されるだけでなく、その時期によっては法律専門家が、清算手続を準備する期間が制限されることになります。

　　このことから、資金繰りは適切な手続選択という意味でも重要な意味をもっているといえ、相談を受けることになった法律専門家としては、早期に会社（法人）の資金繰りを把握しておく必要があります。

⑤　会社（法人）所有の不動産に関する不動産登記簿謄本（登記事項証明書）

　　会社（法人）が不動産を所有している場合には、当該不動産について登記簿謄本を取得し、会社（法人）所有の不動産に関して備えられた担保の状況を把握します。

⑥　定　款

　　定款において、会社（法人）が清算手続をする場合の清算人に関する規定が定められている可能性がありますので、そのような定めがないかを確認します。

⑦　会社（法人）案内

　　会社（法人）を清算するに当たり、当該会社（法人）の業種や業界におけるシェア、売上規模、商流を把握することは、今後の方針や対応を決める上でとても重要です。そこで、会社（法人）案内や会社（法人）のウェブサイトを確認するなど、会社（法人）の概要について確認をしておく必要があります。

⑧　組織図

　　清算手続を進めていくには、少なからず当該会社（法人）の構成員の協力が必要になります。そこで、会社（法人）の組織図を見て、当該法人の組織系統を把握しておくことは有用です。

⑨　株主名簿

　　株主の構成を把握することで発行済株式総数や株主の状況等会社（法人）の概要を把握します。

⑩　事業所一覧

　　会社（法人）の清算を検討するに当たって、事業所が複数ある場合には財産の保全等を行う際に、多くの人手を要することも考えられます。そこで、事業所の数とその所在地、事業所の機能等についても事前に確認できるのであれば確認しておきます。

⑪　債権者一覧表

　　会社（法人）の債権者の構成が、金融債権者が多いのか、取引債権者が多いのか、

公租公課の滞納がないかを確認することによって、債権者ごとにいかなる対応をするのが好ましいかを検討するとともに、清算手続によって当該会社（法人）の利害関係人にどのような影響が及ぶのかを予想します。

⑫　主たる財産の一覧表

　会社（法人）が有している財産にどのようなものがあるのか及びそれらの財産的価値を把握します。会社（法人）において、債務の総額に比して、財産的価値の高い財産を有している場合には、清算手続の選択肢も増えることになりますし、会社（法人）が保全の必要性が高い財産を有していることもあります。したがって、会社（法人）が、どのような財産を持っているかという点のみならず、当該財産の換価・処分の方法及び時期、保全の方法についても早期に検討しておくことが好ましいといえます。

2　想定される法的問題点の事前検討

　従業員との労働関係をどのように処理するか、事業用不動産が賃借物件である場合にはどのタイミングで明渡しをするか、リース物件がある場合にはどのタイミングで対象物件の返還をするか等、事前に資料から得られた事情を基に大まかに検討しておきます。

　なお、会社（法人）の代表者は、多くの場合には、会社（法人）が金融機関から借入れを受けるに当たり、会社（法人）の債務の連帯保証をしています。このような状態で会社（法人）について破産手続が開始された場合には、保証債務についても期限の利益を喪失し、保証人も破産せざるを得ない状態になりかねません。そこで会社（法人）の代表者の財産状況についても大まかに頭に入れておく必要があります。

アドバイス

○経営者保証に関するガイドライン

　「経営者保証に関するガイドライン」は、中小企業の経営者が金融機関等と締結している個人保証について、保証契約を検討する際や、金融機関等の債権者が保証履行を求める際における、中小企業・経営者・金融機関の自主的なルールを定めたものです。法的拘束力はないものの、中小企業・経営者・金融機関が自主的に尊重し遵守することが期待されています。

　同ガイドラインでは、法人の法的整理手続又は準則型私的整理手続の申立てを同時に行

うか、係属中若しくは終結していること、金融機関において法人の債務及び保証債務の破産手続による配当よりも多くの回収を得られる見込みがあるなど経済的な合理性が期待されていること、経営者に破産法の定める免責不許可事由がないこと等の要件を満たす場合には、破産手続における自由財産に加えて、一定期間の生活費に相当する金員や華美でない自宅等を残すことを金融機関側が検討することになっています。

　このような選択肢がとれる場合には、会社（法人）が破産することになっても、会社（法人）の代表者個人が破産をすることなく、保証債務を整理することができるだけでなく、生活費や自宅を残すことができる場合があります。

（全国銀行協会ウェブサイト、中小企業庁ウェブサイト「経営者保証に関するガイドライン」、「経営者保証に関するガイドラインをご存知ですか」参照）

＜必要書類チェックリスト＞

必要書類チェックリスト
☐ 商業登記簿謄本（現在事項全部証明書）
☐ 直近3決算期分の決算報告書
☐ 直近の試算表
☐ 資金繰り表　月次（実績・予測）、日繰り（実績・予測）
☐ 会社（法人）所有の不動産に関する不動産登記簿謄本（登記事項証明書）
☐ 定　款
☐ 会社（法人）案内（会社（法人）概要）
☐ 組織図
☐ 株主名簿
☐ 事業所一覧
☐ 債権者一覧表
☐ 主たる財産の一覧表

第3 相　談

<フローチャート～相談>

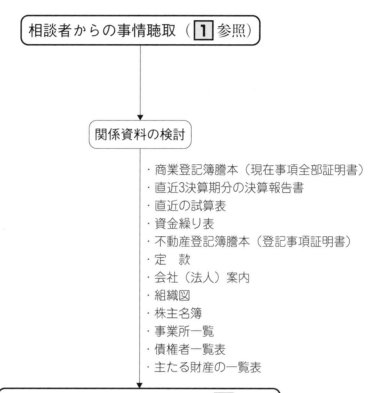

1 相談者からの事情聴取

(1) 事情聴取時の心構え ■■■■■■■■■■■■■■■■■■■

　相談を受けることになった法律専門家は、事情聴取をすることによって、対応の緊急性を判断するとともに、いかなる清算方法を選択するべきかを迅速かつ適切にアドバイスする必要があります。

　相談者の話に耳を傾けることは当然ですが、会社（法人）代表者の記憶違い等による影響を受けないよう、可能な限り資料に基づいて事情を聴取し、聴取した事情に資料と矛盾する点がないかを確認する姿勢が重要です。

(2) 聴取事項 ■■■■■■■■■■■■■■■■■■■■■■■■

ポイントとなる聴取事項は以下のとおりです。
① 資金繰り

　まずは当該会社（法人）の資金繰りについて、資金繰り表を基に確認をします。

　資金繰り表上、近日中に資金ショートすることが見込まれており、考え得る手段を講じてもこれを免れられないようであれば、速やかに法的手続を利用する準備をする等の対応が必要になります。

　一方で、資金ショートのおそれがない、又は、資金ショートまでしばらく時間的な猶予がある場合には、会社（法人）を清算する手段やタイミング等について検討する時間的な余裕があるといえます。

② 会社（法人）概要

　商業登記簿謄本（現在事項全部証明書）や会社（法人）案内・パンフレット、株主名簿等に基づき、資本金の額、役員の構成、株主の構成について聴取します。

　また、従業員数や支店の有無についても確認しておきます。

③ 事業内容

　当該会社（法人）が行っている事業を具体的にイメージできれば、今後生じ得る問題を未然に予測しやすくなるため、事業内容について正確に把握することは非常に重要です。

　そこで、当該会社（法人）が行っている事業内容や事業規模について、会社（法人）案内・パンフレット等を基に具体的に聴取します。特に継続的に取引のある

取引先は、決算報告書の勘定科目内訳明細書の買掛金欄や売掛金欄に記載があることが多いので、この記載を確認しながら聴取するのが効果的です。

④　清算を検討するに至った経緯

当該会社（法人）が清算を検討するに至った経緯について聴取します。直近3決算期分の決算報告書を比較することにより業績の推移が明らかになるため、これらの記載を確認しながら聴取するのが効果的です。

⑤　会社（法人）の財務状況の確認

直近3決算期分の決算報告書及び直近の試算表を確認しながら、会社（法人）の財務状況について聴取します。

聴取する際には、預貯金の残高だけでなく、現在、会社（法人）にどのような財産が存在するのか（不動産、自動車、機械工具類等）、その財産について担保権は設定されていないかを確認します。また、主な債権者数とそれぞれの債権額、公租公課の滞納がないか等も確認しておきます。

⑥　その他

会社（法人）の清算を検討している会社（法人）の代表者は、会社（法人）のことばかりが頭にあり、清算手続を進めるに当たって自らの保証責任が顕在化し得ることを意識していないこともあります。

そこで、会社（法人）の代表者が、会社（法人）の債務を保証していないかを聴取します。

会社（法人）の債務について会社（法人）の代表者が保証している場合には、保証責任が顕在化する場合の対応を検討するために、代表者が、不動産、自動車、預貯金、保険等の財産を有しているか、保証債務の他に債務がないか等についても確認します。

2　相談者への説明・アドバイス

以上の聴取事項やその他の事情を総合的に考慮し、法律専門家として、取り得る方法について説明した上で、当該会社（法人）において適切と考えられる方法をアドバイスします。

手続選択において考慮すべき事項については**第2章第2**を参考にしてください。

> アドバイス

〇相談日における会社（法人）の財務や経理担当者に対する協力依頼の検討
　相談の予約や相談に来るのは、会社（法人）の代表者がほとんどです。もっとも、会社（法人）の代表者は、当該会社（法人）の財務や経理を詳細に把握しておらず、財務や経理に関して質問をしても、面談の際に正確な答えが返って来ないこともあります。そこで、会社（法人）に関して相談予約があった際には、財務や経理の担当者にも資料の作成や、面談への同席を求めることで、早期に財務状況を把握することができます。もっとも、会社（法人）の清算を検討している旨の情報が流出すると、円滑な清算手続の進行に影響を及ぼすことがあるため、情報の管理には最大限注意が必要です。

＜聴取事項チェックリスト＞

聴取事項チェックリスト

- ☐ 資金繰り（資金繰り表）
- ☐ 会社（法人）概要（商業登記簿謄本（現在事項全部証明書）、会社（法人）案内・パンフレット、株主名簿）
  - ・資本金の額
  - ・役員の構成
  - ・株主の構成
  - ・従業員数
  - ・支店の有無
- ☐ 事業内容（会社（法人）案内・パンフレット、ウェブサイト、決算報告書）
  - ・事業規模
  - ・主要取引先
- ☐ 清算を検討するに至った経緯（直近3決算期分の決算報告書）
- ☐ 会社（法人）の財務状況（直近3決算期分の決算報告書、直近の試算表）
  - ・主要な債権者（金融機関）
  - ・主要な債権者（取引先）
  - ・預貯金の残高
  - ・財産の有無（不動産、自動車、機械工具類等）
  - ・担保権設定の有無
  - ・公租公課の滞納の有無
- ☐ その他
  - ・会社（法人）の債務の代表者の（連帯）保証の有無
  - ・会社（法人）の代表者の主要な財産の構成（不動産、自動車、預貯金、保険等）
  - ・会社（法人）の代表者の保証債務以外の債務の有無及び内容

第4　委任契約の締結

＜フローチャート～委任契約の締結＞

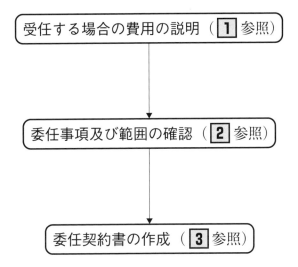

1 受任する場合の費用の説明

　受任する場合の費用の目安については、第1章第1③に記載したとおりですが、相談で聴取した債権者数や業務の内容等を総合的に考慮して費用を決定し、それを相談者に説明します。
　破産手続との関係で弁護士報酬が役務の提供と合理的均衡を失する場合には破産管財人による否認権行使の対象になり得ることを認めた下級審裁判例もありますので、会社（法人）の清算に関して相談を受けた法律専門家としては、適正かつ妥当な報酬を定める必要があります。

2 委任事項及び範囲の確認

　委任事項及び範囲について説明します。
　法律専門家が業務を開始した後に、相談者から委任事項外の事項について要望を受け、当該事項が委任事項外であること、当該事項を行うためには別途費用が必要になることを説明した場合、相談者との信頼関係に亀裂が入り、相談者の協力が得にくくなり、最悪の場合には委任契約の解除を求められることも考えられます。
　したがって、法律専門家が委任事項及び範囲について説明をする際には、生じ得る問題点を事前に予測し、委任の範囲内の事項、範囲外の事項について、具体例を挙げながら説明する等、相談者との間で認識の齟齬が生じないような工夫が必要です。

3 委任契約書の作成

　費用、委任事項及び範囲を説明し、相談者から依頼の意向を受けた場合には、事件名、委任の範囲、報酬の金額及び計算方法等を記載した委任契約書を作成します。
　委任契約書の作成に当たっては、法律の専門家ではない相談者が理解できるような文言を使用する、委任の範囲について可能な限り具体的に記載する、委任の範囲外で

生じることが予想される事項については委任事項外であることを明記する等、相談者にとって分かりやすい契約書を作成するよう心掛け、相談者に正確に契約内容を理解してもらうように心掛ける必要があります。

　委任契約書が作成できたら、委任契約書に沿って、費用、委任事項及び範囲を説明します。説明の際には、相談者に対して、疑問点がないかを尋ね、契約について相談者が疑問点を残さないように工夫します。

　また、相談者は、法律専門家に依頼すれば、当然に会社（法人）にとって有利な結果のみが得られると期待することも少なくありません。委任契約を締結する際には、必要以上に不安を煽らないよう配慮しつつ、最悪の場合のリスクも併せて説明し、会社（法人）にとって不利益な事態が生じた場合に、相談者の批判的な感情が法律専門家に向けられるのを回避するような工夫も有用です。

　委任契約書は、印紙税法上、課税文書とされていないため、収入印紙の貼付は不要です。一方で、「請負に関する契約書」は印紙税の課税対象となっています（印紙税法別表第一課税物件表の適用に関する通則2）。法律専門家としては、当該契約が、法律行為（事実行為）の委託を内容とする委任契約なのか、仕事の完成を目的とする請負契約であるかについてきちんと確認して、収入印紙を貼付する必要があるか、貼付する必要がある場合にはその金額について把握する必要があります。

【書式1】 委任契約書

委任契約書（民事）

依頼者を甲、受任弁護士法人を乙として、次のとおり委任契約を締結する。

第1条（事件等の表示と受任の範囲、代理人の選任、業務担当社員の指定、復代理人の選任）
1 甲は乙に対し下記事件又は法律事務（以下「本件事件等」という。）の処理を委任し、乙はこれを受任した。
　① 事件等の表示
　　　事件名　　破産手続開始申立事件
　　　相手方
　　　裁判所等の手続機関名　　〇〇地方裁判所
　② 受任範囲
　　　□示談折衝、□書類作成、□契約交渉
　　　□訴訟（一審、控訴審、上告審、支払督促、少額訴訟、手形・小切手）
　　　□調停、□審判、☑倒産 破産 、民事再生、任意整理、会社更生、特別清算）
　　　□保全処分（仮処分、仮差押、証拠保全）、□即決和解
　　　□強制執行、□遺言執行、□行政不服申立
　　　□その他（　　　　　　　　　　　　　　　　　　　　　　　　）
2 甲は前項の事件が、弁護士法第30条の6第1項の裁判所における事件であるときは、以下の乙の社員又は使用人弁護士を代理人として選任する。
　（氏名）〇〇〇〇
3 第2項で代理人として選任を受けた弁護士は、復代理人を選任できるものとする。
4 乙は、第1項の事件につき、以下の者を業務担当社員として指定し、甲はこれを受諾した。
　（氏名）〇〇〇〇

第2条（弁護士報酬）
　甲及び乙は、本件事件等に関する弁護士報酬につき、乙の弁護士報酬基準に定めるもののうち☑を付したものを選択すること及びその金額又は算定方法を合意した。
☑着手金
　① 着手金の金額を次のとおりとする。
　　　☑金〇〇万円（消費税別途）とする。
　　　□訴訟提起等の場合には別途協議するものとする。
　② 着手金の支払時期・方法は、特約なき場合は本件事件等の委任のときに一括払するものとする。

☑報酬金
　① 　報酬金の金額を次のとおりとする。ただし、本件事件等が上訴等により受任範囲とは異なる手続に移行し、引き続き乙がこれを受任する場合は、その新たな委任契約の協議の際に再度協議するものとする。
　　☑金〇〇円（消費税別途）とする。
　　☐甲の得た経済的利益の額が
　　　　金〇〇万円以下の場合　　〇〇％（消費税別途）
　　　　経済的利益の額は、甲が受領することができるようになった額に甲が支払義務を免れた額を加算して算出する。
　② 　報酬金の支払時期は、本件事件等の処理の終了したときとする。
☑手数料
　① 　手数料の金額を次のとおりとする。
　　　金〇〇円（消費税別途）とする。
　② 　手数料の支払時期・方法は、特約なき場合は本件事件等の委任のときに一括払するものとする。
☐時間制（事件処理全般の時間制、着手金に代わる時間制）
　① 　1時間当たりの金額を次のとおりとする。
　　　金＿＿円（消費税別途）
　② 　甲は時間制料金の予納を（する、しない）ものとし、追加予納については特約に定める。予納を合意した金額は＿＿時間分である。
　　　金＿＿円
　③ 　予納金額との過不足は、特約なき場合は事件終了後に精算する。
☐出廷日当
　① 　1回当たりの日当の金額を次のとおりとする。
　　　金＿＿円（消費税別途）とする。
　② 　甲は日当の予納を（する、しない）ものとし、追加予納については特約に定める。予納を合意した金額は＿＿回分である。
　　　金＿＿円とする。
　③ 　予納金額との過不足は、特約なき場合は事件終了後に精算する。
☑出張日当
　① 　出張日当を（一日、半日）金〇〇万円（消費税別途）とする。
　② 　甲は出張日当の予納を（する、しない）ものとし、追加予納については特約に定める。予納を合意した金額は＿＿回分である。
　　　金＿＿円
　③ 　予納金額との過不足は、特約なき場合は事件終了後に精算する。
☐その他

第3条（実費・預り金）
　　甲及び乙は、本件事件等に関する実費・預り金につき、次のとおり合意する。
　☑実　費
　　①　甲は費用概算として金○○円を予納する。
　　②　乙は本件事件等の処理が終了したときに精算する。
　□預り金
　　　甲は＿＿＿＿＿＿＿＿＿＿の目的で
　　金＿＿＿円を乙に預託する。

第4条（事件処理の中止等）
　1　甲が弁護士報酬又は実費等の支払を遅滞したときは、乙は本件事件等の処理に着手せず、又はその処理を中止することができる。
　2　前項の場合には、乙は速やかに甲にその旨を通知しなければならない。

第5条（弁護士報酬の相殺等）
　1　甲が弁護士報酬又は実費等を支払わないときは、乙は甲に対する金銭債務と相殺し、又は本件事件等に関して保管中の書類その他のものを甲に引き渡さないことができる。
　2　前項の場合には、乙は速やかに甲にその旨を通知しなければならない。

第6条（中途解約の場合の弁護士報酬の処理）
　　本委任契約に基づく事件等の処理が、解任、辞任又は継続不能により中途で終了したときは、乙の処理の程度に応じて精算を行うこととし、処理の程度についての甲及び乙の協議結果に基づき、弁護士報酬の全部若しくは一部の返還又は支払を行うものとする。

第7条（特約）
　　本委任契約につき、甲及び乙は次のとおりの特約に合意した。

　甲及び乙は、乙の弁護士報酬基準の説明に基づき本委任契約の合意内容を十分理解したことを相互に確認し、その成立を証するため本契約書を2通作成し、相互に保管するものとする。

　　平成○年○月○日
　　　甲（依頼者）
　　　　住所　　○○市○○町○丁目○番○号
　　　　　○○株式会社
　　　　　　代表取締役　　○○○○㊞
　　　乙（受任弁護士法人）
　　　　住所　　○○市○○町○丁目○番○号
　　　　　氏名　　○○○○㊞

第 2 章

清算方法の選択

第1 清算方法の種類

<フローチャート〜清算方法の種類>

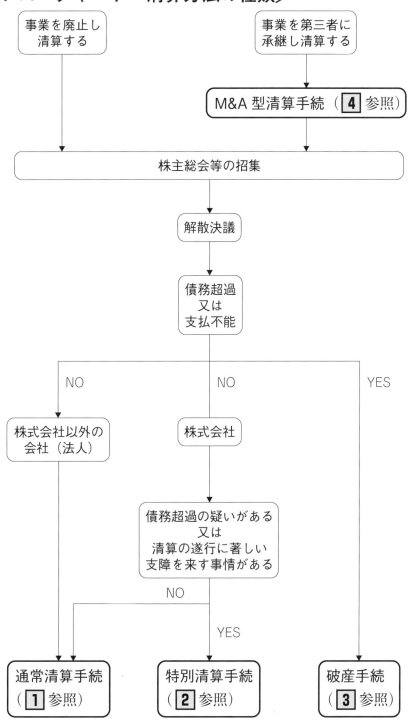

1 通常清算手続の概要

(1) 通常清算手続

　会社（法人）は、その定款や寄附行為、規則等に定めた事業や業務のために、物的設備や人的組織を使って、様々な経済的、社会的活動を行っています。そのため、会社（法人）に解散等の清算手続の開始原因が発生すると、当該会社（法人）は、その事業や業務を終了させるとともに、各種の契約関係の解消、財産の換価ないし処分を行い、債務を返済して残余財産を分配する必要があります。また、労務関係の手続、会計上の処理、税務上の届出や申告、各手続段階における登記手続等も必要となります。これらの手続を完了させると、会社（法人）は消滅することとなります。

　通常清算手続は、このような会社（法人）の清算手続のうち、その財産をもって債務を完済することができる（つまり、資産超過である）会社（法人）について採られる清算手続であり、会社法その他の会社（法人）の設立の根拠法令に定められています。

(2) 通常清算手続の対象

　通常清算手続は、前記のとおり、会社（法人）を清算する場合の最も原則的な清算手続として、会社（法人）がその対象となります。

(3) 通常清算手続の開始原因

　会社（法人）には、法律で通常清算手続の開始原因が定められており（会社475等）、その代表的なものが解散です。解散事由は法律で定められており、例えば株式会社については、定款で定めた存続期間の満了や定款で定めた解散事由の発生、株主総会の決議等です（会社471）。

　通常清算手続の開始原因が発生すると、会社（法人）は清算手続を行うことになりますが、清算の遂行に著しい支障を来すべき事情があるとき、又は債務超過の疑いがあるときは、清算人や債権者、監査役、株主は清算中の株式会社について、特別清算手続の開始申立てを行うことができます（会社511①・510）。債務超過の疑いがある場合には、清算人は特別清算手続の開始申立てを行わなければなりません（会社511②）。

　破産手続開始の決定があった場合には、会社（法人）は解散しますが（会社471五等）、通常清算手続ではなく破産手続によって清算が行われることになります。

特別清算手続及び破産手続については、第3章第2、第3で詳しく解説します。

(4) 清算会社（法人）の機関

　清算手続が開始された会社（法人）は、清算の目的の範囲内で、清算の結了まではなお存続するものとみなされ（会社476等）、清算手続中の会社（法人）には、その機関として1名又は2名以上の清算人を置かなければなりません（会社477①等）。清算人は、清算手続中の会社（法人）の業務執行機関であり、前記(1)で述べた清算事務を行っていくこととなります。

　清算手続中の会社（法人）の機関には、清算人の他に、監査役や監事等を置かなければならない場合もあります（会社477④、社福46の5③、一般法人208③等）。

アドバイス

○通常清算手続への理解の重要性

　通常清算手続は、会社（法人）の原則的な清算手続ですので、まずは通常清算手続の流れやスケジュール、具体的な清算事務をしっかり理解することが重要です。株式会社の通常清算手続については第3章第1で、その他の会社（法人）の通常清算手続については第3章第4以下で詳しく解説していますので、それらの項目を参照してください。

2　特別清算手続の概要

(1) 特別清算手続

　特別清算手続とは、株式会社の清算手続の1つであり、清算手続中の株式会社（以下、本章において「清算株式会社」といいます。）に特別清算の開始事由が存する場合に、債権者、清算人、監査役又は株主の申立てにより、裁判所の命令によって行われる清算手続です（会社510・511）。

　特別清算手続は、通常清算手続と同様、清算人が清算株式会社の機関として清算事務を行いますが、通常清算手続と異なり、裁判所の監督の下で清算手続が行われることとなります（会社519）。

また、債務超過（株式会社の財産によって債務を完済することができない状態）の株式会社について行われる清算手続であるという点で破産手続と共通していますが、破産手続では裁判所より破産管財人が選任され、破産管財人が清算に向けた業務を行うのに対し、特別清算手続では、清算株式会社の清算人が引き続き業務を行う点などで、裁判所による監督の内容や程度が異なります。また、破産手続では、破産管財人が否認対象行為について否認を行い、債権調査手続を経て、債権額に応じて配当を行いますが、特別清算手続では、否認の制度や債権調査の手続がない点も異なります。

　さらに、特別清算手続では、債務超過を解消して清算手続を結了させるために、各債権者との間で個別に弁済方法及び債権放棄に関する和解を行うか（個別和解型）、債権者集会の決議により弁済及び債権放棄に関する協定を行う（協定型）必要があります。この点は、債権者の同意とは関係なく、破産管財人が財産を換価し、債権の優先順位及び債権額に応じて配当を行う破産手続と大きく異なる点といえます。

(2) 特別清算手続の対象

　特別清算手続は、株式会社についてのみ採ることができる清算手続であり、株式会社以外の会社（法人）については採ることができません（会社510柱書）。

(3) 特別清算の開始原因

　特別清算の開始原因は、清算株式会社について、①清算の遂行に著しい支障を来すべき事情があること、②債務超過の疑いがあることのいずれかの事由が認められることです（会社510）。

　ただし、以下の事由がないことが特別清算の開始命令の要件とされており、裁判所は、これらのいずれかに該当する場合を除き、清算人等の申立てにより、特別清算の開始命令をすることとなります（会社514）。

① 　特別清算の手続の費用の予納がないとき
② 　特別清算によっても清算を結了する見込みがないことが明らかであるとき
　例　債権者の同意の見込みがないことが明らかなとき、弁済の見込みがないとき等
③ 　特別清算によることが債権者の一般の利益に反することが明らかであるとき
　例　明白な否認対象行為があり原状回復が困難であることが明らかであるとき、破産手続による配当率（清算配当率）を上回る弁済をする見込みがないことが明らかであるとき（清算価値保障原則）等

④ 不当な目的で特別清算開始の申立てがされたとき、その他申立てが誠実にされたものでないとき

(4) 清算株式会社の機関

特別清算手続における清算株式会社には、通常清算手続の場合と同様、1名又は2名以上の清算人が置かれ、清算人が清算事務を行います。もっとも、特別清算手続は、前記のとおり、清算の遂行に著しい支障を来すべき事情があるか、債務超過の疑いがあるために採られる清算手続ですので、清算手続が公平かつ誠実に行われなければなりません。そのため、特別清算が開始された場合、清算人は、債権者、清算株式会社及び株主に対し、公平かつ誠実に清算事務を行う義務を負い（会社523）、裁判所は、清算人が清算事務を適切に行っていないとき、その他重要な事由があるときは、債権者若しくは株主の申立てにより又は職権で、清算人を解任することができます（会社524）。また、清算株式会社は、一定の行為については、裁判所の許可を得なければ行うことができず（会社535①・536）、債務の弁済についても制限されるなど（会社537）、清算人の清算事務は裁判所の監督の下で行われることとなります。

また、裁判所は、清算株式会社を監督させるため、監督委員を選任することができ（会社527①）、清算株式会社が一定の行為を行う場合には監督委員の同意を得なければならないものとすることができます（会社535①）。さらに、裁判所は、調査命令を発する場合には調査委員を選任することができます（会社533）。

3 破産手続の概要

(1) 破産手続

会社（法人）を清算する方法の1つとして破産手続がありますが、この手続は、裁判所の関与の下で行われる倒産処理手続の中でも清算型の倒産手続と位置付けられており、この点は特別清算手続と同様です。

もっとも、破産手続では、清算株式会社が選任した清算人が財産の換価を行い、債権者との個別和解又は協定に従って弁済を行う特別清算手続（DIP型の手続と呼ばれます。）と異なり、破産管財人が財産を管理・処分して現金化し、債権調査手続によっ

て債権を確定させ、債権者に債権額に応じた配当を行います。

　そのため、破産手続では、手続が適正かつ公平に行われるよう、特別清算手続より厳格な裁判所の監督等が定められています。このことは、破産法1条が、「この法律は、支払不能又は債務超過にある債務者の財産等の清算に関する手続を定めること等により、債権者その他の利害関係人の利害及び債務者と債権者との間の権利関係を適切に調整し、もって債務者の財産等の適正かつ公平な清算を図る……ことを目的とする」と規定していることに端的に表れています。

(2) 破産手続の対象

　破産手続は、自然人・法人を問わずに利用でき、法人も株式会社だけでなく各種法人について利用できます。それが特別清算手続との大きな違いの1つです（特別清算手続の対象は株式会社のみです。）。

(3) 破産手続の開始原因

　会社（法人）の破産手続の開始原因は、債務者（破産手続の開始を申し立てている自然人・会社（法人））が、①支払不能（債務者が、支払能力を欠くために、その債務のうち弁済期にあるものにつき、一般的かつ継続的に弁済することができない状態（破産2⑪））又は②債務超過（債務者が、その債務につき、その財産をもって完済することができない状態（破産16①括弧書））であることとされています（破産15①・16①）。

　ただし、以下の事由がないことが破産手続の開始決定の要件とされており、裁判所は、これらのいずれかに該当する場合を除き、破産手続の開始決定をすることとなります（破産30①）。

① 破産手続の費用の予納がないとき（破産法23条1項前段の規定によりその費用を仮に国庫から支弁する場合を除きます。）
② 不当な目的で破産手続開始の申立てがされたとき、その他申立てが誠実にされたものでないとき

(4) 財産の管理・処分の主体

　破産手続開始の決定があった場合には、破産財団に属する財産の管理及び処分をする権利は、裁判所が選任した破産管財人に専属します（破産78①）。

　なお、破産手続の開始決定後にも一定の範囲で破産者に権原が残る事項があり、そ

れらを行使する破産者の機関についても問題となります（詳細については、伊藤眞他『条解破産法』626頁以下（弘文堂、第2版、2014）等参照）。

4　M&A型清算手続の概要

(1)　M&A型清算手続

1ないし3では、会社（法人）の行っている事業を廃止の上、清算手続を行う場合を念頭に解説しましたが、事業を廃止せず第三者に承継の上、当該会社（法人）を清算する方法（以下「M&A型清算手続」といいます。）もあります。M&Aのスキームとしては、事業譲渡、会社分割、合併等の各種手続があり、M&A実行後、当該会社（法人）について通常清算、特別清算又は破産手続を行うことで清算が完了することとなります（ただし、合併の場合は合併の効力の発生と共に当該会社（法人）は消滅することとなりますので、別途清算手続を取る必要はありません。また、清算手続の中で事業譲渡等のM&Aを行う場合もあります。）。

(2)　M&A型清算手続のメリット及び留意点

　M&A型清算手続では、取引先との契約や従業員との雇用契約等の全部又は一部を第三者に承継することができ、利害関係人や社会に与える影響を抑えて清算手続を実行できる可能性がありますし、事業を第三者に承継した対価を債権者に対する弁済原資等に充てることができ、債権者等の利益に資することが見込まれます。
　もっとも、M&A型清算手続は、破産手続開始決定後に破産管財人が行う事業譲渡のような場合を除き、先行するM&Aの手続（当該会社（法人）の状況次第では、金融債権者等の一定の債権者を対象債権者として行う、法的手続によらない債務整理手続である私的整理手続の中で行われることも想定されます。）の完了後に、清算手続が進められることとなるため、相当の時間と費用を要する場合もありますし、M&Aの実行後、当該会社（法人）について特別清算や破産手続を取ることが見込まれる場合には、債権者の理解を得られるようM&Aの手続を慎重に進める必要があります。
　本書では、M&A及び私的整理手続の詳細については扱いませんが、M&A型清算手続の検討に当たっては、弁護士や公認会計士、税理士等の専門家によく相談するようにしましょう。

> **アドバイス**
>
> ○破産手続の実務
>
> 　破産手続については、**第3章第3**で詳しく説明するほか、多数の専門書等が公刊されており、また様々な実務上の工夫やノウハウの創出が日々行われていますので、破産手続の申立てや破産管財業務等に関与する場合は、それらの専門書等や実務上のノウハウ等も参照されることをお勧めします。

第2 各種清算手続の選択と留意点

＜フローチャート～各種清算手続の選択と留意点＞

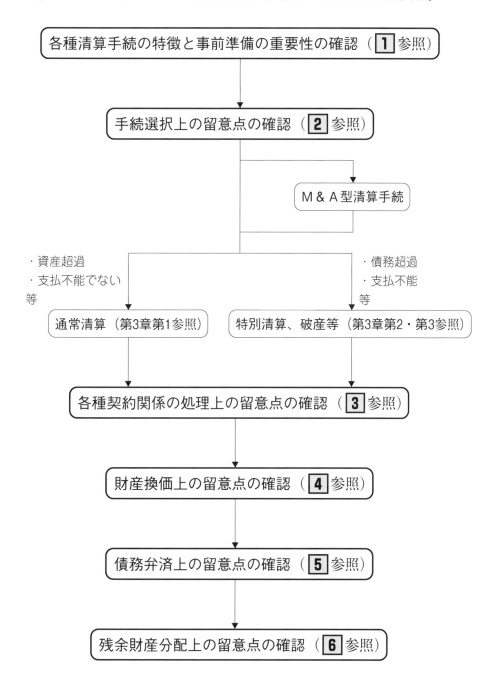

1 各種清算手続の特徴と事前準備の重要性の確認

(1) 通常清算手続

　通常清算手続は、**本章第1 1**で解説したとおり、基本的には資産超過の会社（法人）が、裁判所の監督を受けずに、清算人を機関として、自ら、清算結了に向けた事業の廃止や取引関係の解消、各種契約関係の処理、財産の換価、債権額の確認、債務の弁済、残余財産の分配、税務申告、登記手続といった清算事務を行い、会社（法人）を清算する手続です。

　そのため、通常清算手続によって会社（法人）の清算を行おうとする場合、通常清算手続を迅速かつ円滑に進めるため、あらかじめ必要な対応事項を抽出し、必要な作業等を確認・検討するとともに、スケジュールを立てて対応を進めていくことが重要となります。

　すなわち、通常清算手続では、一般的には株主総会や社員総会等の特別決議によって解散することから始まるため（会社309②十一・471、私学50①一、医療55②①三等）、事業の廃止及び解散について、株主等の理解を得る必要があります。また、事業の廃止に当たっては、契約関係を終了させる必要がありますが、通常清算手続では、契約条項やいわゆる平時における法令に従って処理しなければならないため、事業の廃止に思わぬ時間を要したり、取引関係の解消や各種契約関係の処理に当たって多額の違約金や損害賠償金を支払わなければならなかったりすることがあります（破産手続では、破産管財人に法定の契約解除権（破産53）が与えられたり、違約金や損害賠償請求権が破産債権とされる場合があります。）。株主等の理解を得られそうになかったり、各種契約関係の処理に要する期間や費用を賄うことができなかったりする等の場合には、そもそも通常清算手続を選択することができなくなります（特別清算手続や破産手続を検討することになります。）。

　さらに、清算の原因が事業の不振等による場合は、廃業や清算手続に向けた各種の作業が遅れれば遅れるほど、会社（法人）の資産が費消されてしまい、債務超過に陥って通常清算手続を選択できない（しかも、債権者への弁済原資が減少していく）という事態にもなりかねませんので、特に留意すべきでしょう。

　事前準備・確認等を行うべき主な事項は以下のとおりです。

① 機関決定関係
　株主総会、社員総会、理事会等、解散の決議機関の総会等の開催の可否及び特別

決議の見通し（株主名簿の整備状況、議決権を行使することができる株主の議決権の過半数の株主の出席確保の可否、出席株主の議決権の3分の2以上の賛成を得ることの可否等）を立てます。
② 契約関係の把握と終了等に必要な手続、期間、費用等
　㋐ 事業目的に応じた各種契約（製造業であれば仕入契約、製造委託契約、販売契約、販売代理店契約等）、一般的に存する各種契約（雇用契約、労働者派遣契約、工場や事業所の賃貸借契約、電気、ガス、水道、電話や通信に関する契約など）を把握します。
　㋑ 契約の内容、履行状況、それらに応じた中途解約の可否・手続、中途解約時の違約金や損害賠償義務の有無等の確認をします。
　㋒ 継続的供給契約や賃貸借契約等、解約が制限されていたり、解約に伴って一定の違約金や損害賠償義務を負ったりすることが多い契約類型は、特に慎重な確認、対応が必要です。
③ 資産の把握と換価方針の確認
　㋐ 換価の漏れがないよう、資産については正確かつ網羅的な把握が必要です。
　㋑ 不良債権や滞留在庫、紛争となっている相手方に対する各種債権等、換価・回収に時間を要したり、換価に費用を要したりする財産がある場合、処理方針、換価ないし費用の目途、換価までの期間の見通しを付けておくことが重要です。
④ 債務の把握
　㋐ 通常清算手続では、破産手続における債権調査手続のような手続はなく、清算する会社（法人）が自ら債務の存否及び金額を把握して、全額弁済する必要があります。
　㋑ 債務の存否及び金額について争いのある債務については、通常清算手続に支障なく解決が可能か、想定外の債務が認められることとなり、通常清算手続が採れなくなるおそれがないかなどを確認、検討しておく必要があります。
⑤ 労務関係の確認
　従業員は全員解雇するのか、親会社等で再雇用するのか、未払給与や未払時間外手当の有無・金額、退職金の額などについて確認します。
⑥ 債務超過になる可能性の確認
　債務超過である場合、特別清算手続又は破産手続によって清算手続を行う必要があることから、資産の換価見込みや想定される債務額、清算手続に要する費用などを踏まえて、債務超過のおそれがないか十分確認、検討しておくことが必要です。なお、M＆A型清算手続として、M＆Aの実行後に通常清算を行う場合も、事業を

廃止して通常清算を行う場合と手続は同様ですし、M＆Aによって第三者に承継されなかった契約や財産、負債の処理が必要であることに変わりはありませんので、M＆A実行後の会社（法人）について、前記の事前準備・確認を行うようにしてください。

(2) 特別清算手続

　特別清算手続は、**本章第1 2**で解説したとおり、清算の遂行に著しい支障を来すべき事情があるか、債務超過の疑いがある株式会社について、裁判所の監督の下で行う清算手続ですが、清算人を機関として、自ら、清算結了に向けた各種の清算事務を行う点は、基本的に通常清算手続と同様です。したがって、前記(1)に記載した事前準備事項や事前確認の重要性は、最終的に特別清算手続を選択する場合でも同様に確認、検討が必要となります。株主総会等の機関決定により解散する場合、特別決議が必要となることも通常清算と同様です。

　もっとも、債務超過で債権者に対する全額弁済ができない場合には、清算株式会社は、全債権者との個別和解により弁済計画を定め、残額の債権放棄を受けることで最終的に債務超過を解消し、清算を結了させるか、集団的な解決を図る方法として、弁済及び債権放棄等を内容とする協定案を作成し、債権者集会における決議及び裁判所の認可を受けて債務超過を解消して清算を結了させる必要があります。

　協定案を可決する債権者集会の決議には、出席した債権者の過半数の同意（頭数要件）及び総議決権の3分の2以上の議決権を有する者の同意（議決権要件）が必要となりますので（会社567①）、特別清算による清算ができるかは、少なくとも協定案の可決要件を満たすだけの債権者の同意を得られるかどうかにかかってくることになります。したがって、債権者の協力見込みについても事前に十分確認、検討しておくとともに、特別清算手続の申立前には基本的に債権者の協力を取り付けておく必要がある点にも留意が必要です。債権者の同意の見込みがない場合は、特別清算手続によっても清算を結了する見込みがないことが明らかであるとして、特別清算手続の開始命令がなされないこととなります（会社514二）。

　また、破産手続によるよりも特別清算手続を選択した方が債権者一般にとって利益になる（清算価値保障原則）といえる（会社514三）個別和解又は協定案を作成できる見込みがないことが明らかな場合、特別清算手続は開始されません。したがって、清算価値の算定及び清算価値保障原則を満たす個別和解案又は協定案の策定が可能かどうかの検討も、事前の準備事項として非常に重要となります。

　なお、M＆A型清算手続として特別清算手続を行う場合、通常、私的整理手続にお

(3) 破産手続

　破産手続は、**本章第1 3**で解説したとおり、支払不能又は債務超過にある会社（法人）について、裁判所の監督の下、破産管財人が財産の管理処分権を行使して行われる清算手続です。

　破産手続開始の申立ては、会社（法人）の代表権を有する取締役や理事等が、取締役会や理事会等の業務執行の意思決定機関の決定に基づき行うのが一般的です（実務上、「自己破産」と呼ばれます。）。したがって、破産手続による清算を行う場合、まずは取締役会などの業務執行の意思決定機関による破産手続開始の申立ての決定ができるかを確認する必要があります。また、代表権のない役員や清算人にも破産申立権が認められていることから（実務上、「準自己破産」と呼ばれます。）（破産19）、自己破産の申立てが困難な事情がある場合でも、破産手続による清算が必要な場合には、代表権のない役員が破産手続開始の申立てを行うべきか否かを検討すべきでしょう。なお、清算人は、会社（法人）が債務超過の場合は破産申立義務を負うため（会社484①、社福46の2②、一般法人215①等）、注意が必要です。

　破産手続の開始を申し立てる会社（法人）は、支払不能又は債務超過の状態にありますので、破産手続開始の申立てが遅れれば遅れるほど、債権者への配当原資が毀損されていくおそれがあります。また、破産手続開始の申立前に事業を停止する場合、時間の経過とともに、元従業員らの協力が得られなくなったり、事業や資産、負債に関する資料や情報が散逸してしまったりするおそれもありますし、事業を継続した状態で、破産手続開始の申立てと同時に事業を停止する場合であれば、破産手続開始の申立日（Xデー）をあらかじめ検討し、裁判所とも事前に打ち合わせを行った上で、破産手続開始の申立ての準備をすることになると考えられます。したがって、破産手続開始の申立ては、比較的迅速な準備の下、適時に行うことが重要となります。もちろん、破産手続の開始後、破産管財人による管財業務が迅速かつ円滑に進むよう、申立てを行う会社（法人）において、契約関係や資産、負債等について適切に把握、整理して、破産管財人に適切に業務を引き継ぐことも重要です。

　なお、Ｍ＆Ａ型清算手続として破産手続を利用する方法としては、Ｍ＆Ａにより事業を第三者に承継した後、破産手続を行い、事業の承継の対価等をもって債権者への弁済を実施する場合や、破産管財人が、破産手続開始後、裁判所の許可を得て破産者

の事業を継続し（破産36）、事業譲渡等を実行の上、その対価等をもって弁済を実行する場合が考えられます。後者の破産管財人による事業の継続は、事業を継続することでより有利な事業の譲渡が可能と見込まれる場合や、事業の廃止により多額の損害賠償義務が発生する場合に、これを避けつつ事業を譲渡することで、配当率の増加が見込まれるような場合等に検討されることになります。

アドバイス

〇清算手続の準備段階における否認対象行為

　破産法は、詐害行為や偏頗弁済など一定の行為について、破産手続開始後、破産財団のために否認することができるとし（破産160以下）、否認権の行使は破産財団を原状に復させる効果を有する旨定めています（破産167①）。これに対し、特別清算手続には否認の制度がないため、特別清算の開始前に清算株式会社に否認対象行為があると、その原状回復は受益者との任意の協議によって図らなければならず困難が予想される上、債権者の理解を得ることも困難となり、特別清算の開始命令がなされない場合もあります（会社514三）。したがって、破産手続はもちろん、特別清算手続を申し立てる場合であっても、清算手続の準備段階で否認対象行為が行われないよう注意しておくことが重要です。

2　手続選択上の留意点の確認

(1) 株式会社の場合

◆通常清算手続

　各種清算手続の概要や特徴は、**本章第1**1ないし3**及び本章第2**1で解説したとおりであり、それぞれの手続の違いを踏まえ、通常清算手続、特別清算手続又は破産手続のいずれを選択するかを検討することとなります。

　通常清算手続は、資産超過である会社（法人）が対象となりますので、債務超過である株式会社については選択することができません。この場合、特別清算手続又は破産手続を選択することになります。

　なお、例えば債権者が親会社のみである場合で、親会社が債務超過分の債権を放棄したり、親会社が子会社の債権者に対して第三者弁済を行い、又は債権を買い取った

上で債権放棄をしたりすることで、子会社の債務超過を解消させれば、子会社を通常清算手続によって清算することも可能であり、実務上、このような方法も多々見受けられます。ただし、この場合、親会社は相当な理由がなければ債権放棄を貸倒れとして損金処理できないため（法基通9-4-2）、このような方法を採るべきかどうかは、税務的な観点も踏まえて判断すべきでしょう。

◆特別清算手続

次に、株式会社について債務超過の疑いがある場合は、裁判所の監督の下に清算手続を進めるのが適切であるため、清算人は特別清算開始の申立てをしなければなりません（会社511②）。もっとも、債務超過又は支払不能の状態にある会社（法人）は、破産手続開始の申立てをすることができますので、債務超過の状態にある株式会社（清算株式会社も同様）は、特別清算手続か破産手続のいずれかを申し立てることとなります。

これらのいずれを選択すべきかは、諸般の事情を踏まえて判断することになりますが、主な判断要素を挙げると以下のとおりとなります。

① 特別清算手続を選択する目的

本章第1 2 のとおり、特別清算手続は、破産手続と同様、清算型の法的倒産処理手続の1つと整理されますが、破産手続ほど手続が厳格でなく、比較的簡易かつ迅速に株式会社を清算し得るという点にメリットがあります。

また、特別清算手続は、破産手続ほど「倒産」というイメージが強くないと言われています。

また、協定型の特別清算手続を採ることによって、親会社の子会社に対する債権放棄を貸倒れとして損金処理し得ることとなります（法基通9-6-1(2)）。ただし、具体的に債権放棄の損金算入が可能か否かは、税理士等の専門家とも慎重に協議、検討しておくことが重要です。

特別清算手続を選択するのは、これらのメリットの全部又は一部を生かすことができる場合であり、例えば、債権者数が比較的限られており、債権者の同意を得て迅速に個別和解又は協定を成立させることができると見込まれる場合や、私的整理手続が先行しており、債権者全員の同意により成立した事業再生計画に基づき、事業をいわゆる第二会社に切り出した上、株式会社の清算手続として特別清算手続を利用する場合、あるいは親会社が不採算の子会社を清算する場合に、親会社やグループ会社に対するイメージや信用の悪化、親会社が有する債権の放棄による寄付金課税を可及的に回避しつつ清算手続を実行するため、通常清算手続や破産手続ではなく特別清算手続を利用する場合などが考えられます。

② 清算価値保障原則を満たす個別和解案又は協定案を作成する見込みがあるか

　破産手続によるよりも特別清算手続を選択した方が債権者一般にとって利益になるといえるか（清算価値保障原則）は、特別清算の開始命令の要件ですので（会社514三）、これを満たす個別和解案又は協定案を作成する見込みがない場合、破産手続を選択せざるを得ないこととなります。

③ 株式会社を解散する旨の特別決議を行うことが可能か

　特別清算手続による清算を行う場合、その前提として、株式会社を解散する必要があります。もっとも、株式会社の特別決議によって解散する必要があるにもかかわらず、例えば大口の株主が反対しているなどの事情により、株主総会の開催ないし特別決議による可決が見込めない場合には、そもそも解散することができませんので、特別清算手続を選択することができなくなります。この場合、取締役会の決定による自己破産又は取締役等による準自己破産の申立てにより、破産手続開始の申立てを選択せざるを得ないこととなります。

④ 債権者の同意の見込みがあるか

　個別和解型の場合は各債権者から、協定型の場合は債権者の過半数かつ議決権の3分の2以上の債権者の同意を得なければならないため、債権者の同意の見込みがない場合（例えば、大口の債権者が特別清算手続によることに反対し、破産手続開始の申立てを強く求めており、翻意の可能性がない場合など）には、破産手続を選択せざるを得ないこととなります。

⑤ 明らかな否認対象行為や役員責任が問題となるか

　本章第1・2で解説したとおり、特別清算手続には否認の制度がありません。そのため、明らかな否認対象行為があり、受益者との任意の協議によっては原状回復が困難であったり、債権者が否認対象行為の否認のため破産手続によることを求めたりしているような場合には、特別清算手続を選択することはできず、破産手続を選択せざるを得ないこととなります。当該株式会社の過去の財産の処分行為や、事業の破綻原因等に関して、役員責任が問題となる場合にも、特別清算手続には破産手続のような役員責任の査定手続（破産177以下）がありませんので、その内容や程度、債権者の意向等によっては、破産手続によらざるを得ない場合があると考えられます。

◆破産手続

　通常清算手続による清算ができず、特別清算手続による清算も採らない（選択しない、又は選択できない）株式会社は、破産手続により清算を行うこととなります。

通常清算を開始した清算株式会社であっても、債務超過であることが明らかとなった場合、清算人は、破産手続の申立義務を負います（会社484①）。また、特別清算を開始した清算株式会社であっても、次に掲げる場合において、破産手続開始の原因となる事実がある場合、裁判所は、職権で、破産法に従い破産手続の開始決定をしなければなりません（会社574①）。

① 協定の見込みがないとき
② 協定の実行の見込みがないとき
③ 特別清算によることが債権者の一般の利益に反するとき

さらに、次に掲げる場合において、破産手続開始の原因となる事実がある場合、裁判所は、職権で、破産法に従い破産手続の開始決定をすることができます（会社574②）。

① 協定が否決されたとき
② 協定の不認可の決定が確定したとき

このように、通常清算又は特別清算が開始された後でも、破産手続に移行する場合もあります。

◆M＆A型清算手続

M＆A型清算手続については、先行してM＆Aや私的整理手続を実施する必要がありますので、これらの手続一般の留意点を踏まえて手続選択を行う必要がありますが、その際の重要なポイントとして、「清算価値保障原則」が挙げられます。清算価値保障原則とは、破産手続以外の清算手続において、破産手続における配当率を上回る弁済が行われなければならないというものです。M＆A型清算手続を検討する場合には、この点にも十分留意の上、手続選択を行う必要があります。

(2) 株式会社以外の会社（法人）

株式会社以外の会社（法人）については、特別清算手続を選択することができませんので、基本的には前記の株式会社における通常清算手続及び破産手続を選択する場合と同様の検討の下、清算手続を選択することとなります。

M＆A型清算手続については、会社（法人）について、法律上、その手法が法定されている場合があります（医療法人の合併につき医療法57条以下、分割につき医療法60条以下、社会福祉法人の合併につき社会福祉法48条以下等）。これらの手続については、**第3章第4以下の会社（法人）の清算手続**の中で解説していますので、そちらを参照してください。

3 各種契約関係の処理上の留意点の確認

(1) 事前の確認、検討の重要性

　会社（法人）が廃業し、清算をするに当たっては、会社（法人）が取引先などの利害関係者と締結している各種の契約を解消していく必要がありますが、一言に契約といっても多種多様なものがあり、また契約内容や履行状況についても区々であると思われます。そのため、まずは会社（法人）がどのような契約を締結しているのかを整理し、契約終了の案内だけで問題なく終結させることができるのか、処理のために一定の期間等をかけて交渉を要するのかなど、契約関係の処理に向けた手続とスケジュールを整理することが重要です。

　業種ごとに問題となりやすい契約については、**第4章**で解説していますので、以下では、一般的な契約関係の処理に当たっての留意点を解説します。

(2) 各種契約関係の処理上の留意点

① 契約条項や民法等に基づく契約関係の処理が必要

　通常清算手続の根拠法である会社法には、破産法などの法的倒産手続において破産管財人等に認められている双方未履行の双務契約についての特別な契約解除権（破産53）等の定めはありません。したがって、会社（法人）は、契約条項や民法等で認められる通常の解除権を行使するか、契約の相手方との合意によって契約を解消する必要があります。

　そこで、会社（法人）としては、まずは契約ごとにどのような契約の解消手続（相互に債務を履行して契約を終了させる方法も含みます。）をとることができるかを確認し、具体的な契約関係の処理手順等を検討しておくことが重要となります。

② 雇用関係（雇用契約）の解消

　会社（法人）を清算するためには、当然、従業員との雇用契約を解消させる必要があり、会社（法人）が事業の廃止を理由に解雇権を行使して雇用契約を解除する（いわゆる整理解雇）することになります。この場合、少なくとも解雇日の30日前（解雇予告期間）に解雇予告をするか、30日分（解雇予告による場合で解雇予告期間が不足する場合は不足する日数分）以上の平均賃金（解雇予告手当）を支払って即時解雇することになります（労基20①②）。解雇は従業員の生活に多大な影響を与

えますので、清算手続に支障のない限り、できるだけ事前に説明の上、解雇予告を行って解雇するのが望ましいでしょう。もっとも、廃業の事実を事前に従業員に伝えることが困難な場合もあり（例えば、破産手続開始の申立てを債権者等に事前に知らせずに行う、密行型の破産手続開始の申立てを予定している場合等）、その場合には、情報管理の観点から、破産手続を行うことを債権者等に知らせるのと同日に解雇予告手当を支払って即時解雇するなどの対応が必要になります（例えば、廃業及び破産手続開始の申立てを行う日に、解雇予告手当を支払って解雇した上で申立てを行う等）。

③ 取引関係等の解消

　会社（法人）を清算するに当たり、取引先との契約関係を解消する場合、取引先への影響（例えば、継続的に一定の商品や原材料、サービスを提供しており、その供給を急に停止すると取引先の事業に一定の支障を生じる場合等）や、社会的な影響（例えば、公共的なサービスを提供している場合で、事業を停止することにより利用者の生活等に一定の支障が生じる場合等）、さらには関連会社のみを清算する場合は親会社や他の関連会社への風評被害の発生をできるだけ回避するにはどうすべきかなども考慮の上、清算手続の選択並びに取引先や利用者との契約を解消するまでの対応及びスケジュールを事前に検討しておくことが重要となります。

④ 営業拠点等の閉鎖（賃貸借契約等の解消）

　営業拠点の不動産を賃借している場合、賃貸借契約を解消する必要がありますが、定期賃貸借契約である場合、賃借人には解除権が認められておらず、契約の終了に当たって残存期間分の賃料相当額等の違約金を支払わなければならないものとされているのが一般的です。定期賃貸借契約ではない場合でも、中途解約のためには一定期間前（6か月前など）に解約予告を行わなければならず、即時解約の場合には解約予告期間が不足する期間分の賃料相当額等の違約金を支払わなければならないものとされている場合も多いと思われます。これらの違約金が発生した場合、敷金・保証金から充当されることになりますし、不足すればその分を支払わなければならなくなります。この違約金の額が大きい場合、債務の弁済等に充てる原資がその分減少しますし、場合によっては手続選択に影響する（債務超過となるか否かが変わる）こともあり得ますので、契約内容、契約解消の方法及び契約解消に伴う違約金の額等については、事前に十分確認、検討しておく必要があります。

　また、賃貸借契約以外にも、営業拠点等に関して締結している契約（清掃業務の委託契約や警備契約など）についても洗い出しを行い、契約内容、契約解消の方法及び契約解消に伴う違約金等の有無などについて事前に確認、検討しておく必要が

あります。

⑤ その他、契約関係の解消により一定の債務等が発生する場合

　地方公共団体は、雇用創出や税金収入の確保等のため、一定の規模の工場や事業所等を立地する企業に対し、条例に基づき補助金を交付して企業立地の誘致を図っている場合があります。このような企業立地促進のための補助金については、条例で一定期間以内に工場や事業所等を閉鎖した場合等、一定の事由に該当する場合には補助金の全部ないし一部を返還しなければならないと定められている場合があります。そのため、清算に当たって工場や事業所等を閉鎖したところ、地方公共団体から多額の補助金の返還を求められ、債務超過に陥るという場合もあり得ます。したがって、補助金の交付を受けている会社（法人）は、工場や事業所等の閉鎖により補助金の返還義務が発生するかも踏まえて、地方公共団体への連絡及び協議の進め方等を事前に検討しておくことが重要です。

　そのほか、契約関係の解消により一定の債務等が発生する契約がないかは、十分確認しておくべきでしょう。

4　財産換価上の留意点の確認

(1)　財産の把握及び評価

　清算手続においては、債権者への弁済及び株主への残余財産の分配等の前提として、当該会社（法人）が有する全ての財産について換価又は処分（以下、本項において「換価等」といいます。）を行い、財産を現金化する必要があります。そのため、まずは当該会社（法人）が有する財産を正確に把握することが重要です。会社（法人）が有する財産は、通常は会社（法人）の直近事業年度の決算報告書や帳簿を見れば概ね把握できますが、帳簿に計上されていない財産（簿外資産）もあり得ますので、財産的価値がある財産の把握に漏れがないよう注意が必要です（例えば、取引上の損害賠償請求権やのれんなどのほか、帳簿への計上を単純に遺漏している資産、費用処理されていて帳簿に計上されていない什器備品などが考えられます。）。

　そして、把握した財産を基に財産目録を作成し、処分価格（評価額から処分費用等を控除した金額）を算定し、資産超過となるか、債務超過ないしそのおそれがあるかを確認することになります。したがって、確実に資産超過である又は債務超過である

という場合を除けば、手続選択に当たっては、税理士や公認会計士、弁護士等の専門家の助力を得て判断するのがよいでしょう。

なお、通常清算及び特別清算の開始後は、清算人が解散日時点の財産目録及び貸借対照表を作成する義務を負い（会社492①、社福46の22①等）、株主総会等の承認（清算人会設置会社においては清算人会の承認）（会社492②③、社福46の22②③等）を得なければなりません。

(2) 換価等の手続及び価額

各種の清算手続において財産の換価等がどのように進められるかについては**第3章第1ないし第3**で、また業種別のよくある財産とその換価等に関する留意点については**第4章第4**でそれぞれ詳しく解説していますので、以下では財産の換価等一般に関する留意点を解説します。

まず、換価等に当たっては、清算手続のいかんにかかわらず、その換価する価額や処分費用が適正であることが求められます。すなわち、通常清算手続により清算する場合、換価等後の現預金を原資に債務の弁済を行い、残余財産は株主や出資者に対して分配されますので、財産の換価等が適正な価額で行われなければ株主や出資者の利益を害する結果となります（なお、残余財産の分配ができない会社（法人）もあります。詳細は**第3章第6**を参照してください。）。また、特別清算手続や破産手続においては、通常、債務を完済できないため、財産の換価等が適正な価額で行われなければ、債権者に対する弁済原資が減少し、債権者の利益を害する結果となります。そのため、清算手続を行おうとする会社（法人）の取締役や清算人等は、財産の換価等を適正な価額で行わず、不当に廉価で売却したり、不必要に高額な費用をかけて処分したりすると、善管注意義務違反となるおそれがありますので注意が必要です。

また、特別清算手続及び破産手続においては、基本的に債務を完済することができませんので、債権者は当該法人（清算手続の開始前においては取締役、清算手続開始後においては清算人又は破産管財人）の行う換価等が適正に行われているかに対して、より高い関心を持っています。そのため、価値の高い財産については特に、換価等の手続及び価額がいずれも適正であることを説明できるような対応を取っておくことが必要です。例えば、不動産のように中古市場がある財産であれば、市場で広く買手を募ったり、客観的に信用性のある不動産業者から不動産評価書を取得し、それを上回る価額で売却したりすることなどです。

なお、破産手続による清算を行う場合は、財産の換価等は破産手続開始後に破産管

財人が行いますので、破産手続開始の申立て前に財産の換価等を完了させておく必要はなく、財産を破産管財人にきちんと引き継げるように保全しておくことが重要です。もっとも、破産手続の申立費用等を捻出するためにどうしても財産の換価等を申立て前に行わなければならない場合もあります。そのような場合は、前記のとおり、財産を必要な範囲で適正な価額にて換価等することになります。

5　債務弁済上の留意点の確認

(1)　各種清算手続における債権の調査

　清算手続において債務の弁済を行うには、まず当該会社（法人）が負担している債務を調査、把握する必要があり、各種清算手続には、それぞれ債権の調査、把握のための手続が設けられています。通常清算手続及び特別清算手続では、清算会社（法人）は、清算の開始原因が生じた後、遅滞なく、債権者に対し、一定期間内に債権を申し出るべき旨を、その期間内に債権を申し出なければ除斥される旨を付記して、官報に公告するとともに、知れている債権者には各別に催告をしなければなりません（会社499①②、医療56の8、社福46の30等）。破産手続では、破産手続開始決定後、債権調査手続にて債権の調査及び確定がなされます（破産115以下）。

(2)　各種清算手続における債務の弁済

　債務の弁済についても、各種清算手続に一定の手続等が定められています。
　通常清算手続及び特別清算手続では、前記の債権申出期間の満了前には総債権額の把握もできず、債務超過であるかの判断もできないため、特定の債権者に対する弁済を許すと、偏頗弁済となるおそれがあります。そのため、債権申出期間内は、原則として債務の弁済ができないこととされています（会社500①前段、社福46の31①等）。ただし、少額の債権、清算会社（法人）の財産につき存する担保権によって担保される債権その他これを弁済しても他の債権者を害するおそれがない債権に係る債務については、裁判所の許可を得てその弁済をすることができます（会社500②、社福46の31②等）。
　また、特別清算手続では、通常、債務を完済することができませんので、債権者間の平等が求められます。そのため、協定債権（会社515③）に対する弁済は、原則とし

て、債権者集会で可決され、裁判所が認可した協定に基づき権利変更が行われ、協定に基づいて弁済が行われます（詳細は**第3章第2**を参照してください。）。

破産手続では、破産債権（破産2⑤）に対する弁済は、配当手続（破産193以下）に従って行われます。また、債権者間の平等がより強く求められており、破産手続開始前に行われた偏頗弁済等については破産管財人による否認が可能とされています（破産162①）。

6　残余財産分配上の留意点の確認

(1)　残余財産

通常清算手続において、清算人が清算会社（法人）の現務の結了、契約関係の解消、財産の換価、債務の弁済を終えた後に残った財産は残余財産といい、残余財産の分配は清算人の職務とされています（会社481三、医療56の7①三、社福46の9三等）。

会社法では、残余財産の分配は、債務を弁済した後でなければ、その財産を株主に分配することができないものとされていますが、その存否又は額について争いのある債権に係る債務についてその弁済をするために必要と認められる財産を留保した場合は、残余財産の分配を行うことができるとされています（会社502）。特別清算手続及び破産手続は、債務超過ないしそのおそれがある場合等に行われる清算手続ですので、通常、残余財産は生じず、残余財産の分配は行われません。

(2)　残余財産の分配先

残余財産の分配の対象は、株主、社員ないし定款、規則等で定めた残余財産の帰属先等となります（会社105①二・666、医療56①、社福47①等）。

(3)　残余財産の分配の手続

株式会社の通常清算手続においては、①残余財産の種類、②株主に対する残余財産の割当に関する事項について、清算人の決定（清算人会設置会社においては清算人会の決議）により定めて、実施されます（会社504①）。

①　残余財産の種類（金銭分配と現物分配）
　　残余財産の種類は金銭であることが一般的ですが、会社法は金銭以外の財産（現物分配）も認めています。もっとも、株主には、金銭以外の残余財産に代えて金銭を交付することを清算株式会社に対して請求する権利（金銭分配請求権）が認められています（会社505①）。
②　株式に対する残余財産の割当に関する事項
　　株主に対する残余財産の割当に関する事項は、同一の種類の株式に対しては、株主平等原則により、株式数の割合に応じて残余財産を割り当てる内容でなければなりません（会社504③）。これに対し、残余財産の分配について内容の異なる二以上の種類の株式が発行されているときは、当該種類の株式の内容に応じ、異なる割当の内容とすることができます（会社504②）。

第 3 章

清算の実施

50

第1 通常清算（株式会社）

＜フローチャート～通常清算（株式会社）＞（1参照）

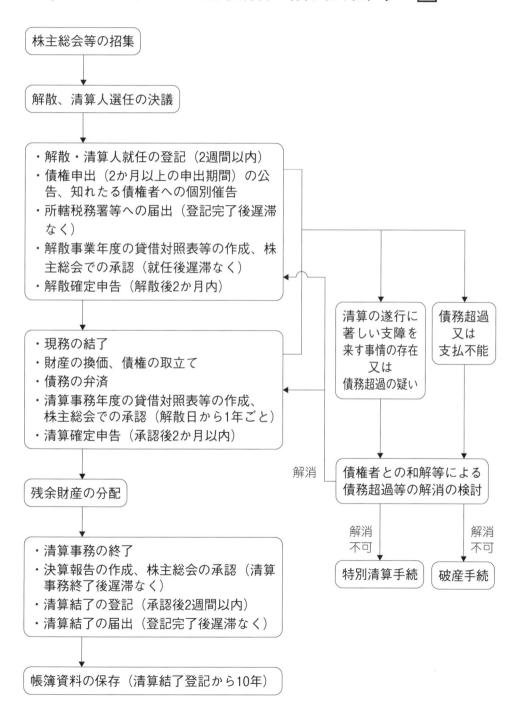

1 会社法上の通常清算手続の流れ

　会社法上の清算手続は、会社の解散から始まりますが（会社475一）、会社の廃業・清算を行おうとする場合に、いきなり、会社を解散させると相当な混乱が生じます。
　そのため、通常は、事前準備を行い、取引先や従業員に対しても廃業予定であることを説明し、徐々に取引量を減らしていく等して事業規模を十分に縮小してから、最後の処理として、解散に始まる会社法上の清算手続に入っています。
　会社法上の清算手続の詳細は、4において解説しますが、以下、簡単にその概要を説明します。

(1) 清算手続の開始

◆会社の解散・清算人の選任

　株式会社であれば、まず、株主総会を開催し、解散決議（会社471三）と清算人の選任を行います。清算手続は、清算人が遂行することになりますが、清算人の職務は、①現務の結了、②債権の取立て及び債務の弁済、③残余財産の分配です。

◆会社解散・清算人就任の登記、廃業届、確定申告

　会社の解散と清算人の選任が行われたら、2週間以内に、その旨の登記を行う必要があります（会社926）。また、同登記の完了後、遅滞なく、同登記事項証明書を添付した廃業届を、税務署、都道府県税事務所及び市町村に提出する必要もあります。
　清算人は、就任後、遅滞なく、清算株式会社の財産目録及び貸借対照表を作成し、株主総会の承認を受ける必要があります（会社492①③）。また、株主総会の承認を受けた後2か月以内に、解散事業年度（解散の日の属する事業年度の開始の日から解散の日まで）の確定申告・納税も必要となります（法税74）。

◆債権申出の公告・個別催告

　清算株式会社は、清算の開始後、遅滞なく、債権者に対して一定の期間内にその債権を申し出るべきこと、同期間内に申出がなかった場合は清算から除斥されることを官報に公告し、同時に、知れている債権者に対して、個別に催告しなければなりません。この一定の期間は2か月を下ることはできません（会社499）。他方で、この期間内は、清算株式会社においても、原則として、債務の弁済をすることができず、かつ、この期間内に履行期が到来した債務については債務不履行責任を免れませんので、留意が必要です。

(2) 財産の換価、債務の弁済、残余財産の分配

　清算人は、清算の開始後、順次、現務を結了し、財産を換価して現金化していきます。そして、前記債権者に対する催告期間が経過した後は、債務の弁済を行っていきます。

　清算人は、解散の日から1年ごとに、清算事務年度の貸借対照表及び事務報告を作成し、株主総会において承認を受け、報告しなければなりません（会社497）。また、株主総会の承認後2か月以内に、清算事務年度の確定申告・納税も必要となります（法税74）。

　清算人は、債務の弁済を全て完了した後、残った財産については、株主に対し、保有株式数に応じて分配します。

(3) 清算事務の結了、登記

　以上の清算事務が全て完了すると、清算人は、決算報告を作成し、株主総会の承認を受けます。承認を受けた後、2週間以内に、清算結了の登記を行います（会社929）。

　清算結了登記の完了後、遅滞なく、閉鎖事項証明書を添付して、清算が結了した旨を、税務署、都道府県税事務所及び市町村に届け出ます。

　清算人は、清算結了登記から10年間、清算株式会社の帳簿資料を保存しなければなりません（会社672②）。

2 通常清算に向けた事前準備

(1) 事前準備の重要性

　株式会社は、会社資産のみが債権者に対する責任財産となることから、通常清算手続とはいえ、特別清算手続や破産手続ほどではないにしても、弁済の制限等、平時にはなかった様々な制限があります。

　そのため、現務の結了、債権の取立て、債務の弁済を中心とする清算事務についても、解散及びその後の法定の清算手続に入る前に処理しておいた方がその後の清算手続を円滑に進めることができるものも多くあります。また、通常清算手続を進めている途中で、債務超過等に陥った場合には、清算人には、破産手続等他の倒産手続を選択する必要が生じます。税務面での見通し・計画も、十分に検討しておく必要があり

ます。
　そこで、通常清算手続を選択する場合は、通常清算を迅速かつ円滑に進めるため、事前に、問題点を洗い出し、必要な作業等を確認・検討するとともに、清算手続に入る前に処理しておくべき事項も含めてスケジュールを立てて対応を進めていくことが重要です。清算を目指す理由が事業の不振等による場合は、廃業や清算手続に向けた各種の作業が遅れれば遅れるほど、会社の資産が費消されていってしまい、債務超過に陥って通常清算手続を選択できないという事態に陥りかねませんので、特に留意が必要です。

(2) 支配権の確保

　会社の解散・清算手続を進めていく上で、株主総会の決議が必要となる場面が複数あります。また、解散の決議は、議決権を有する株主の過半数の出席及び出席株主の議決権の3分の2以上の賛成が必要な特別決議事項です（会社309）。
　したがって、解散・清算手続を円滑に進めていくためには、株主の総議決権の3分の2以上の支配権を確保しておく必要があります。また、取締役の過半数を、清算人に協力的な人物で確保しておくことも必要です。
　この点、中小企業においては、いわゆる名義株が存在することがしばしばあります。そのため、解散・清算の手続進行が途中で頓挫してしまわないように、事前に、名義株の有無の調査・確認と、名義株があった場合の対応策についても検討しておく必要があります。
　解散決議において、出席株主の議決権の3分の2以上の賛成が得られないものの、解散・清算することが真に必要であるならば、解散判決の申立て（会社833①）を行うことも検討します。

(3) 資産・負債の状況の把握

　通常清算は、債務超過でないことが前提となっています。そのため、清算手続の途中で債務超過であることが明らかになったり、その疑いが生じた場合には、清算人には、破産手続ないし特別清算手続を申し立てるべき義務があります（会社484①・511②）。
　したがって、清算人は、手続選択の場面のみならず、清算手続の遂行中も、常時、清算株式会社の資産・負債の状況を把握し、債務超過に陥らないように留意する必要があります。

資産の評価については、簿価ではなく、処分価格（早期売却した場合の価格）で評価する必要があります。

負債については、特に中小企業の場合、従業員の退職金やリース債務等が簿外となっていることが多いので、これらの簿外債務の有無・金額を確認する必要があります。

また、有給休暇が未消化の従業員からその買取りを求められた場合、廃業・清算手続を円滑に進める上で、これに応じざるを得ない場合もありますので、必要に応じてこれらも負債として計上します。

役員からの借入れがある場合、清算手続を円滑に行うために、役員から債務免除を受けるという選択肢もあり得ますが、免除を受ける場合、債務免除益については課税の対象となりますので（法税22②）、その対応についても検討しておく必要があります。

負債としては、その時点までに生じた負債だけではなく、清算手続の遂行中に生じる費用も見込んで把握しておく必要があります。

まず、引き続き、従業員の数名を雇用したり、清算事務の終結まで一部の事務所を賃借しておく必要があったりする場合には、それらのランニングコストも計上する必要があります。

また、後記の契約関係を終了させる上で、違約金、明渡費用等のコストが見込まれる場合はこれらも計上します。その他、清算手続の遂行自体によって生じる費用としては、通常、解散登記費用（登録免許税、官報公告費用、司法書士報酬等として通常12万円〜15万円）、解散確定申告費用（税理士報酬等として通常10万円程度）、清算確定申告費用（税理士報酬等として通常10万円程度）、清算結了登記費用（登録免許税、司法書士報酬等として通常5万円程度）が考えられます。その他、事案が複雑で弁護士の支援も受ける場合には、弁護士費用（通常100万円程度）が必要となる場合もあります。

以上のような検討の結果、債務超過やその疑いがあることが判明した場合は、前記のとおり、手続選択を再考することも必要となります。仮に、適切な時期に破産手続ないし特別清算手続の申立てを行わなかったことによって、債権者の引当財産が減少したと認められた場合には、清算人は善管注意義務違反を問われるおそれがありますので、注意が必要です。

(4) 契約関係の把握

会社は、事業を継続するために、様々な取引を行っていますので、会社を廃業する場合には、これらの取引に係る契約関係を終了していく必要があります。

通常清算の場合は、破産等と異なって、通常、徐々に取引を終了していくことになります。そこで、通常清算に向けた事前準備として、当該会社のビジネスモデルを把握し、取引関係を終了していく順序、終了の方法、終了の時期、終了にかかるコスト等を検討しておくことが重要です。

各種契約の処理上の留意点については、3 で詳しく解説します。

(5) 許認可関係の把握

廃業する会社の事業が許認可を要する事業である場合、廃業する上で、監督官庁への届出が必要となります。

通常、廃業後、一定期間内に廃業届を提出することが必要とされていますが、例えば、介護保険サービス事業では、廃止の日の1か月前までに届出が必要とされている等（介保75②等）、固有の規制がある場合もありますので、許認可事業については、事前に、廃業する場合の手続を確認しておく必要があります。

(6) 事業停止に向けたスケジュールの作成

いきなり事業を停止し、解散、清算手続へと移行すると、取引先・従業員等の利害関係人に対する影響も大きく、大きな混乱を招くことになります。そのため、通常は、あらかじめ取引先に廃業する方針であることを説明したり、徐々に取引量を減らしたりする等して、取引を解消していくことになります。

前記のような各注意点を踏まえた上で、取引先との契約関係の終了、従業員の解雇、事業所の閉鎖、解散決議、廃業届の提出等のスケジュールをよく検討する必要があります。

3 各種契約の処理上の留意点

会社が廃業し、清算をするに当たっては、会社が取引先などの利害関係者と締結している各種の契約を解消していく必要がありますが、一口に契約といっても多種多様なものがあり、また契約内容や履行状況についても区々であると思われます。そのため、まずは会社がどのような契約を締結しているのかを整理し、契約終了の案内だけ

で問題なく終結させることができるのか、処理のために一定の期間等をかけて交渉を要するのかなど、契約関係の処理に向けた手続とスケジュールを整理することが重要です。

業種ごとに問題となりやすい契約については第4章で解説していますので、以下では、一般的な契約関係の処理に当たっての留意点を説明します。

(1) 契約条項や民法等に基づく契約関係で必要となる処理

通常清算の根拠法である会社法には、破産等の法的倒産手続において破産管財人等に認められている双方未履行の双務契約の特別な契約解除権の定めはありません。したがって、会社等は、契約条項や民法等で認められる通常の解除権を行使するか、契約の相手方との合意によって契約を解消する必要があります。

そこで、会社等としては、まずは契約ごとにどのような契約の解消手続を取ることができるかを確認し、具体的な契約関係の処理手順等を検討しておくことが重要となります。

(2) 雇用契約の解消

破産と違って通常清算の場合は、事業の停止に向けて、段階的に業務を減らしていくことが理想的ですが、それに伴い、従業員の中でも、業務内容に応じて、早目に退職してもらう者、最後まで残ってもらう必要がある者等、区分する必要があります。例えば、経理処理ができる従業員は最後まで残ってもらう必要があります。

営業、生産、総務・人事等、職務内容や、廃業に向けた作業の必要人数等を検討し、段階的に減らしていくのが理想的です。

この時、経理処理担当の従業員等、他の従業員よりも遅れて退職してもらう必要がある従業員は、再就職に向けた活動という点で早期退職者よりも不利になるため、その分のインセンティブとなるような金銭給付の要否も検討する必要があります。

解雇には、解雇日の30日前に予告をしなければならないのが原則です（労基20①）。仮に解雇の予告期間が30日よりも少ない場合は、不足する期間分の賃金（解雇予告手当）を支払う必要があります（労基20）。

解雇予告手当は、解雇予告日の直近の締日以前3か月間の賃金総額を、その3か月間の暦日数で割って得た「平均賃金」（労基12）の額に、解雇予告期間が30日に不足する日数を乗じて算出します（労基20）。

解雇予告手当は、所得税等の源泉徴収の対象にはなりますが、税務上、解雇予告手当は退職所得と扱われます。退職所得に係る源泉徴収税額は、勤続年数に応じた所得控除を行った上で算出されるところ、退職所得の所得控除額は、最低でも80万円となっているため（所税30③⑤）、多くの場合、解雇予告手当に係る所得税額は0円となります。解雇予告手当の支給対象者が、支払を受けるまでに、事業者に対して「退職所得の受給に関する申告書」を提出することで、源泉徴収税額は、この退職所得控除後の金額を基準として計算した金額で済みますが、同申告書を提出しなかった場合、通常の給与等と同じく、解雇予告手当から、一旦20.42％の源泉徴収を行うことになります（この場合、解雇予告手当の支給を受けた本人は、確定申告をすることによって源泉徴収された所得税の精算がなされます（所税201③）。なお、詳細については後記 アドバイス 参照。）。

　そこで、会社が廃業・清算を進める上で、従業員に対し解雇予告手当を支給して解雇をする場合は、従業員の負担を軽減するためにも、「退職所得の受給に関する申告書」もあらかじめ用意し、従業員に対して説明・交付した上で、同申告書の提出を受けておくべきです。

　また、未消化の有給休暇が残っている場合、従業員からは有給休暇を消化したいという希望が出ることも多く、そのまま有給休暇を消化されると、廃業日直前の多忙で混乱が生じやすい時期に人手が足りない、ということもあり得ます。有給休暇について、金員の支払でもって有給休暇の取得に代える、すなわち、その分給料を払うから有給休暇を取得させないというのは違法ですので、有給休暇の消化状況にも留意し、従業員が有給休暇を全て消化する前提で廃業に向けたスケジュール・計画を立てておく必要があります（なお、従業員が全くの任意に有給休暇を取得せず、未消化の有給休暇が残った場合に、会社が任意に未消化分を買い上げる（対価を支払う）ことは必ずしも違法ではありませんが、本来の有給休暇の趣旨からして会社としては従業員に有給休暇は全て消化するよう推奨すべきといえます。したがって、有給休暇の未消化を期待するのではなく、基本的には、従業員が全ての有給休暇を消化するという前提で廃業に向けたスケジュール・計画を立てるべきです。）。

　従業員に対して、廃業を伝えるタイミングには留意が必要です。

　営業職の従業員など、顧客の担当者と親密な関係になっている場合などは、従業員から廃業の情報が拡散してしまい、混乱が生じることもあります。もちろん、後記のように、取引先との契約関係解消に当たっては、担当者に取引先への連絡・説明等をお願いすることになりますから、その前提として廃業を伝えることにはなりますが、どのタイミングでどの範囲に声をかけるべきか、きちんと計画を立てて、可能な限り情報をコントロールすることが望ましいです。

従業員の解雇に当たっては、当然のことながら、通常の従業員退職時と同様に、社会保険や所得税・住民税に係る手続が必要となります。具体的には、従業員から健康保険被保険者証、社員証、制服、携帯電話、ノートパソコン、タブレット端末その他会社からの貸与物を回収します。

　ハローワークに対しては、退職日（以下「解雇効力発生日」といいます。）の翌日から10日以内に雇用保険被保険者資格喪失届を提出する必要があります（雇用保険法7、雇用保険法施行規則7①）。また、従業員が離職票を希望する場合には、雇用保険被保険者離職証明書の提出が必要になります（雇用保険法施行規則7①②）。離職票は従業員が失業保険を受給するために必要となりますので、会社の義務ではありませんが、あらかじめ、希望するかどうか聞いておくことが望ましいです。雇用保険被保険者離職証明書については、3枚1組で複写式になっており、書式をダウンロードできず、ハローワークに取りに行かなければなりません。また、添付書類として、従業員名簿、賃金台帳、出勤簿等が必要であり、従業員の署名押印欄もありますので、あらかじめ、退職前に作成し署名押印してもらっておくとスムースです。

　年金事務所に対しては、退職日から5日以内に健康保険被保険者証を添付して健康保険・厚生年金保険被保険者資格喪失届を提出する必要があります（健康保険法48、健康保険法施行規則29、厚生年金保険法27、厚生年金保険法施行規則22）。

　また、これも義務ではありませんし、会社で手続を行うものではありませんが、健康保険については、退職後、最長2年間任意継続することができます。任意継続を希望する場合には、従業員において、退職日から20日以内に任意継続被保険者資格取得申出書を全国健康保険協会の都道府県支部に提出しなければなりませんので（健康保険法37）、従業員にこれを説明しておくことが望ましいです。

　その他、所得税の関係では、退職後1か月以内に従業員に給与所得の源泉徴収票を交付する必要がありますし（所税226①）、住民税の関係では、従業員が今後特別徴収か普通徴収のいずれを希望するのか確認してそれぞれに必要な手続を取り、また、退職日の翌月10日までに市町村に住民税に関する特別徴収に係る給与所得者異動届出書を提出する必要があります（地方税法321の5③、地方税法施行規則9の5）。これらは、いずれも、遅れずに提出する必要があります。

アドバイス

〇退職金に係る確定申告
① 　退職金の支払を受けるときまでに、「退職所得の受給に関する申告書」を退職金の支払

者に提出している場合は、源泉徴収だけで所得税及び復興特別所得税の課税関係が終了しますので、原則として確定申告をする必要はありません。なお、課税退職所得の金額は以下のとおり計算します。

（収入金額 − 退職所得控除額）×1/2

退職所得控除額は下表のとおりとなります。

勤続年数	退職所得控除額
20年以下	40万円×勤続年数
20年超	800万円＋70万円×（勤続年数−20年）

（注1） 勤続年数に1年未満の端数があるときは、たとえ1日でも1年として計算します。
（注2） 前記の算式によって計算した金額が80万円未満の場合は、退職所得控除額は80万円になります。

② 「退職所得の受給に関する申告書」を提出していない場合は、退職金の収入金額から一律20.42％の所得税及び復興特別所得税が源泉徴収されますので、確定申告で精算することになります。

①又は②で源泉徴収した所得税及び復興特別所得税は原則として翌月10日までに納めなければなりません。

(3) 取引関係（取引基本契約等）の終了

廃業・清算といっても、通常清算の場合は、いきなり全ての取引や事業活動を同時かつ即時に停止する必要はないことが通常です。したがって、当該会社の取引構造を把握した上で、最も混乱が生じず、債務超過に陥ることなく、効率的に廃業・清算するためには、どのような順序で各取引先との取引関係を終了あるいは縮小していくのが適切か、よく検討する必要があります。顧客に対しては、自社の代替仕入先を紹介する等の配慮も行うことで、より円滑な廃業・清算手続の遂行が期待できます。

取引関係の終了は、取引先との契約書（取引基本契約書等）に則って処理する必要があります。

当然のことながら、突然、取引を停止すると、取引先に対し債務不履行となって損害賠償責任が生じる可能性がありますし、通常清算ではなく破産等の法的倒産手続に入ったと誤解した取引先によって、期限前弁済を求められたり、担保権の実行が行われたりといった、いわゆる取付騒ぎ等の混乱が生じるおそれもあります。

したがって、まずは、取引先との契約書の内容を十分確認し、例えば、取引契約を終了するためには、「〇か月前に書面による通知・予告が必要である」といった、いわゆる解約予告期間の定めがある場合には、当該予告期間を取って解約予告通知書を出すことが必要です。また、取引先との契約書において解約予告期間の定めがない場合や、そもそも、発注書と請書等のやり取りだけで、取引先と契約書を取り交わしていない場合であっても、継続的契約の場合には、終了前1～3か月程度の予告期間を設けるべきです。

　取引先に対して、廃業予定であることを通知する際には、必要に応じて、破産等の法的倒産手続ではないこと、取引終了までに生じた仕入債務については間違いなく支払うものであること等を説明することも検討が必要です。

　資金繰り等の兼ね合いで、廃業日を契約で定められた予告期間内とせざるを得ない場合、取引先との契約書上、予告期間内の解約については、違約金の定めがある場合があります。このような場合であっても、取引先に対し、代替取引先を紹介する等、迷惑が最小限になるように真摯に説明・対応を尽くすことで、契約書の定めにかかわらず、違約金の発生なく取引関係を終了させることができる場合もありますので、まずは、真摯に説明・対応を尽くすことが重要です。

　繰り返しになりますが、あくまで、通常清算手続であって、取引先への債務は全て支払うことについて、取引先に誤解を与えないようにする必要があります。

　この点について取引先が誤解をし、取付騒ぎ等の混乱が生じれば、取引先との法的問題、その他取引先との関係・影響のみならず、社会の耳目を集め、無用な混乱を生じる可能性もなくはありません。

　したがって、取引先だけでなく、その周囲等社会への影響も考慮し、ソフトランディングを図るため、前もって計画を立ててステップを経ていく必要があります。

　廃業・清算手続が子会社等の処理のための場合は、親会社のレピュテーションリスクにも配慮が必要であり、これらを踏まえて慎重に廃業スケジュールを検討する必要があります。

(4) 営業拠点の閉鎖（賃貸借契約等）

　会社は、事務所、工場、店舗その他営業拠点に関し、賃貸借契約を締結していることが多いですが、賃貸借契約においては、賃貸借期間の定めがある場合には期間内解約の定めが、賃貸借期間の定めがない場合には解約の定めがそれぞれ設けられていることが一般的です。いずれにしても、賃貸借契約においては、一定の解約予告期間が

設けられていることが一般的であり、取引先との契約関係解消の場合と同様に、これについても、契約書上の期間を遵守して、賃貸人に対し解約告知を行う必要があります。

これに対し、定期賃貸借契約においては、原則として期間内解約はできませんし、期間内解約が契約書上規定されている場合でも違約金が定められていることがほとんどです。こちらについても、まずは、違約金なく期間内解約ができないか、賃貸人への説明・交渉を行うことが相当です。賃貸人の態度が強固な場合でも、違約金が顕在化すると、債務超過となって破産手続となることが想定される場合には、そのことを率直に賃貸人に説明することで、違約金について一定の減免を受けることができる場合もあります。

また、賃貸借契約の終了時には明渡し・原状回復を行う必要がありますが（民545①）、特に、原状回復の範囲・内容において、賃貸人との間でトラブルになることも少なくありません。

したがって、明渡し・原状回復の範囲・内容について、契約書等で明らかでない場合はもちろん、契約書において規定がある場合であっても、事後のトラブルを回避するため、事前によく賃貸人と協議をして、双方の認識に離齬がないようにしておくべきです。

賃貸借契約がスムースに終了できるかどうかは、廃業のスケジュールに大きく影響しかねませんので、賃貸人とも随時協議しながら、前もって計画を立てておく必要があります。

(5) 金融債権者への対応

通常清算においては、全ての債務を弁済等によって支払うことになりますので、金融債権者にも迷惑をかけることがないことが通常ですが、取引先同様、廃業の連絡をする前に第三者から廃業の情報を聞き及んだ銀行、リース業者等の金融債権者が、破産等の法的倒産手続と誤解して、期限前弁済や担保権の実行を求めたり、預金口座を凍結したりすることがあり得ます。したがって、基本的には、取引債権者に連絡するのと同時期か、そう遅くないタイミングで金融債権者にも説明をしておき、金融債権者に対しても、通常清算手続であって、借入債務は間違いなく全て支払うことについて、誤解を与えたり、無用な不信を生まないようにすることが必要です。

また、仮に金融債権者から債務の免除をしてもらう場合には、免除益課税が生じる可能性がありますので、免除益を差し引きすることができる繰越欠損金がどの程度あるのか等、タックスプランニングが必要となります。

4 会社法上の清算手続

　会社法上の清算手続の流れは以下のとおりです。

(1) 株主総会の開催、解散決議・清算人選任決議

◆解散決議

　会社法上、清算をしなければならない場合として、解散した場合が定められており（会社475一）、株主総会決議で解散できるとされていますので（会社471三）、原則として、まず、株主総会を開催し、解散決議を行う必要があります。

　株主総会は定時株主総会でも臨時株主総会でも構いません。

　株主総会では、会社を解散させる旨と清算人の選任を決議する必要があります。

　会社を解散させる旨の決議（解散決議）については、特別決議が必要とされており（会社309②十一）、具体的には、株主総会において議決権を行使することができる株主の議決権の過半数（3分の1以上の割合を定款で定めた場合にあっては、その割合以上）を有する株主が出席し、出席した株主の議決権の3分の2（これを上回る割合を定款で定めた場合にあっては、その割合）以上に当たる賛成をもってする決議が必要です（会社309②柱書）。

　もっとも、前記株主総会開催による解散決議が会社法上の原則にはなりますが、株主総会を開催せずとも解散決議を行うことは可能です。すなわち、いわゆる書面決議（議決権を行使できる株主全員が、書面又は電磁的記録によって、提案された内容に同意の意思表示をする方法）によって行うことが可能であり（会社319①）、取締役又は株主が提案した事項（解散、清算人選任）について、議決権を行使することが可能な株主全員が提案の内容と当該提案に同意する旨を記載した書面に署名をして成立します。株主数が多くない場合には、こちらの方法によることが簡便です。

◆清算人選任決議

　清算の段階では、清算株式会社は営業を行いませんので、従前の取締役は地位を失って、新たに清算人が清算株式会社の機関として清算事務を行うことになります（会社477・478）（監査役は、取締役と異なり、当然にはその地位を喪失しませんが、会計参与及び会計監査人はその地位を喪失します。）。

　清算人には、原則として解散時の取締役がそのまま就任します（会社478①一）。もっ

とも、定款や株主総会決議によって取締役以外の者も清算人に選任することができます（会社478①二・三）。したがって、廃業に当たって、取締役以外で新たに、清算事務を遂行する者を清算人に選任することができます。

清算人の選任に関する決議は、普通決議（出席した株主の議決権の過半数の賛成をもってする決議。ただし、定足数として議決権を行使することができる株主の議決権の過半数を有する株主の出席が必要です。）で構いません（会社309①）。清算人の人数は、原則として1名以上で、清算人会を設置する場合は3名以上が必要となります（会社477①・478⑧・331⑤）。

(2) 清算株式会社の機関

◆清算人・清算人会

清算株式会社の機関としては、清算人、株主総会が常置され、それ以外に定款の定めにより設けることができる機関としては、清算人会、監査役又は監査役会（会社477②）があります。前記のように、取締役並びに会計参与及び会計監査人は解散時にその地位を喪失しますし、監査等委員会又は指名委員会等も置くことはできません（会社477⑦）。

清算人は、前記のとおり、別途株主総会決議で選任した場合を除き、取締役がそのまま清算人となります。清算人となる者がいない場合には、利害関係人の請求により、裁判所が清算人を選任します（会社478②）。

清算人は、裁判所の選任した者でなければいつでも株主総会決議（普通決議）で解任することができます（会社479①）。重要な事由がある場合には、裁判所が選任した者も含め、株主（総株主の議決権の100分の3以上又は発行済み株式の100分の3以上の少数株主）の請求により、裁判所が解任することができます（会社479②）。

清算人の任期は法定されておらず、定款又は株主総会の選任決議で任期を定めない限り清算結了までとなります。

清算人の数は1名で足り、解散前に取締役会設置会社として3名以上の取締役を有していた会社が、解散時に定款にて清算人会を置く旨を定めなければ（取締役会設置会社であっても、当然に清算人会を置く旨の規定があるとみなされることはなく、清算人会は定款にそれを置く旨明示された場合のみ設置されます。）、株主総会で1名だけの清算人を選任することも認められています（会社478①三）。

清算人が複数いる場合は、清算人の過半数でもって意思決定をすることになります。また、清算人会が設置された場合には、清算人会は取締役会同様に清算人に対する監督を行うことになり、清算人会で選定された代表清算人が代表行為を行います（会社489）。

◆株主総会

株主総会は清算中も存続し、清算人は各清算事務年度（会社494①）について、定時株主総会に貸借対照表・事務報告を提出してその承認等を受けなければなりません（会社497）。

(3) 会社解散・清算人就任の登記、税務署等への届出・解散確定申告

会社は、解散決議がなされても、直ちに法人格は消滅しません。解散した会社は、清算の目的の範囲内で存続しており、清算結了をもって法人格が消滅します（会社476）。

会社解散・清算人選任決議後、これらについて、速やかに登記をする必要があります。また、税務署等への届出・解散確定申告も必要となります。

登記については 6 を、税務については 5 をご参照ください。

(4) 債権申出の公告・知れたる債権者に対する個別催告

清算人が清算手続において行うべき職務は、①現務の結了、②債権の取立て及び債務の弁済、③残余財産の分配です（会社481各号）。

このうち、②の債務の弁済のため、まずは、債務について確認する必要がありますので、清算手続に入った会社（清算株式会社）は、解散決議後、遅滞なく、債権者に対し、一定の期間内にその債権を申し出るべき旨を官報に公告し、かつ、知れている債権者（清算株式会社が債権者として認識している債権者）には、各別にこれを催告しなければなりません（会社499①）。

また、この一定の期間は2か月以上でなければなりません（会社499①ただし書）。

この催告期間内は、原則として債務の弁済ができず、かつ、当該期間内に履行期が到来した債務については、催告期間内であったことを理由に、債務不履行責任を免れることはできません（会社500①）。ただし、催告期間内であっても、裁判所の許可を得ることで、少額の債務、担保権によって担保される債務その他これを弁済しても他の債権者を害するおそれがない債務については、その弁済をすることができます（会社500②）。

(5) 財産目録・貸借対照表の作成、株主総会における財産目録の承認等 ∎∎∎∎∎∎∎∎∎∎∎∎∎∎∎∎∎∎∎∎∎∎∎∎∎

　清算人は、就任後遅滞なく、清算株式会社の財産の現況を調査し、解散時点の財産目録を作成しなければなりません（会社492①）。清算人は、この財産目録について、株主総会で承認を受けなければならず（会社492③）、清算株式会社は、清算人の財産目録作成時から清算結了登記がなされるまでの間、財産目録を保存しなければなりません（会社492④）。

　また、清算人は、解散時点の（正確には、解散決議の翌日の）貸借対照表等を作成しなければなりません。清算株式会社は、財産目録と同様に、清算人の貸借対照表作成時から清算結了登記がなされるまでの間、この貸借対照表を保存しなければなりません（会社494）。

(6) 現務の結了、債権の取立て、債務の弁済 ∎∎∎∎∎∎∎∎∎∎∎∎∎∎∎

　前記のとおり、清算人の職務は、①現務の結了、②債権の取立て及び債務の弁済、③残余財産の分配です（会社481各号）。

　このうち、①現務の結了とは、現在の業務の終了であり、廃業のことですので、既に、各種契約の処理上の留意点（3参照）に注意しながら、廃業を進めることになります。また、各業種の注意点については、第4章をご参照ください。

　②債権の取立て及び債務の弁済については、まず、未回収の債権（売掛金、貸付金等）があれば、これを速やかに回収した上で、債権申出の公告・知れたる債権者への催告によって把握した債務を弁済します。

　なお、通常清算においては、債務は全額支払う必要があります。すなわち、清算株式会社においては、清算結了時までに債務を完済することが必要であり、裏を返せば、債務を完済することができるのが通常清算手続を選択する前提条件となります。仮に、債務の方が大きく、清算株式会社の全財産をもってしても全ての債務を支払うことができないということであれば、特別清算手続又は破産手続を選択しなければなりません。これらの手続については、それぞれ、第3章第2・第3をご参照ください。

(7) 清算手続中の確定申告 ∎∎∎∎∎∎∎∎∎∎∎∎∎∎∎∎∎∎∎∎∎∎

　清算人は、解散の日から1年ごとに、清算事務年度の貸借対照表及び事務報告を作成し、株主総会において承認を受け、報告しなければなりません（会社497）。また、株主

総会の承認後2か月以内に、清算事務年度の確定申告・納税も必要となります（法税74）。
　税務については 5 をご参照ください。

(8)　残余財産の確定・分配 ■■■■■■■■■■■■■■■■■■■■■■■

　清算株式会社において、債務を全て支払った後に財産が残っていれば、この残余財産は、株主に分配することになります。清算株式会社は、清算人の決定によって、残余財産の分配に関し、残余財産の種類と株主に対する残余財産の割当てをどうするか決めなければなりません（会社504①）。

(9)　清算結了、決算報告の作成、株主総会における決算報告の承認 ■■■■■■■■■■■■■■■■■■■■■■■■■■■■

　清算事務が終了したときは、清算株式会社は、遅滞なく、決算報告を作成し（会社507①）、株主総会の承認を経なければなりません（会社507③）。

(10)　清算結了の登記、税務署への清算結了届出 ■■■■■■■■■■

　前記の決算報告について株主総会の承認を受けた後、2週間以内に、清算結了の登記を行います（会社929）。清算結了登記の完了後は、遅滞なく、閉鎖事項証明書を添付して、清算が結了した旨を、税務署、都道府県税事務所及び市町村に届け出ます。
　清算結了の登記については 6 を、税務については 5 をご参照ください。

(11)　帳簿資料の保存 ■■■■■■■■■■■■■■■■■■■■■■■■■■

　清算人は、清算結了登記から10年間、清算株式会社の帳簿資料（清算株式会社の帳簿並びにその事業及び清算に関する重要な資料）を保存しなければなりません（会社508①）。
　裁判所は、帳簿資料の保存について、清算人に代わって保存する者を選任することができます（会社508②）。清算人は、清算株式会社の元取締役であったり、従業員であることが多いと思いますので、必要に応じて、清算株式会社の親会社、グループ会社等を帳簿資料の保存者として選任してもらうよう、裁判所に申し立てます。なお、帳簿資料の保存費用は、清算株式会社の負担となっていますので（会社508④）、あらかじめ、清算結了前に保存費用を前払ないし計上し控除しておきます。

5 通常清算手続における会計・税務

(1) 事業年度

　会社が解散・清算した場合は、財務書類の作成や法人税・地方税といった各種税金の申告が必要です。この場合、会社の財産や損益の計算単位となる期間である事業年度がいつなのかが定かでないと、財務書類の作成や税金の計算ができません。そこで、各事業年度（解散事業年度・清算中の事業年度・残余財産確定事業年度）について理解する必要があります。

◆解散事業年度
　会社の通常の事業年度は、定款等により定められた会計期間となります（法税13）。それに対し、解散事業年度は事業年度の開始の日から解散の日までの期間を1つの事業年度とみなします（法税14①一）。
　なお、解散の日とは、株主総会において解散の日を定めたときはその定めた日、解散の日を定めなかったときは解散の決議の日、解散事由の発生により解散した場合には当該事由発生の日をいいます（法基通1-2-4）。

◆清算中の事業年度・残余財産確定事業年度
　清算中の事業年度は解散の翌日から1年ごととなります。
　残余財産確定事業年度は最後の清算中の事業年度であり、残余財産確定の日に事業年度が終了します。
　なお、残余財産の確定の日については、税務上、特段の規定はありませんが、一般的には財産の換価が終了し、債務の弁済が完了した日を確定の日とすることで問題ないと思われます。

(2) 会社の解散・清算と会計

　会計と税務とでは、会社の財務書類を作成するという点では共通していますが、目的という点では異なります。会計は、利害関係者に会社の財産や債務の現況を明らかにすることが目的であり、税務は法人税や地方税といった各種税金を計算し、申告・納付することが目的です。

前記目的を達成するため、会計では、事業年度ごとにどのような資料の作成が求められているか理解する必要があります。

◆解散事業年度

清算人は、その就任後遅滞なく、清算株式会社の財産の現況を調査し、解散の日における財産目録及び貸借対照表を作成します（会社492①）。

財産目録は、資産、負債、正味資産の3つの部に区分して表示しなければならず、財産については、処分価格を付すことが困難な場合を除いて、処分価格を付します（会社規144②③）。

貸借対照表は、財産目録に基づき作成しなければならず、資産、負債及び純資産の3つの部に区分して表示します（会社規145②③）。

財産目録と同様に、処分価格により表示する必要がありますが、処分価格を付すことが困難な資産がある場合には、当該資産に係る財産評価の方針を注記します（会社規145④）。

◆清算中の事業年度

清算人は、清算中の各事業年度に係る貸借対照表、事務報告、及びこれらの附属明細書を作成します（会社494①）。

貸借対照表は、清算中の各事業年度に係る会計帳簿に基づき作成しなければならず（会社規146①）、会計帳簿については、財産目録に付された価格を取得価額とみなすと規定されています（会社規144②）。

事務報告は、清算に関する事務の執行の状況に係る重要な事項をその内容とします（会社規147①）。

損益計算書やキャッシュ・フロー計算書は、作成書類に含まれていませんが、これらに相当する内容は事務報告に含める必要があると思われます。

附属明細書については、貸借対照表や事務報告の内容を補足する重要な事項を、その内容とします（会社規146③・147②）。

◆残余財産確定事業年度

残余財産が確定し、残余財産の分配をもって清算事務が終了したときには、遅滞なく、法務省令で定めるところにより、決算報告を作成します（会社507①）。

決算報告は、次に掲げる事項を内容としなければなりません（会社規150①）。

① 債権の取立て、資産の処分その他の行為によって得た収入の額

② 債務の弁済、清算に係る費用の支払その他の行為による費用の額
③ 残余財産の額（支払税額がある場合には、その税額及び当該税額を控除した後の財産の額）
④ 1株当たりの分配額（種類株式発行会社にあっては、各種類の株式1株当たりの分配額）

(3) 会社の解散・清算と税務

◆解散事業年度

解散事業年度の所得金額の計算は、通常の事業年度と同様に益金の額から損金の額を差し引いたものが所得金額となります。1年に満たない事業年度である場合は、月割調整が必要となります。原則として営業中の会社の税務と同様ですが、営業活動を継続する会社に政策的な観点から優遇を与える趣旨で規定されている以下の項目については適用できません。
① 中小企業者等が機械等を取得した場合の特別償却（租特42の6）等
② 海外投資等損失準備金等の租税特別措置法上の諸準備金（租特55①）
③ 国庫補助金等に係る特別勘定（法税43）等

また、営業活動を継続する会社に政策的な観点から優遇を与える趣旨で規定されている以下の税額控除についても適用されません。
④ 試験研究を行った場合の法人税額等の特別控除（租特42の4）等

欠損金の繰戻し還付については、解散事業年度において、特例として適用できるものとされています（法税80④）。

◆清算中の事業年度

基本的には解散事業年度の税務と同様ですが、その清算中に終了する事業年度前の各事業年度において生じた欠損金額で政令で定めるものに相当する金額（以下、本項において「期限切れ欠損金」といいます。）は、この適用年度の所得金額の計算上、損金に算入します（法税59③）。この期限切れ欠損金を損金算入するためには、事業年度終了時点に債務超過の状態であり、残余財産がないと見込まれるときに該当する必要があります。

◆残余財産確定事業年度

清算中の事業年度と同様になります。

第3章　清算の実施　71

アドバイス

○税金の還付請求

　会社の解散・清算には様々な理由がありますが、業績悪化が理由で廃業する場合も多いと考えられます。このような会社の中には過去に粉飾決算をして利益を多く計上し、その分多く税金を支払っている場合があります。

　更正の請求を行うと税金の還付を受けられることもあるので、還付に対する意識を高めることも重要です。

6　通常清算手続における登記

(1)　解散・清算人の登記

　株主総会の決議により解散した場合には、会社は、解散した日から2週間以内に、その本店所在地において、解散の登記をしなければなりません（会社926、商登71）。また、会社の清算人となった者は、解散の日から2週間以内に、その本店所在地において、清算人の氏名、代表清算人の氏名及び住所、清算人会設置会社であるときはその旨を登記しなければなりません（会社928）。

　実務上は、解散の登記と清算人の選任の登記とは一括して同時に申請をします（【書式2】株式会社解散・清算人及び代表清算人選任登記申請書参照）。

　清算人が1名であれば、当然にその清算人が会社を代表することになりますが、登記記録上は、次のとおり、清算人の氏名及び代表清算人の住所、氏名が登記されます（会社928参照）。

＜登記記録例＞

役員に関する事項	清算人　　　○○○○	
		平成○年○月○日登記
	○○市○○町○丁目○番○号 代表清算人　○○○○	平成○年○月○日登記

解　散	平成○年○月○日株主総会決議により解散
	平成○年○月○日登記

　解散した株式会社は、会計監査人、会計参与等を置くことができないため、会社が、株主総会の決議による解散の登記をしたときは、登記官は、次の登記に抹消する記号を記録します（商登規72①）。

① 　取締役会設置会社である旨の登記並びに取締役、代表取締役及び社外取締役に関する登記
② 　特別取締役による議決の定めがある旨の登記及び特別取締役に関する登記
③ 　会計参与設置会社である旨の登記及び会計参与に関する登記
④ 　会計監査人設置会社である旨の登記及び会計監査人に関する登記
⑤ 　監査等委員会設置会社である旨の登記、監査等委員である取締役に関する登記及び重要な業務執行の決定の取締役への委任についての定款の定めがある旨の登記
⑥ 　指名委員会等設置会社である旨の登記並びに委員、執行役及び代表執行役に関する登記

　以下は、会計監査人設置会社である旨の登記及び会計監査人に関する登記に抹消する記号を記録した場合の登記記録例です。

＜登記記録例＞

役員に関する事項	会計監査人　○○○○監査法人	平成○年○月○日重任
		平成○年○月○日登記
会計監査人設置会社に関する事項	会計監査人設置会社	平成○年○月○日登記

アドバイス

○期限付解散決議に基づく解散登記の可否
　株主総会において期限付決議は認められていますが、登記実務上、昭和34年の登記先例の運用がなされているため注意が必要です（昭34・10・29民甲2371回答）。例えば、1か月先の日を解散日とする決議がなされた場合、その解散登記が受理されるかどうかは管轄法務局の登記官の判断次第です。なぜなら、主務官庁の許認可等を要する業種の会社につき、その手続に要する合理的期間だけ先立って解散決議をするような場合はともかく、数か月も先の一定日時に解散する旨の期限付解散決議は、当該決議が公示の対象とならず、債権者

に不測の損害を及ぼすおそれがあることから、これを避けるべきものと解されているからです。なお、実務上、期限付解散決議をして解散登記をする場合、法定の登記期間（解散後2週間以内）との関係から、株主総会の決議後、2週間以内の日を解散日とする期限付解散決議に基づく解散登記は受理されています。

(2) 清算結了登記

　株式会社が清算を結了した場合は、清算人は、決算報告を作成して、これを株主総会に提出し、その承認を得なければなりません（会社507）。

　そこで、株主総会において決算報告が承認された場合には、清算結了の登記をすることになりますが、解散後、清算人は、株式会社の債権者に対し、2か月以内にその債権を申し出るべき旨を官報に公告し、かつ、知れている債権者には、各別にこれを催告しなければならないため、清算人の就任の日から2か月を経過した日以後でなければ、清算結了の登記は受理されません（昭33・3・18民甲572回答）。

　なお、会社は清算結了した日から、その本店所在地において2週間以内に、清算結了の登記をしなければなりませんが、解散登記の場合と異なり、支店の登記があるときには、その支店所在地においても3週間以内に清算結了の登記をしなければなりません（会社929・932、商登75）（【書式3】株式会社清算結了登記申請書参照）。

＜清算結了の登記記録例＞

登記記録に関する事項	平成○年○月○日清算結了	平成○年○月○日登記 平成○年○月○日閉鎖

　清算結了の登記がなされると、登記記録区に清算結了の年月日及びその旨が登記され登記記録が閉鎖されます（商登規80①五・80②）。

【書式2】 株式会社解散・清算人及び代表清算人選任登記申請書

株式会社解散・清算人及び代表清算人選任登記申請書

会社法人等番号	○○○○－○○－○○○○○○
フ リ ガ ナ	○○○○
商　　　　号	株式会社○○○○
本　　　　店	○○市○○町○丁目○番○号
登 記 の 事 由	解　散
	平成○年○月○日清算人及び代表清算人選任
登記すべき事項	別添CD-Rのとおり
登 録 免 許 税	金39,000円
添 付 書 類	定款　　　　　　1通
	株主総会議事録　1通
	株主リスト　　　1通
	就任承諾書　　　1通
	委任状　　　　　1通

上記のとおり申請する。
　平成○年○月○日
　　　　　　○○市○○町○丁目○番○号
　　　　　　申請人　株式会社○○○○
　　　　　　○○市○○町○丁目○番○号
　　　　　　代表清算人　　○○○○
　　　　　　○○市○○町○丁目○番○号
　　　　　　申請代理人　○○○○　㊞

○○法務局　御中

　次のとおり、登記すべき事項をCD-Rにテキスト形式で記録して提出します。
　「解散」平成○年○月○日株主総会の決議により解散
　「役員に関する事項」
　「資格」清算人
　「氏名」○○○○
　「役員に関する事項」
　「資格」代表清算人
　「住所」○○市○○町○丁目○番○号
　「氏名」○○○○

【書式3】 株式会社清算結了登記申請書

株式会社清算結了登記申請書

会社法人等番号　　○○○○－○○－○○○○○○
フ　リ　ガ　ナ　　○○○○
商　　　　　号　　株式会社○○○○
本　　　　　店　　○○市○○町○丁目○番○号
登 記 の 事 由　　清算結了
登記すべき事項　　別添CD-Rのとおり
登 録 免 許 税　　金2,000円
添 　付 　書　 類　　株主総会議事録　1通
　　　　　　　　　株主リスト　　　1通
　　　　　　　　　委任状　　　　　1通

上記のとおり申請する。
　平成○年○月○日
　　　　　　○○市○○町○丁目○番○号
　　　　　　申請人　株式会社○○○○
　　　　　　○○市○○町○丁目○番○号
　　　　　　代表清算人　　○○○○
　　　　　　○○市○○町○丁目○番○号
　　　　　　申請代理人　　○○○○　㊞

○○法務局　御中

　次のとおり、登記すべき事項をCD-Rにテキスト形式で記録して提出します。
　「登記記録に関する事項」平成○年○月○日清算結了

第2 特別清算（株式会社）

＜フローチャート〜手続開始から終結まで＞ (2参照)

【手続開始から協定案可決のための債権者集会までの流れ】

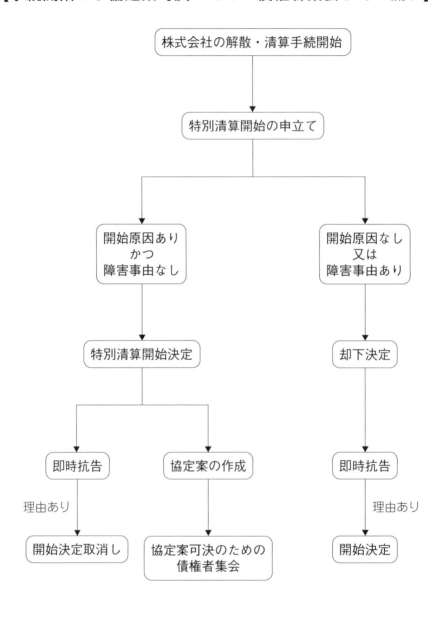

【協定案可決のための債権者集会から終結までの流れ】

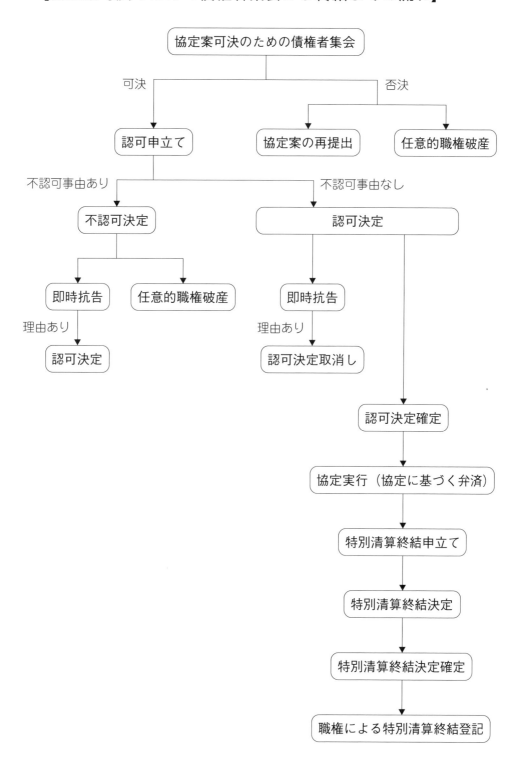

1 特別清算

　第2章第1 2 で解説したように、特別清算は、会社法上の手続で、株式会社における清算手続（通常清算）の特別な類型であり、株式会社のみに認められた制度です。

　清算手続中の株式会社（清算株式会社）に、特別清算の開始原因が存する場合、裁判所に対し特別清算を申し立てることができ、裁判所の命令により手続が開始します（会社510）。

　特別清算の開始を求めるためには、特別清算の開始原因が存することが必要で、具体的には、①通常清算の遂行に著しく支障となる事情がある場合と②債務超過の疑いがある場合がこれに当たります（会社510）。

　通常清算は、会社財産を換価して現金化し、これでもって全ての債務を弁済し、残余財産があればこれを株主に分配することによって、最終的に資産と負債をいずれもゼロとすることができなければ手続を終了させることができません。

　したがって、債務超過であれば、会社財産でもって全ての債務を弁済することができず、資産と負債をいずれもゼロとすることができませんので、通常清算として手続を進めることができません。また、通常清算は、裁判所による監督を受けることなく、清算会社（法人）において手続を進めることになります。しかし、例えば、会社（法人）の債権者等利害関係人が多数でありその利害関係が複雑な場合や、会社（法人）の債権債務関係の処理に時間を要すると予想される場合、清算人が誠意を持って清算手続を遂行しようとしない場合、役員等が損害賠償義務を負っているが清算会社（法人）において権利行使をすることが困難な場合（清算人は原則として解散時の取締役がそのまま就任することとなっており（会社478①一）、実際にも従前の取締役がそのまま選任されることが多いため、このようなことはしばしば起こり得ます。）のように、通常清算の遂行に著しく支障となる事情がある場合は、中立公正な第三者機関たる裁判所の監督を受けなければ、円滑に手続を進められないといえ、やはり、通常清算にはなじみません（後記のように、これらの場合には特別清算にもなじまず破産を選択すべき場合も多々あります。）。

　したがって、このような場合には、特別清算を申し立てることができるとされています（なお、債務超過の疑いがある場合には、清算人は特別清算開始の申立て義務があります（会社511②）。）。

　特別清算開始原因が存する場合には、本来的には、通常清算から破産へ移行させて、裁判所の選任した破産管財人の下で手続を進めていくべきともいえます。

もっとも、前記の事情がある場合であっても、必ずしも、破産に移行して破産管財人の管理下で手続を進める必要がない場合もあります。例えば、親子会社等の企業グループ間の債権債務の処理を目的とする場合や債権者の同意の下事業譲渡後に譲渡会社を清算するような場合です。

このような場合にまで常に破産しなければならないとすると、時間的にも費用的にもコストが増大し、迅速・円滑に会社（法人）の清算をすることができません。

そこで、破産の前段階として、株式会社に限って特別清算という制度が設けられ、破産よりも、簡易迅速に会社を清算することができるようになっています（そのため、特別清算には破産予防を目的とした手続としての一面もあります。）。

なお、このような制度趣旨・目的から、特別清算は、破産管財人による権利関係・財産の有無等の調査、財産の換価が不要な場合や債権者が特別清算を採ることについて同意しているような場合に利用されることが想定されています。これに対し、権利関係が非常に複雑で錯綜していたり、権利関係の存否・内容に争いがある場合、会社（法人）財産の隠匿等が疑われ、その回収が困難であると予想される場合、従前の役員の責任を追及する必要があるがこれが困難であると予測される場合又は清算人ではなく破産管財人の下で残余財産を適切に換価する必要性がある場合には、特別清算によってもこれらに適切に対応していくことが難しいといえ、特別清算はふさわしくありません。これらの場合は、破産によることになります。

2　制度の概要

(1)　特別清算の開始

1で解説したとおり、特別清算の開始原因は、①通常清算の遂行に著しく支障となる事情がある場合と、②債務超過の疑いがある場合です（会社510）。

制度上は、開始原因が存在すれば、清算株式会社に対していつでも特別清算開始申立てをすることができます。

もっとも、特別清算を申し立てる多くのケースは、親子会社等の企業グループ間の債権債務の処理を目的とする場合や、債権者の同意の下、事業譲渡後に譲渡会社を清算するような場合であり、当初から特別清算を申し立てることを予定していますので、株主総会において、解散決議と清算人選任の決議を行った後、直ちに、特別清算開始

を申し立てることがほとんどです。

なお、1でも解説したように、通常清算開始後に、債務超過の疑いが判明した場合には、清算人は特別清算開始の申立てをしなければならない義務を負っています（会社511②）。

特別清算開始の申立権者は、清算人、監査役、債権者又は株主です（会社511①）。特別清算開始決定時にその資格を有する必要があり、それで足ります（開始決定後にその資格を失っていても問題ありません。）。清算株式会社自身には申立権はありません。

裁判所は、特別清算開始原因があると認められれば、以下のいずれかに該当する場合（特別清算開始障害事由）を除き、開始決定をすることとなります（会社514）。

① 特別清算の手続の費用の予納がないとき
② 特別清算によっても清算を結了する見込みがないことが明らかであるとき

　　具体的には、債権者の同意の見込みがないことが明らかなとき、協定が遂行される見込みがなく、個別和解の見込みもないとき、弁済の見込みがないときです。これらの場合には、特別清算を開始したとしても破産に移行するだけですので、開始障害事由とされています。

③ 特別清算によることが債権者の一般の利益に反することが明らかであるとき

　　具体的には、明白な否認該当行為があり特別清算では原状回復が困難であることが明らかであるとき、破産による配当率（清算配当率）を上回る弁済をする見込みがないことが明らかであるとき（清算価値保障原則に反することが明らかであるとき）です。

④ 不当な目的で特別清算開始の申立てがされたとき、その他申立てが誠実にされたものでないとき

　　具体的には、専ら強制執行を止めることのみを目的としているようなとき、破産における破産管財人による否認権行使の回避を目的としているようなときです。

特別清算開始決定に対しては清算株式会社に限って、申立却下決定に対しては申立人に限って即時抗告をすることができます（会社890④⑤）。いずれも理由があると認められれば、開始決定又は却下決定が取り消されます。

（【書式4】特別清算開始申立書参照）

(2) 特別清算の特色

特別清算は、手続が厳格な破産に比べて、簡易迅速かつ柔軟に手続を進めることができるのが特色です。具体的には、以下の特色があります。

① 原則として清算人がそのまま特別清算における清算人に就任することにより解散前の事業や清算業務との連続性が確保可能であること

　破産の場合には、原則として破産申立てによって事業が一旦は中断してしまうことになり、破産管財人就任後に改めて破産管財人によって財産の換価等を進めてもらうことになります。

　そうすると、事業が停止してから換価等を進めることになるため、どうしても財産の価値は劣化してしまいますし、レピュテーションの下がった破産手続開始後の換価ということで、買いたたかれてしまうことも多くなります。

　特別清算においては、これらを回避することが可能です。

② 債権調査手続がなく、厳格な配当手続によらずとも債権者への弁済等が可能であること

③ 債権者と個別に和解することが可能であること

④ 債権者間に対立がある場合には、協定により多数決で清算手続を進めることが可能であること

⑤ 少額債権については許可を得て弁済することが可能であること

⑥ 清算人報酬等の費用が低廉であること

⑦ 破産手続に比べて信用毀損の程度が小さいこと

　多くの会社・個人が破産している今日、破産は決して珍しいことではなくなっていますが、それでも、まだまだ「破産」という言葉に対するマイナスのイメージが強いところです。そのため、他の業績に問題のない関連会社、グループ会社についても破産するのではないかという噂・評判が広まってしまうというリスク（いわゆるレピュテーション・リスク）があります。特別清算においてはこれを回避することが可能です。

(3) 特別清算の流れ・進め方

　特別清算に要する期間は、開始決定日から債権者との合意（協定）の確定まで、概ね10か月程度とされています。

　一般的な特別清算の流れは、冒頭のフローチャートのとおりであり、進め方は以下のとおりです。

① 申立て

　㋐ 株主総会における解散決議（会社471三・309②十一）・清算人選任決議（会社478）

　㋑ 通常清算における債権申出公告・催告（会社499①）

ウ　特別清算開始の申立て（会社511、会社非訟規1・2）
　　エ　（必要に応じて）弁済禁止等の保全処分（会社540②等）
　特別清算開始の申立後に、清算人が特定の債権者に対し、偏頗弁済や代物弁済等をするおそれもあるため、清算手続の監督上必要があると認められるときには、債権者、清算人、監査役、株主の申立て又は職権にて、弁済禁止の保全処分を命じることができるとされています（会社540①）。
　特別清算には、否認制度がないために、必要に応じてこの保全処分を申し立てることになります。
　また、特別清算開始の申立後に、清算人が特定の債権者に担保を提供したり、財産を不当に安い価格で処分したり、財産を隠匿したりするおそれもあるため、そのような場合には、財産の処分禁止の保全処分を申し立てることになります（会社540②）。
　なお、特別清算も、民事再生、会社更生や（大型の）破産と同様に、申立ての2週間前（遅くとも1週間前）には、申立書のドラフト等を持参して裁判所と事前面談を行うのが一般的です。
②　開始決定（申立てから1週間〜10日程度）
　　ア　特別清算開始決定（会社514・510）
　　イ　調査命令（会社522①）・監督委員選任命令（会社527①）
　　ウ　開始決定の公告・送達（会社890①）、法務局への登記嘱託（会社938①一）
③　清算手続の遂行
　　ア　財産の現況調査等と裁判所への報告（会社521）
　　イ　財産の換価（会社535①一②一、会社非訟規33）
　　ウ　（必要に応じて）役員責任の追及・保全処分等（会社542〜545）
　裁判所への月次報告を忘れがちですので、注意が必要です。
④　協定の申出（開始決定から約6か月）
　　ア　協定案の作成（会社564〜566）
　　イ　監督委員・調査委員の意見書提出
　特別清算は、原則として、債権者集会の多数決議で成立させた協定に従って、債権者に弁済した上、残債権を放棄（債務免除）してもらうことで、資産と負債をいずれもゼロにして、清算手続を終結させることになります。
　債権者が少数であれば、協定によらずとも、全ての債権者との間で個別に合意（和解）し、弁済して債権放棄を得ることも可能であり、清算株式会社としては、まずは、個別和解の可能性を検討することになります（このように債権者との個別和解による場合を個別和解型と呼び、協定による場合を協定型と呼びます。）。

もっとも、債権者が多数の場合や、協定には従うが積極的に個別和解はできないという債権者がいるような場合には、原則どおり、協定案を作成し、債権者集会の決議を経ることになります。
⑤　債権者集会
　㋐　債権者集会の招集（会社546）
　㋑　債権者による債権者集会の招集請求（会社547）
　㋒　債権者集会の決議要件（会社554）・協定の可決要件（会社567）
　㋓　協定認可決定（会社569①）
　㋔　（協定が否決されたときや協定不認可決定が確定したとき）職権により破産手続へ移行（会社574②）

　協定の可決要件は、債権者集会に出席した議決権者の過半数の同意、かつ、議決権者の議決権の総額の3分の2以上の議決権を有する者の同意です（会社567①）。

　協定が可決されたときは、清算株式会社は裁判所に対して、認可の申立てをし（会社568）、裁判所は、不認可事由がある場合を除き、認可決定をします（会社569）。

　協定案が否決された場合や不認可決定が確定したときは、裁判所は職権により破産手続開始決定をすることができ（会社574②）、さらに、協定の見込みがないときは、破産手続開始決定をしなければなりません（会社574①一）。協定案が否決された場合には、再度、債権者と協議の上、協定案の再提出を試みることになります。

⑥　協定認可決定確定（会社570・901④）
　㋐　公告（会社901③）から2週間の即時抗告期間経過（認可決定から約1か月）
　㋑　協定に基づく弁済

　協定認可決定確定後は、協定の実行（協定に基づく弁済）をし、債権の放棄（債務免除）を得ることになります。

⑦　終　結
　㋐　特別清算終結申立て（会社573）
　㋑　特別清算終結決定（会社573）
　　　公告から2週間の即時抗告期間経過により確定（会社902②）
　㋒　終結登記（会社938①三）

　協定に基づく弁済後、清算株式会社は特別清算終結申立てをし、同決定確定後、終結登記をします。登記については、7をご参照ください。

3 通常清算手続との関係

　特別清算手続は、あくまで、通常清算手続の特別類型ですので、特に規定がある場合を除き通常清算の規定が適用されます。
　具体的には、第3章第1をご参照ください。

4 清算株式会社の機関

　特別清算における清算株式会社には、通常清算の場合と同様、1名又は2名以上の清算人が置かれ、清算人が清算事務を行うところ、特別清算は、清算の遂行に著しい支障を来すべき事情があるか、債務超過の疑いがあるために採られる清算手続ですので、手続は公平かつ誠実に行われなければなりません。
　そのため、特別清算が開始された場合、清算人は、債権者、清算株式会社及び株主に対し、公平かつ誠実に清算事務を行う義務を負いますし（会社523）、裁判所は、清算人が清算事務を適切に行っていないとき、その他重要な事由があるときは、債権者若しくは株主の申立てにより又は職権で、清算人を解任することができます（会社524）。
　また、清算株式会社は、一定の行為については、裁判所の許可を得なければ行うことができず（会社535①・536）、債務の弁済についても制限されるなど（会社537）、清算人の清算業務は裁判所の監督の下で行われることとなります。ここが通常清算との大きな違いです。
　また、裁判所は、清算株式会社を監督させるため、監督委員を選任することができ（会社527①）、清算株式会社が一定の行為を行う場合には監督委員の同意を得なければならないものとすることができます（会社535①）。さらに、裁判所は、調査命令を発する場合には調査委員を選任することができます（会社533）。
　大阪地方裁判所においては、協定型の場合は、原則として、調査委員兼監督委員が選任される運用となっています（協定ではなく個々の債権者との個別和解によって弁済する個別和解型の場合には調査委員や監督委員は選任されないのが通常です。）。

5 個別和解型・対税型の利用

　特別清算は、協定型が原則ですが、実際の利用は圧倒的に個別和解型が多数となっています。

　特別清算が利用される典型的なケースとしては、親会社が不採算の子会社を清算する場合です。

　第2章第2 2 (1)でも解説したように、親会社が子会社に対する債権を放棄した場合、当該債権放棄については相当な理由がない限り寄附金と認定され、債権放棄は貸倒れとして損金処理ができませんが（法基通9-4-2）、特別清算をすることによって、親会社の債権放棄を貸倒れとして損金処理し得ることとなります（法基通9-6-1）。

　したがって、親会社としては、子会社の破産によるイメージや信用の悪化を可及的に回避しつつ、債権放棄を貸倒れとして損金処理することが可能となります。このような特別清算を「対税型」と呼ぶことがあります。対税型は、債権者も親会社以外にほとんどいないということが多く、個別和解型であることがほとんどです。なお、損金処理が可能かどうかについては税理士等の専門家とも慎重に協議、検討しておくことが重要です。

　また、事業部門の分社化・事業再生の一手法として特別清算が利用されることがあります。例えば、私的整理手続において、優良な事業部門のみ残して、不良な事業部門は廃業したいと考える場合、いわゆる第2会社方式として、新会社（第2会社）を設立して、優良部門はそちらへ事業譲渡や会社分割をし、不良な事業部門を特別清算で処理するということがあります（金融機関によっては、任意に債権放棄ないし債権カットには応じられないが、特別清算であれば応じることができるという対応をとるところもあります。）。

　特別清算は、協定型が原則とはいえ、債権者が多数で権利関係が複雑で錯綜している場合にはなじまないため、債権者が少ない場合に利用されることがほとんどです。そして、債権者が少ない場合には、協定型ではなく個別和解型で進めることが可能なことが多く、個別和解型で進められるのであれば同型で進めた方が時間的経済的コストも小さく清算株式会社にとってメリットが大きいので、個別和解型が選択されることが多いというのが実状です。

6 特別清算手続における会計・税務

(1) 事業年度

通常清算と同様となります。第3章第1 5 をご参照ください。

(2) 株式会社の解散・清算と会計

通常清算と同様となります。第3章第1 5 をご参照ください。

(3) 株式会社の解散・清算と税務

通常清算と同様となります。第3章第1 5 をご参照ください。

7 特別清算手続における登記

　清算株式会社が、後記①から③のいずれかの事由に該当する場合には、裁判所書記官は、職権で、遅滞なく、清算株式会社の本店（ただし、③に掲げる場合であって、特別清算の結了により特別清算終結の決定がされたときにあっては、本店及び支店）の所在地を管轄する登記所に後記①から③に掲げる登記を嘱託しなければなりません。これらの裁判所の嘱託によりする登記については、登録免許税は非課税とされています（登録免許税法5三）。

① 特別清算開始の命令があったとき　特別清算開始の登記（会社938①一）
② 特別清算開始の命令を取り消す決定が確定したとき　特別清算開始の取消しの登記（会社938①二）
③ 特別清算終結の決定が確定したとき　特別清算終結の登記（会社938①三）

(1) 特別清算開始の命令があったときの特別清算開始の登記

　裁判所による特別清算開始の命令があったときは、裁判所書記官は、職権で、遅滞なく、清算株式会社の本店の所在地を管轄する登記所に、特別清算開始の登記を嘱託

しなければなりません（会社938①一）。

＜登記記録例＞

解　散	平成○年○月○日株主総会の決議により解散
	平成○年○月○日登記
特別清算	平成○年○月○日○○裁判所の命令により特別清算開始
	平成○年○月○日登記

　なお、特別清算開始後において清算人の選任の裁判があったときは（会社478②・483⑤）、裁判所の嘱託ではなく、当該清算人の選任の決定書を添付して、当該会社を代表すべき清算人から清算人選任の登記をしなければなりません（会社928③、商登73③）。したがって、特別清算中の法人について、現在の清算人が適しないとして、現在の清算人の解任及び新たな清算人の選任の裁判があった場合には、解任の登記は、裁判所書記官の嘱託によりなされますが（会社524・938）、選任の登記については、嘱託の規定がないため（会社938参照）、当該清算人が選任の登記を申請することになります。

(2) 特別清算終結の決定が確定したときの特別清算終結の登記 ■ ■ ■

　裁判所による特別清算終結の決定が確定したときは、裁判所書記官は、職権で、遅滞なく、清算株式会社の本店（特別清算の結了により特別清算終結の決定がされたときにあっては、本店及び支店）の所在地を管轄する登記所に、特別清算終結の登記を嘱託しなければなりません（会社938①三）。

　特別清算の結了により特別清算終結の決定が確定した場合は、登記官は、特別清算開始の登記を抹消することなく、当該会社の登記記録を閉鎖します（商登規75②・80①六②）。

＜登記記録例＞

登記記録に関する事項	平成○年○月○日○○裁判所の特別清算終結の決定確定
	平成○年○月○日登記
	平成○年○月○日閉鎖

【書式4】 特別清算開始申立書

特別清算開始申立書

平成○年○月○日

○○地方裁判所第○民事部　御中

　　　　　　　　　　　　　　　　申立人代理人弁護士　　　○○○○㊞

〒○○○−○○○○　○○市○○町○丁目○番○号　○○ハイツ○階
　　　　　　　　　　　　　　　株式会社○○○○清算人
　　　　　　　　　　　　　　　申立人　　　○○○○

〒○○○−○○○○　○○市○○町○丁目○番○号　○○ビル○階
　　　　　　　　　　　　　　　○○法律事務所（送達場所）
　　　　　　　　　　　　　　　　ＴＥＬ　○○−○○○○−○○○○
　　　　　　　　　　　　　　　　ＦＡＸ　○○−○○○○−○○○○
　　　　　　　　　　　　　　　申立人代理人弁護士　　　○○○○

（清算株式会社の表示）
〒○○○−○○○○　○○市○○町○丁目○番○号
　　　　　　　　　　　　　　　株式会社○○○○
　　　　　　　　　　　　　　　同代表者清算人　　　○○○○

申立ての趣旨

　○○市○○町○丁目○番○号に本店を有する株式会社○○○○について特別清算を開始する
　との決定を求める。

申立ての原因となる事実

第1　被申立会社の概要
　　申立日現在における株式会社○○○○（以下「被申立会社」という。）の概要は、以下のとおりである。
　1　会社の目的（甲1、甲3）
　　　建築工事及び土木工事の設計・施工
　2　資本関係（甲3、甲4）
　　(1)　株式及び資本の額
　　　　被申立会社の資本金は○万円、発行可能株式総数は○万株であり、そのうち発行済株式総数は○万株である。なお、発行済株式の全部について譲渡制限が付されている。

(2) 株主の構成

　　被申立会社は、○○○○株式会社の100％子会社である。
3　解散時の役員（甲3）

　　代表取締役○○○○、取締役○○○○、取締役○○○○、監査役○○○○
4　従業員の状況

　　従業員は存在しない。

　　なお、被申立会社の残務については、被申立会社の役員のほか、親会社である株式会社○○○○の従業員が行っている。
5　本店及び営業所その他の営業拠点の所在

　　被申立会社の本店所在地は、○○市○○町○丁目○番○号である。

　　本店所在地以外に事業所はない。
6　許認可等

　　会社非訟事件等手続規則17条に基づく通知先となる官庁その他の機関は、次のとおりである。

　　　　建設業許可（大臣許可）
　　　　〒○○○－○○○○
　　　　　○○市○○町○丁目○番○号　○○合同庁舎1号館
　　　　　国土交通省○○地方整備局　建設部
7　会社の解散（甲12）

　　平成○年○月○日開催の臨時株主総会において会社解散が決議され、清算人として○○○○が選任されている。
8　債権申出期間（甲14、甲15）

　　平成○年○月○日から同年○月○日まで（予定）
9　関連会社

　　親会社として株式会社○○○○（本店所在地：○○市○○町○丁目○番○号）がある。

第2　被申立会社が特別清算を申し立てるに至った経緯

1　被申立会社の設立と創業後の状況（甲2）

　　被申立会社は、いわゆるデベロッパーである株式会社○○○○が、建築請負業を行う会社として昭和○年○月に設立した株式会社であるところ、創業当初から戸建て住宅、マンション、ビル等の建物の建築のほか、造成工事等の土木工事も行っていた。

　　バブル期（平成元年）には、売上高は○億円、営業利益は○億円を計上していた。
2　業績の悪化

　　バブル期以降、売上高・営業利益ともに減少の一途をたどり、さらに、平成19年以

降は、いわゆるサブプライムショック、これに続くリーマンショックによる不況の影響もあって、有利子負債が増大し、他方、売上高・営業利益ともに大幅に減少するに至った。

被申立会社は、有利子負債圧縮のために、所有していた不動産その他の資産を売却し、事業所・従業員の整理を進めたものの業績の改善には至らなかった。

3　被申立会社の過去3期の損益の状況

被申立会社の過去3期の損益の状況は下記のとおりである（甲5～甲7）。

(単位：千円)

科目	第○期 （H25.1.1～H25.12.31）	第○期 （H26.1.1～H26.12.31）	第○期 （H27.1.1～H27.12.31）
売上高	○○○,○○○	○○○,○○○	○○○,○○○
売上総利益	○○○,○○○	○○○,○○○	○○○,○○○
営業利益	▲○○,○○○	▲○○,○○○	▲○○,○○○
経常利益	▲○○,○○○	▲○○,○○○	▲○○,○○○

第3　特別清算開始の原因

被申立会社の資産及び負債の状況は、解散日現在の清算貸借対照表（甲10）のとおりであり、債務超過の疑いがあることは明白である。

資産、負債の概要は次のとおりである。

1　資産の状況

財産目録（甲8）に記載のとおり、平成○年○月○日現在において、

　　現預金○○○万円

　　仕掛中の受注工事○○○万円

　　売掛金○○万円

のほかは、特に見るべき資産はなく、被申立会社の資産総額は○○○万円程度である。

2　負債の状況

債権者一覧表（甲11）に記載のとおり、債権者は合計で○社、その債権の総額は○億○○○○万円である。

　　（内訳）　金融債権（○社）　　合計　○○○,○○○,○○○円

　　　　　　リース債権（○社）　　合計　○○,○○○,○○○円

　　　　　　その他（○社）　　　合計　○○,○○○,○○○円

3　被申立会社に対してなされている他の手続又は処分

申立日現在、被申立会社の資産に対して、破産手続、再生手続、更生手続、特別清

算、強制執行、仮差押え、仮処分、担保権実行としての競売手続は行われていない。
第4　特別清算の実行の方法と見込み
　1　会社解散と債権者の意向について
　　　　被申立会社は、平成○年○月○日、臨時株主総会を開催し、被申立会社を解散すること、清算人を選任することを決議し、申立人は清算人就任を受諾した（甲12、甲13）。なお、被申立会社は、会社法499条1項に基づき、平成○年○月○日付で債権者に対する債権申出の官報公告をする旨の申込みをしており（甲14）、同年○月○日に官報に掲載される予定である。また、債権届出の催告（甲15）を各債権者に発送予定である。
　　　　被申立会社においては、債務超過の状態にあることが明らかであるところ、大口の金融支援を受けていた金融機関（○○銀行）には事前に相談等しており、特別清算の申立てについて概ね理解を得られている。
　　　　なお、債権者の債権の存否・額について、いずれも争いはない。
　2　弁済率の予想と今後の見通し
　　　　被申立会社における配当財源は○○○万円であり、配当対象債権は○億○○○○万円であるから、弁済率は、清算貸借対照表（甲10）に記載のとおり、○％程度と試算される。
　　　　なお、仮に破産となった場合は、仕掛中の受注工事を完成させることができないため請負代金は割合的報酬でしか得られず、また、破産申立てに必要な予納金も必要となることから、特別清算において試算される上記○％を下回ることが確実である。
　　　　前記のように、被申立会社は、大口の金融機関である○○銀行からは特別清算についての理解を得ている。
　　　　なお、繰越欠損金が○億円あることから、課税所得は発生しない見込みである。
　3　特別清算手続を進めることに支障がないこと
　　　　協定債権者はいずれも金融機関であり、債権額の存否及びその額について争いはない。
　　　　また、否認対象行為は存在せず、役員の責任を追及されるような事案も見受けられない。
第5　今後の処理方針
　1　受注工事の完成と売掛金の回収
　　　　申立日現在で、1件（○○宅、住所：○○市○○町○丁目○番○号）の未完成工事があるところ、これについては平成○年○月末までには完成させて引渡しを終える予定である。
　　　　この工事の完成により、請負代金○○円を回収することができる。
　　　　その他、2件の売掛金があるところ、うち1件は早期に回収できる見込みであるが、他の1件は2年以上の長期滞留債権であり、回収可能性がなく、放棄予定である。

2　不動産の売却

　　被申立会社は本社ビルを有するところ（甲9）、金融機関（○○銀行）の根抵当権が設定されており、同銀行の同意を得て、現在、任意売却手続中である（売却代金の○％程度を組み入れる方向で交渉中である。）。

3　その他

　　機械装置や什器備品が若干あるものの、いずれも無価値のため、早期に処分予定である。

第6　その他

　　清算人の報酬は放棄する（甲16）。

疎　明　資　料

甲第1号証	定　款
甲第2号証	会社案内
甲第3号証	商業登記全部事項証明書
甲第4号証	株主名簿
甲第5号証	確定申告書（平成25年12月31日期）
甲第6号証	確定申告書（平成26年12月31日期）
甲第7号証	確定申告書（平成27年12月31日期）
甲第8号証	財産目録
甲第9号証	不動産登記事項証明書
甲第10号証	清算貸借対照表
甲第11号証	債権者一覧表
甲第12号証	臨時株主総会議事録
甲第13号証	清算人の履歴書
甲第14号証	官報公告掲載予定の案内
甲第15号証	債権届出のご催告（債権者宛発送予定文書）
甲第16号証	放棄書

添　付　書　類

1　甲号証　　　　　　　　　　　　各1通
2　資格証明書（被申立会社）　　　1通
3　委任状　　　　　　　　　　　　1通

第3 破産手続

＜フローチャート～破産手続の一般的な流れ＞(2、3(1)参照)

【同時廃止手続、管財手続の振り分け】

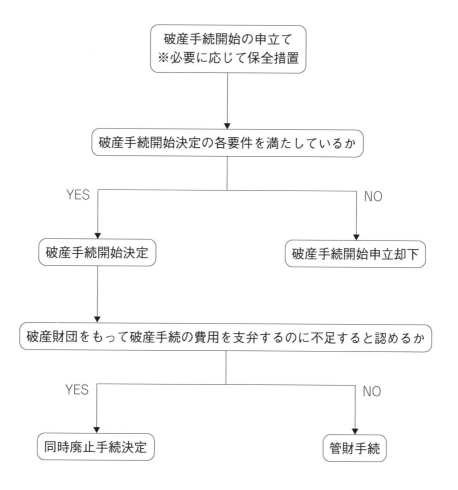

【管財手続の流れ】（3(1)参照）

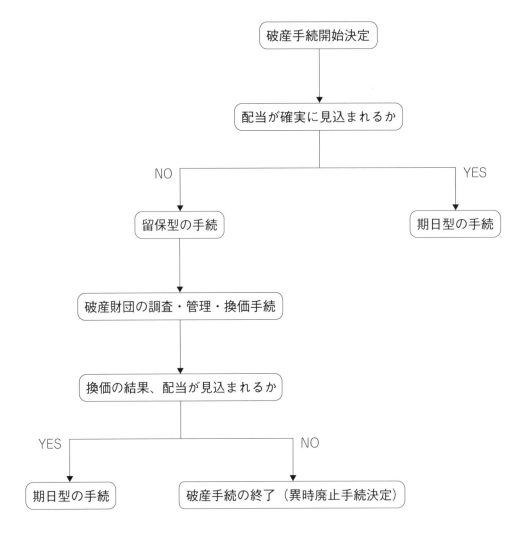

【期日型の手続の流れ】（3(2)～(5)参照）

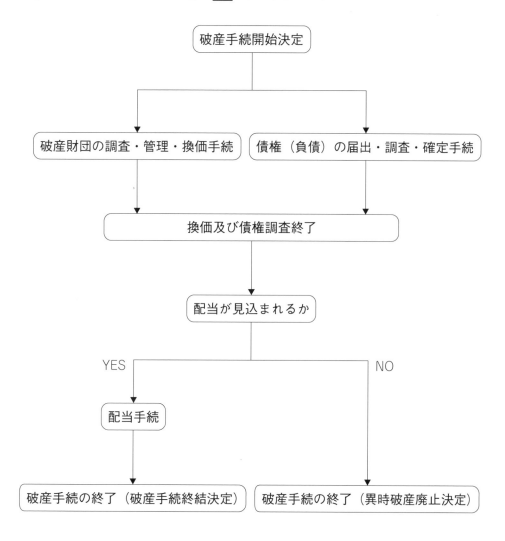

1 破産手続の概要

(1) 破産手続の倒産処理手続における位置付け

　会社（法人）を清算する方法の1つとしては破産手続がありますが、この手続は、裁判所の関与の下に行われる倒産処理手続の中でも清算型の倒産手続と位置付けられています。なお、再建型の倒産手続には、民事再生手続や会社更生手続があります。

(2) 破産手続の対象者

　破産手続は、基本的に自然人・法人を問わずに利用できる手続です。他方で特別清算手続の対象は原則として株式会社のみとされています。

　このように破産手続と特別清算手続とでは、利用できる対象者が異なることが大きな違いの1つです。

　また、破産手続を行うためには、後記のとおり、債務者が支払不能（支払能力を欠くために、その債務のうち弁済期にあるものにつき、一般的かつ継続的に弁済することができない状態）（破産2⑪）、又は債務超過（その債務につき、その財産をもって完済することができない状態）（破産16①）にあることが必要です。

(3) 破産手続の目的

　破産手続は、簡潔にまとめれば、前記のような危機的な経済状態にある債務者において、当該債務者の財産を換価処分して現金化し、これを債権者に公平に分配する手続です。このような公平な処理を行うために、破産法によって一定のルールが定められています。

　破産法1条においては、「支払不能又は債務超過にある債務者の財産等の清算に関する手続を定めること等により、債権者その他の利害関係人の利害及び債務者と債権者との間の権利関係を適切に調整し、もって債務者の財産等の適正かつ公平な清算を図る……ことを目的とする」と規定されており、これが破産手続の目的を端的に表しています。

(4) 破産手続の特徴

破産手続は、前記のように、適正かつ公平な清算を図るために、これらの破産手続は、裁判所によって選任された破産管財人が中心となって行うこととなっており、この点が他の清算手続とは異なる特徴となっています。

2 破産手続の流れ

(1) 破産手続の種類

破産手続には、実務上、大きく分けると、同時廃止手続で終わる場合と管財手続により破産手続を進行する場合があります。

同時廃止手続とは、破産手続開始決定時点で、破産財団をもって破産手続の費用を支弁するのに不足すると認めるときに、破産手続開始決定と同時に破産手続を終了するものです（破産216）。

他方で、管財手続とは、裁判所によって破産管財人が選任され、同人が中心となって、破産手続を進行するものです。

会社（法人）の場合には、一定の破産財団が存すると想定されること、利害関係人も多く、処理すべき契約関係も多いと想定されること等、適切に資産を調査・管理・換価すべき必要性が高いため、原則的には、破産管財人を選任し、破産手続を進行していくこととなります。

実務的には、申立ての時点で、同時廃止手続若しくは管財手続を選択して申し立てています。ただし、同時廃止手続として申し立てられた事件においても、同時廃止手続として処理することが相当でない場合には、管財手続に移行することがあります。

(2) 一般的な破産手続の流れ（管財手続）

破産手続は、主には、①資産の調査・管理・換価に関する手続、②債権（負債）の届出・調査・確定に関する手続、③①②の手続を経た上で、配当可能な破産財団が構成できた場合には、配当手続という手続を経ることとなります。

3 破産手続における諸手続

(1) 破産手続の開始 ■■■■■■■■■■■■■■■■■■■■■■■

◆開始原因

　破産手続の開始原因は、「支払不能」若しくは「債務超過」です（破産15①・16）。ただし、債務超過は、会社（法人）（合名・合資会社などの無限責任の法人を除きます。）の場合の付加的な破産手続開始原因です（破産16②参照）。

　「支払不能」とは、「債務者が、支払能力を欠くために、その債務のうち弁済期にあるものにつき、一般的かつ継続的に弁済することができない状態」にあることをいいます（破産2⑪）。資産があったとしても、直ちに換価が困難なものであれば、支払不能が認められる可能性があります。

　債務者が支払を停止したときは「支払不能」にあるものと推定されています（破産15②）。

　「支払停止」とは「債務者が弁済期の到来した債務を一般的かつ継続的に弁済できないことを外部に表示すること」をいいますが、支払停止とされる例としては、手形の不渡り、債務の支払ができない旨の通知、夜逃げ等が挙げられます。

　「債務超過」とは「債務者が、その債務につき、その財産をもって完済することができない状態」をいいます（破産16①括弧書）。

◆申立権者

　「債務者」又は「債権者」が申立権を有しています（破産18①）。

　また、債務者が会社（法人）の場合には、一般社団法人・一般財団法人においては「理事」が、株式会社又は相互会社においては「取締役」が、合名会社、合資会社又は合同会社においては「業務執行社員」が、以上の各会社（法人）については「清算人」が、その他の法人においては「理事等」が、それぞれ申立権を有しています（破産19①②④）。

　さらに、「外国管財人」についても申立権が認められています（破産246①）。

　実務上、債務者自らが申し立てる場合を「自己破産」、債権者が申し立てる場合を「債権者破産」、会社（法人）の理事等が申し立てる場合を「準自己破産」と呼んで、区別しています。

第3章　清算の実施

◆破産手続開始の申立ての時期及び方法

　破産手続開始の申立ての時期については、特に時間的な制限はないとされています。解散した会社（法人）の場合にも、破産手続開始の申立てが可能ですが、それは、残余財産の引渡し又は分配が終了するまでとされています（破産19⑤）。

　破産手続開始の申立ては、最高裁判所規則で定める事項を記載した書面（「破産申立書」）を提出して行います（破産20①）。その際、債権者一覧表、財産目録等の添付書類も併せて提出する必要があります。ただし、大規模な事件（例として債権者数が多数であったり、営業所が全国に実在していたりする場合）や破産手続開始の申立てによる影響が大きな事件等の場合には、遅くとも1～2週間前には裁判所に事前相談に行くのが望ましいとされています（大阪地方裁判所の運用によります。）。

　また、破産手続開始の申立てをするためには、申立人は、破産手続の費用として裁判所の定める金額を予納しなければならず（破産22①）、費用の予納をしない場合には、申立てが棄却されることとなります（破産30①一）。

　予納すべき費用については、破産財団となるべき財産及び負債の状況、債権者の数、その他の事情を考慮して決められます（破産23①）。例えば、大阪地方裁判所では、弁護士が代理した法人の自己破産（準自己破産を含みます。）における管財手続の場合、予納金の最低額が20万円とされており、債権者数が100人以上では最低でも50万円、債権者数が200人以上では最低でも100万円の予納金が必要とされています。

◆破産手続開始決定手続

　裁判所は、破産手続開始の申立てがあった場合において、破産手続開始の原因となる事実があると認めるときは、以下のいずれかの事由がある場合を除いて、破産手続開始の決定をすることとされています（破産30①）。

① 　破産手続の費用の予納がないとき
② 　不当な目的で破産手続開始の申立てがされたとき、その他申立てが誠実にされたものでないとき

　①については、前記のとおり、事案によっては予納金の額が高額となる場合があります。そのため、破産手続開始の申立ての検討の際には、予想される予納金の額を検討し、できるだけ速やかに予納金の額を準備する必要があります（例えば、受任通知を送付する時期を売掛金の入金後にする等の工夫が必要になることもあります。）。

　②については、一例としては、真に破産手続の開始を求める意思や、真に破産手続を進める意思がないのに、一時的に債権者からの取立てを回避し、時間稼ぎを図ること等、専ら他の目的をもって、破産手続開始の申立てをする場合が挙げられます。

◆破産手続開始決定前の保全措置（必要に応じて措置を検討する）

　破産手続開始決定前には、債務者が財産の隠匿を図ったり、債権者が早い者勝ちを意図して、強制執行及び自力執行をして債権を回収したりすることがあり得ます。

　このような事態を防止するために、以下のような、破産手続開始決定前の保全措置が定められています。必要に応じて、各保全措置を講ずるかどうかを検討することとなります。

① 　他の手続の中止命令等（破産24①）
② 　包括的禁止命令（破産25）
③ 　財産保全処分（破産28）
④ 　保全管理命令（破産91）
⑤ 　否認権のための保全処分（破産171①）

(2) 資産の調査・管理・換価に関する手続

　破産手続開始の決定があった場合には、破産財団に属する財産の管理処分権は、裁判所が選任した破産管財人に専属することとなります（破産78）。

　破産管財人は、資産を調査・管理し、財産を換価処分して、破産財団の維持・増殖を図ることとなります。破産管財人が破産財団の増殖を図るために行うことは枚挙にいとまがありませんが、契約関係の処理をしたり、否認権を行使したり、法人の役員の責任を追及したりすることもあります（破産178以下）。

　また、前記のような職務を全うさせるため、破産管財人には、一定の調査権限が与えられています。その一方で、破産者等の一定の者には説明義務（破産40等）が課せられています。破産管財人から求められた説明・検査を拒んだり、重要な財産の開示を拒絶したりした場合には、刑罰（破産268・269等）も用意されています。

　したがって、破産手続開始の申立てをした会社（法人）関係者等については、くれぐれもこのような義務に違反しないよう、破産管財人に対して、誠実に対応し、協力することが必要です。

(3) 債権（負債）の届出・調査・確定に関する手続

◆期日型と留保型

　原則として、破産債権者は、破産手続に参加しようとするには、開始決定において定められた破産債権届出期間内に、その債権の額・原因、優先的破産債権・劣後的破

産債権、約定劣後破産債権であるときはその旨等、破産法所定の事項を裁判所に届け出なければならないとされています（破産111①）。

ただし、配当の見込みがない場合にまで、破産債権の届出及び調査を行うことは意味がないため、破産手続開始決定の時点において破産手続廃止のおそれがあると認められる場合（配当の見込みがあることが明らかでなく、異時廃止となる場合）には、債権届出期間並びに債権調査期間及び期日も定めないことができるものとされています（破産31②）。このような場合を、実務においては、「留保型」と呼んでいます。「留保型」とは異なり、法律の原則どおり、期日を定めるものを「期日型」と呼んで、区別しています。

破産手続開始決定当初には留保型であっても、破産手続開始決定後の換価手続等によって破産財団が増大し、配当の見込みがあることが明らかになる場合もあり、この場合には、債権届出期間並びに債権調査期間又は期日を定めることとなります（破産31③）。

◆破産債権の届出、調査、確定
① 破産債権の届出

債権者による届出の方法についてですが、知れたる債権者には、「債権届出書」と記載された書面が届きますので、同債権者は、同書面に破産債権の種類、額等を記載して、必要な疎明資料（破産債権に関する証拠書類、債務名義、代理権を証する書面、法人に関する資格証明書等）とともに、債権届出期間内に届出をする必要があります。

② 破産債権の調査

破産管財人は、届け出された債権届出書及び疎明資料等を形式面・実質面の両方から審査して、届け出された破産債権の種類及び額等を認めるべきか否かを検討し、追完や取下げ等を促すべき者に対しては追完や取下げを促し、最終的には、認否予定書（破産規則42①）を作成して、債権調査期日において認否を明らかにすることとなります。

なお、このような一般調査期間若しくは一般調査期日における債権調査に対して、特別調査期日（破産122①）における債権調査というものがあります。これは、債権届出期間後の破産債権の届出で破産管財人が一般調査期日に認否しなかった場合や、一般調査期日以降の破産債権の届出で、破産債権の届出ができなかったことについて破産債権者に帰責性がなく、届出の障害がなくなってから1か月以内に届出がされた場合（破産112①～③）になされることがある債権調査に関する手続です（破産122

①)。

③　破産債権の確定

　破産債権の調査において、破産債権の額又は優先的破産債権、劣後的破産債権若しくは約定劣後破産債権であるかどうかの別について破産管財人が認めず、又は届出をした破産債権者が異議を述べた場合、当該債権が認められるべきと考える破産債権者は、裁判所に、破産債権査定申立てをすることができます（破産125①）。

　ただし、破産手続開始決定前に訴訟が継続している場合には、破産債権者は受継の申立てをすることとなります（破産127①）。

　破産債権査定申立て及び受継の申立ては、いずれも債権調査期間又は期日から1か月以内に行う必要があります（破産125②・127②）。

　査定決定に不服がある場合には、不服のある破産管財人又は破産債権者は、異議訴訟を提起することとなります（破産126①）。

　以上のような手続を経て、破産債権が確定し、同債権に係る破産債権者等が以下に解説する配当手続に参加することができます。

(4)　配当手続

◆配当手続の概要

　配当手続は、破産債権に関する債権調査が終了し、分配することができるほどの破産財団を構成することができた場合に、一定のルールに従って、公正・適正に財産を分配する手続のことをいいます。

　配当手続は、破産手続開始決定によって個別の権利行使が禁止されている破産債権者にとって、配当の有無及び配当率等、最大の関心事といっても過言ではありません。

◆配当手続の種類

　配当手続には、中間配当、最後配当及び追加配当があり、最後配当に代えて簡易な方法で行うことができる簡易配当及び同意配当があります。

◆各配当手続

①　中間配当（破産209以下）

　一般調査期間経過後又は同期日終了後、破産財団に属する財産の換価の終了前に、配当するのに適当な破産財団に属する金銭があると認められるときに、最後配当に先立って行うことのできる配当手続のことです。

② 最後配当（破産195以下）
　一般調査期間経過後又は同期日終了後に、破産財団に属する財産の換価の終了後に行われる配当手続のことです。
③ 簡易配当（破産204以下）、同意配当（破産208）
　法律上は最後配当が原則ですが、破産財団を構成する財産が多くない場合や配当に関して債権者からの異議や同意が認められる場合にまで、最後配当による厳格な手続を採る合理性もありません。
　そのため、最後配当の手続よりも簡易な配当手続（簡易配当及び同意配当）が規定されており、実務上は、これらの配当手続が原則的な配当手続となっています。
　実務上多く採用されている簡易配当には、配当可能額が1,000万円未満の場合である「少額型の簡易配当」（破産204①一）のほか、開始時異議確認型の簡易配当（破産204①二）、配当時異議確認型の簡易配当（破産204①三）があります。
④ 追加配当（破産215）
　最後配当、簡易配当又は同意配当後、新たに配当に充てることができる財産が発見されることがあります。そのような場合、かかる財産を破産者に帰属させるのは不適当であるため、補充的にする配当手続のことです。

(5) 破産手続の終了

◆破産手続の終了の概要
　破産手続が終了する場面としては、破産手続終結決定（破産220）若しくは破産手続廃止決定があります。破産手続廃止決定には、同時破産廃止（破産216）、異時破産廃止（破産217）及び同意破産廃止（破産218・219）があります。
　実務上は、会社（法人）の場合には、破産手続終結決定、異時破産廃止決定をして破産手続が終了することが多いです。

◆破産手続終了の種類
　「破産手続終結決定」とは、最後配当、簡易配当又は同意配当が終了した後、任務終了計算報告集会（破産88④）が終結したとき等になされるものです。
　「異時破産廃止」は、破産手続が開始されたが、一般の破産債権者に対して配当を行うことができるほどの破産財団を構成することができなかった場合に、破産手続を終了するものです。
　「同時破産廃止」は、既に説明したとおり、破産手続開始決定時点で、破産財団を

もって破産手続の費用を支弁するのに不足すると認めるときに、破産手続開始決定と同時に破産手続を終了するものです。

「同意破産廃止」は、破産手続を廃止することについて、債権届出期間内に届出をした破産債権者の全員の同意を得ているときか、同意をしない破産債権者がある場合において、当該破産債権者に対して他の債権者の同意を得て、裁判所が相当と認める担保を供しているときに破産手続を終了するものです。

◆会社（法人）における破産手続終結の効果

破産者が会社（法人）で、破産手続が終結した場合、裁判所書記官は、破産手続終結の登記を登記所に嘱託することとなります（破産257①⑦）。

破産手続終結の登記がなされた場合、通常は、破産手続が終結すると法人格が消滅するといわれていますので、その会社（法人）の登記記録は閉鎖されることとなります（商登規117③）。

もっとも、会社（法人）に、破産財団からの放棄や新たに発見したことを理由として残余財産が存在する場合があり、この場合には当然には法人格が消滅しないと考えられており、清算の目的の範囲内で法人格が存続することとなります。この場合に清算手続を行うためには、清算人を選任して清算手続を行うこととなります（会社478②）。この場合の手続については、第3章第1をご参照ください。

4　破産手続における会計・税務

(1)　事業年度

基本的には通常清算と同様になりますが、「解散の日」を「破産手続開始決定の日」と読み替えます。第3章第1 5 (1)◆解散事業年度をご参照ください。

また、清算中の事業年度は、通常清算が解散の翌日から1年ごととなるのに対し、破産手続の場合は定款で定めた事業年度を用いることとなります（法基通1-2-9、会社494、法税13①）。第3章第1 5 (1)◆清算中の事業年度・残余財産確定事業年度をご参照ください。

(2)　会社（法人）の解散・清算と会計

通常清算と同様になります。第3章第1 5 をご参照ください。

(3) 会社（法人）の解散・清算と税務 ■■■■■■■■■■■■■■■

通常清算と同様になります。第3章第1 5 をご参照ください。

5 破産手続における登記

(1) 破産手続開始の登記 ■■■■■■■■■■■■■■■■■■■

会社（法人）である債務者について破産手続開始の決定があったときは、裁判所書記官は、職権で、遅滞なく、破産手続開始の登記を当該破産者の本店又は主たる事務所の所在地を管轄する登記所に嘱託しなければなりません（破産257①）。

なお、破産手続開始の登記には、破産管財人の氏名又は名称及び住所、破産管財人が複数ある場合であって破産管財人がそれぞれ単独にその職務を行うことについて破産法76条1項ただし書の許可があったときはその旨並びに破産管財人が職務を分掌することについて、同項ただし書の許可があったときはその旨及び各破産管財人が分掌する職務の内容をも登記しなければなりません（破産257②）。

以下は、破産手続開始、破産管財人の登記記録例です。

＜登記記録例＞

役員に関する事項	取締役　　　○○○○	平成○年○月○日重任
		平成○年○月○日登記
	○○市○○町○丁目○番○号 代表取締役　○○○○	平成○年○月○日重任
		平成○年○月○日登記
	監査役　　　○○○○	平成○年○月○日重任
		平成○年○月○日登記
	○○市○○町○丁目○番○号 破産管財人　○○○○	
		平成○年○月○日登記
取締役会設置会社に関する事項	取締役会設置会社	

監査役設置会社に関する事項	監査役設置会社
破　産	平成○年○月○日午後○時○○裁判所の破産手続開始 　　　　　　　　　　　　　　　　　　平成○年○月○日登記

　株式会社は破産手続開始決定により解散するものの（会社471五）、取締役及び代表取締役の登記は抹消されません（平16・12・16民商3495）。

(2) 破産手続終結の登記

　会社（法人）である債務者について破産手続終結の決定があったときは、裁判所書記官は、職権で、遅滞なく、破産手続終結の登記を当該破産者の本店又は主たる事務所の所在地を管轄する登記所に嘱託しなければなりません（破産257⑦）。

　以下は、破産手続終結の登記記録例です。

＜登記記録例＞

破　産	平成○年○月○日午後○時○○裁判所の破産手続開始 　　　　　　　　　　　　　　　　　　平成○年○月○日登記
登記記録に関する事項	平成○年○月○日午後○時○○裁判所の破産手続終結 　　　　　　　　　　　　　　　　　　平成○年○月○日登記 　　　　　　　　　　　　　　　　　　平成○年○月○日閉鎖

　登記官は、破産手続終結の登記をしたときは、登記記録を閉鎖します（商登規117③一）。

第4 持分会社の解散・清算

＜フローチャート～持分会社の解散・清算＞

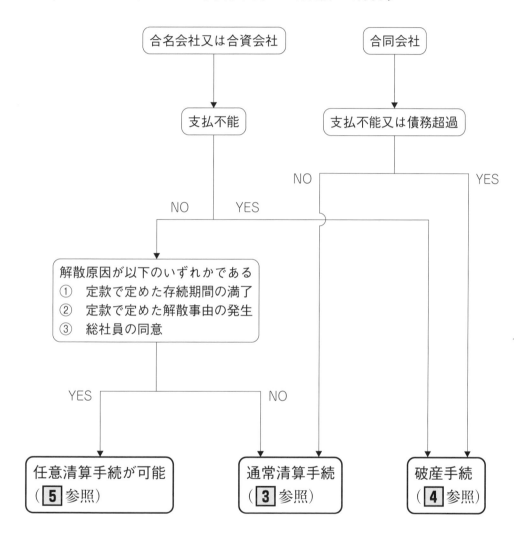

1 持分会社の概要

(1) 持分会社の種類

　会社法は第3編において、持分会社に関する定めを設けています。持分会社には、合名会社・合資会社・合同会社という3つの形態があります（会社575①）。

　合名会社は全ての社員が無限責任社員である会社、合同会社は全ての社員が有限責任社員である会社であり、合資会社は無限責任社員と有限責任社員が1名以上存在する会社です（会社576②〜④）。

　無限責任社員とは会社の債務につき社員自身が直接責任を負いその範囲に限定がない社員を、有限責任社員とは会社の債務につき未履行の出資の限度でしか責任を負わない社員を言います。なお、合同会社においては出資の払込み又は給付を完了した時に社員となるため（会社604③）、未履行の出資は観念できません。そのため、合同会社の社員（有限責任社員）が会社の債務につき責任を負うことはありません。

(2) 持分会社の特徴

　持分会社は、株式会社と比較していくつかの特徴があり、そのうち主なものは、以下のとおりです。
① 機　関
　㋐　株式会社は、出資者たる株主が経営者たる取締役を選任し、取締役が会社経営を行うことが予定されており、いわゆる所有と経営が分離されています（非公開会社においては、実質的に所有と経営が一致することも多いと言えます。）。
　㋑　他方、持分会社においては、出資者たる社員が自ら会社経営を行うことが予定されており、定款に別段の定めがない限り社員が業務執行を行います（会社590①）。なお、定款の定めにより、社員の中から業務執行社員や代表権を有する社員を選任することができます（会社591・599）。
② 定款自治及び定款変更
　㋐　株式会社においても定款自治は認められますが、一定の制約があります（例えば、会社の態様に応じて取締役会や監査役の設置が義務付けられたり、種類株式の内容等は会社法上定められたものに限られるなど）。また、株式会社の定款については、株主全員の同意がなくとも、特別決議によって変更が可能です（会社

466・309②十一)。

(イ) 他方、持分会社においては、定款自治の範囲が極めて広く認められています。社員の権利義務についても自由に設計でき、社員自らが業務執行を行うことが原則となっているため必置の機関も存在しません。

また、定款に別段の定めがない限り、定款変更を行うためには、社員全員の同意が必要となります(定款において、社員全員の同意がなくとも定款変更ができる旨を定めることも可能ですが、そのような定款変更を行う前提として社員全員の同意が必要となります。)。

③ 損益の分配及び利益配当

(ア) 株式会社においては、権限のある機関(株主総会。一定の場合は取締役会)の決議がない限り、株主の利益配当請求権は発生しません。

(イ) 他方、持分会社においては、計算上、損益が各社員に割り振られており、定款に別段の定めがない限り、社員は、会社に対し、当然に、分配された利益の配当を請求することができます(会社621①)。各社員の会社に対する具体的な権利は、社員が会社に対して一定額の請求をした時点で確定することになります。定款に別段の定めがない限り、損益分配の割合は、各社員の出資の価額に応じて定められます(会社622①)。

なお、合資会社の有限責任社員に対して利益額を超えて配当をした場合、有限責任社員は当該会社に対して連帯して当該配当額に相当する金銭の支払義務を負うことになります(会社623①)。また、合同会社では、利益額を超えて配当をすることはできません(会社628)。

④ 退社の自由及び出資・持分の払戻し

(ア) 株式会社では、出資者の脱退方法は株式譲渡が原則とされています。株主に対する持分の払戻し(自己株式取得)については、株主総会決議を経て、分配可能額の範囲内においてのみ行うことができます。

(イ) これに対し、持分会社では、出資者の脱退方法は退社(持分の払戻し)によることを原則としています。具体的には、定款で会社の存続期間を定めなかった場合、又は、ある社員の終身の間会社が存続することを定めた場合、原則として、各社員は、6か月前に予告して事業年度の終わりにおいて退社することができます(会社606①)。なお、死亡等が法定退社事由として定められています(会社607)。

退社した社員は、合名会社・合資会社においては、持分の価額が分配可能額を超えているか否かにかかわらず、持分全額の払戻しがなされます(会社611①)。

ただし、合同会社においては有限責任社員しか存在しないため、剰余金額(会社

626④）を超えて持分の払戻しを行う場合、債権者保護手続をとらなければなりません（会社635）。

なお、持分を譲渡するためには、原則として、社員全員の承諾が必要となります（会社585）。

⑤ 社員死亡時の取扱い

㋐ 株式会社においては、株主が死亡した場合、相続人は当該株主が保有していた株式を相続することになります。

定款の定めがある場合、会社から相続人等に対する売渡請求が可能となりますが（会社174）、株式を相続した株主から会社に対する自己株式買取請求は認められません。

㋑ 持分会社においては、社員間の信頼関係が前提とされ、社員の個性が重視されることから、定款に別段の定めがない限り、社員の死亡は退社事由となります（会社607①三）。したがって、定款に別段の定めがない限り、死亡した社員の相続人は、会社に対する持分払戻請求権を相続することになります。また、当該死亡社員が負担すべき会社の債務についての義務も相続人が承継することになります。

なお、定款の定めにより、相続人に当該社員の持分を承継させることも可能であり（会社608①）、その場合、相続人は死亡社員の持分を承継して社員となることになります。

⑥ 解散の事由

㋐ 株式会社の解散事由は、定款で定めた存続期間の満了（会社471一）、定款で定めた解散事由の発生（会社471二）、株主総会の決議（会社471三）、合併（会社471四）、破産手続開始の決定（会社471五）及び解散を命ずる裁判（会社471六）です。

なお、株主は、議決権又は発行済株式の10分の1以上を有している場合であり、かつ、一定事由がある場合にのみ解散の訴えを提起できます（会社833①）。

㋑ 持分会社の解散事由について株式会社と異なるのは、株主総会の決議ではなく総社員の同意とされている点（会社641三）、社員が欠けた場合が付加されている点（会社641四）です。例えば、定款に特別の定めがない限り、社員が1人の持分会社は、当該社員が死亡することによって退社し、社員を欠くことになるため、解散事由に該当してしまうことになります。

なお、持分会社の社員は、持分割合にかかわらず、やむを得ない事由がある場合には解散の訴えを提起することが可能です（会社833②）。

2 清算手続の選択

　持分会社の清算方法としては、①会社法644条以下の規定に基づく通常清算手続、②破産手続、③合併に伴う会社消滅による清算が考えられます。また、持分会社のうち、④合名会社・合資会社が会社法641条1号から3号までの事由により解散した場合、任意清算（会社668〜671）による清算を行うことも可能です。合併の場合は合併が生じた時点で当該持分会社が消滅し、特段の清算手続はとられないため、3以下では、前記①②及び④について解説します。

　持分会社について、民事再生手続を利用することはできますが、会社更生手続及び特別清算手続は株式会社を対象とした制度であるため、利用することができません。

　また、組織再編手続によるM&Aを行うことも考えられますが、持分会社の形態によって、利用できる組織再編手続に制限があります（後記表参照）。また、持分会社が解散した場合、合併における存続会社及び吸収分割による承継会社になることができなくなります（会社643）。

【持分会社が利用できる組織再編手続】

	合名会社	合資会社	合同会社	会社法条文
吸収合併／存続会社	○	○	○	2二十七
吸収合併／消滅会社	○	○	○	
新設合併／設立会社	○	○	○	2二十八
新設合併／消滅会社	○	○	○	
吸収分割／分割会社	×	×	○	2二十九
吸収分割／承継会社	○	○	○	
新設分割／分割会社	×	×	○	2三十
新設分割／新設会社	○	○	○	
株式交換／完全親会社	×	×	○	2三十一
株式交換／完全子会社	×	×	×	
株式移転／完全親会社	×	×	×	2三十二
株式移転／完全子会社	×	×	×	

3　通常清算手続

　持分会社の通常清算手続は、株式会社の通常清算手続とほぼ同様ですが、合名会社・合資会社においては債権申出の公告・催告を要しない点、解散に伴う事業年度の変更が生じない点などが異なります。

(1) 解散事由の発生、清算人の選任

　実際に持分会社の解散事由として生じ得るのは、総社員の同意による場合（会社641三）及び死亡等により社員が欠けた場合（会社641四）が多いと思われます。

◆総社員の同意による解散

　株式会社では特別決議により多数決で解散決議ができるのと異なり、持分会社では解散につき総社員の同意が必要となります（会社475一・641三）。したがって、一部の社員が解散に反対している場合には、やむを得ない事由があるとして解散の訴えを提起すること（会社833②）などを検討することになります。

　持分会社が解散すると清算人を選任する必要があります。持分会社においては、原則として、業務を執行する社員が清算人となります（会社647①一）。ただし、定款又は社員（定款において業務執行社員が定められている場合は当該社員）の過半数の同意によって、別の者を清算人に選任することができます（会社647①二・三）。清算人になる者がいない場合は、利害関係人の請求により、裁判所が清算人を選任することになります（会社647②）。

◆社員が欠けた場合

　定款において別段の定めをしていない限り、死亡によって社員は退社することになります（会社607①三）。したがって、社員が1名しかいなかった場合には、定款に別段の定めがない限り、持分会社は解散することになります（会社641四）。

　社員が欠けたことにより持分会社が解散した場合には、裁判所が、利害関係人若しくは法務大臣の申立てにより又は職権で、清算人を選任することになります（会社647③）。

(2) 清算持分会社の機関

　清算持分会社の機関は清算人のみであり、株式会社と異なり清算人会が組成されることはありません。清算人は清算持分会社の業務を執行し、清算人が2名以上いる場合は、定款に別段の定めがある場合を除き、清算人の過半数をもって業務を決定します（会社650①②）。なお、社員が2名以上いる場合、清算持分会社が事業の全部又は一部の譲渡をするためには、清算人だけではなく社員の過半数の承諾が必要となります（会社650③）。

　清算人は清算持分会社を代表しますが、定款又は定款の定めに基づく清算人の互選によって代表清算人を選任することができます（会社655①③）。業務執行社員が清算人となる場合、代表社員が定められていたときは、代表社員が代表清算人となります（会社655④）。

　清算人の任期は法定されておらず、解任（会社648）されない限り清算結了まで任務を行うことになります。

(3) 会社解散・清算人選任の登記、税務署等への届出・解散確定申告

　持分会社は、解散した場合、清算の目的の範囲内において清算結了まで存続します（会社645）。

　会社解散・清算人選任後、速やかにこれらを登記する必要があります。また、税務署等への届出も必要となります。なお、持分会社については、株式会社と異なり、事業年度開始日から解散の日までが事業年度となることはないため、従前どおりの事業年度に基づき申告を行うことになります（平19・3・13課法2-3ほか1課共同「法人税基本通達等の一部改正について」（法令解釈通達）の趣旨説明1-2-7）。

　登記については、7を、税務については6をご参照ください。

(4) 債権申出の公告・知れたる債権者に対する催告

　清算持分会社の清算人が清算手続において行うべき職務は、株式会社と同様、①現務の結了、②債権の取立て及び債務の弁済、③残余財産の分配です（会社649各号）。

　また、持分会社のうち合同会社については、株式会社と同様、解散決議後遅滞なく、債権者に対し、一定の期間内（2か月以上）にその債権を申し出るべき旨を官報に公告

し、かつ、知れている債権者（清算合同会社が債権者として認識している債権者）には、各別にこれを催告しなければなりません（会社660①）。

　合名会社・合資会社については、無限責任社員が存在することから、当該債権者に対する公告及び個別催告は不要です。

　合同会社について、前記催告期間内は原則として債務の弁済ができないこと及び催告期間内であったことを理由に債務不履行責任を免れることはできないこと（会社661①）、催告期間内であっても裁判所の許可を得ることで、少額の債務、担保権によって担保される債務その他これを弁済しても他の債権者を害するおそれがない債務を弁済できることも株式会社と同様です（会社661②）。なお、裁判所の許可を得て弁済する場合、清算人が2名以上あるときは全清算人の同意によって許可の申立てを行う必要があります（会社661②）。

(5) 財産目録・貸借対照表の作成・承認

　清算人は、就任後遅滞なく、清算持分会社の財産の現況を調査し、解散時点の財産目録及び貸借対照表を作成しなければなりません（会社658①）。株式会社においては財産目録及び貸借対照表について株主総会で承認を受けますが（会社492③）、清算持分会社においては、清算人が各社員に財産目録及び貸借対照表の内容を通知する必要があります（会社658①）。清算持分会社は、清算結了時まで財産目録及び貸借対照表を本店所在地において保存しなければなりません（会社658②）。

　また、清算持分会社の清算人は、社員の請求があった場合、毎月、清算の状況を報告しなければなりません（会社658③）。

(6) 現務の結了、債権の取立て、債務の弁済

　前記のとおり、清算人の職務は、①現務の結了、②債権の取立て及び債務の弁済、③残余財産の分配です。

　このうち、現務の結了及び債権の取立てについては、株式会社と同様です。

　債務の弁済については、前記のとおり、合同会社については株式会社と同様に債権者への公告・催告によって把握した債務を弁済禁止期間経過後に支払います。合名会社・合資会社については、債権者への公告・催告が不要であり、弁済禁止期間が存在しないことも既に解説したとおりです。

　残余財産の分配については(8)をご参照ください。

なお、清算持分会社の財産がその債務を完済するのに足りない場合、清算人は、直ちに破産手続開始の申立てをしなければなりません（会社656①）。破産手続については、4 をご参照ください。

(7) 清算手続中の確定申告

税務については 6 をご参照ください。

(8) 残余財産の確定・分配

清算持分会社において、債務を全て支払った後に財産が残っていれば、この残余財産は、社員に分配することになります。

清算持分会社における残余財産の分配割合は、定款の定めがないときは、その割合は各社員の出資の価額に応じることになります（会社666）。

(9) 清算結了、決算報告の作成、計算の承認

清算事務が終了したときは、清算持分会社は、遅滞なく、決算に係る計算をして社員の承認を得なければなりません（会社667①）。社員が計算の内容について1か月以内に異議を述べなかったときは、社員は当該計算の承認をしたものとみなされます（会社667②）。

(10) 清算結了の登記、税務署への清算結了届出

登記については 7 を、税務については 6 をご参照ください。

(11) 帳簿資料の保存

清算人は、株式会社と同様、清算結了登記から10年間、清算持分会社の帳簿資料（清算持分会社の帳簿並びにその事業及び清算に関する重要な資料）を保存しなければなりません（会社672①）。なお、定款又は社員の過半数をもって帳簿資料を保存する者を定めることもできます（会社672②）。

帳簿資料の保存について、裁判所が清算人に代わって保存する者を選任することができること、帳簿資料の保存費用は清算持分会社の負担となることも株式会社と同様です（会社672③⑤）。

4　破産手続

(1) 破産原因

　持分会社のうち、合名会社・合資会社については、存立中（解散していない場合を意味します（伊藤眞『破産法・民事再生法』84頁（有斐閣、第2版、2009））。）は、債務超過は破産原因となりません（破産16②）。これは、合名会社・合資会社においては、無限責任社員がいるため、会社資産が債務超過になったとしても、直ちに債権者への弁済ができなくなるわけではないためです。
　なお、破産原因がある場合、清算人は破産手続開始の申立てをする義務を負います（会社656①）。

(2) 破産手続

　持分会社の破産手続については、株式会社と特に異なるところはありません。

5　任意清算手続

(1) 任意清算手続とは

　任意清算手続とは、会社財産の処分の方法を会社が任意に定めることができるというものです。財産処分の方法には積極財産のみならず、消極財産の処分の方法も含まれます。
　任意清算手続が利用できるのは、合名会社・合資会社が、定款で定めた存続期間の満了（会社641一）、定款で定めた解散事由の発生（会社641二）、又は総社員の同意（会社641三）のいずれかの事由により解散した場合に限られます（会社668①）。
　合名会社・合資会社については、無限責任社員が存在するため、会社債権者の権利を害するおそれが小さいと考えられることから、清算持分会社の定款又は総社員の同意によって定めた方法により任意に財産を処分できるものとしたのです。そのため、任意清算手続による場合、会社法646条から667条までの規定は適用されません。

(2) 任意清算手続の流れ

　任意清算手続を選択した清算持分会社は、解散の日又は財産の処分を定めた日のいずれか遅い方の日から2週間以内に、解散の日における財産目録及び貸借対照表を作成するとともに（会社669）、清算持分会社が定めた財産の処分の方法に従い清算する旨及び債権者は一定の期間内（1か月以上）に異議を述べることができる旨を官報に公告し、かつ、知れている債権者に個別催告しなければなりません（会社670②）。なお、日刊新聞紙又は電子公告による公告をした場合、官報の公告とは別に個別催告を行う必要はありません（会社670③・939①二・三）。

　債権者が財産の処分の方法に異議を述べた場合、清算持分会社は、弁済、相当の担保の提供、又は信託会社等への相当の財産の信託を行わなければなりません（会社670⑤）。前記異議申述期間内に異議がなかった場合、債権者は当該財産の処分方法を承認したものとみなされます（会社670④）。

　なお、社員の持分を差し押さえた債権者が存在する場合、任意清算手続をとるためには当該債権者の同意を得なければなりません（会社671①）。

6　持分会社における会計・税務

(1) 事業年度

　基本的には株式会社の通常清算と同様になりますが、持分会社の清算中の事業年度は、株式会社の通常清算が解散の翌日から1年ごととなるのに対し、持分会社の場合は定款で定めた事業年度を用いることとなります（法基通1-2-9、会社475、法税13①）。**第3章第1 5 (1)◆清算中の事業年度・残余財産確定事業年度**をご参照ください。

(2) 会社の解散・清算と会計

　株式会社の通常清算と同様になります。**第3章第1 5** をご参照ください。

(3) 会社の解散・清算と税務

　株式会社の通常清算と同様になります。**第3章第1 5** をご参照ください。

7 持分会社における登記

(1) 持分会社の解散・清算人の登記

　持分会社が解散した場合、合併、破産手続開始の決定による解散のときを除き、本店所在地において、2週間以内に解散の登記をしなければなりません（会社926）。

　合名会社及び合資会社が任意清算の場合には会社を代表すべき社員が、法定清算の場合には、会社を代表すべき清算人が解散の登記をします（商登98・111）。任意清算とは、定款又は総社員の同意によって、その会社の財産の処分方法を定めることができ、清算人が選任されない清算手続です（会社668①）。また、法定清算とは、会社が解散した場合（合併、破産手続開始の決定による解散のときを除きます。）、清算人により残余財産を分配する清算手続をいいます（会社644）。

　合同会社の清算は、合名会社や合資会社の場合とは異なり、任意清算の手続で清算することはできず（会社668）、法定清算の手続によらなければなりません。そこで、業務執行社員が清算人（法定清算人）に就任した場合、若しくは清算人の選任がなされたときには、その清算人が解散の登記をすることになります。

　なお、持分会社の業務執行社員が清算人（法定清算人）となった場合は、解散の日から2週間以内に、清算人が選任された場合は、その日から2週間以内に、その本店所在地において、清算人の氏名又は名称及び住所、代表する清算人の氏名又は名称（清算持分会社を代表しない清算人がある場合に限ります。）、代表する清算人が法人であるときは、清算人の職務を行うべき者の氏名及び住所の登記をしなければなりません（会社928②③）。

　以下は、持分会社が総社員の同意により解散し、清算人1人が就任した場合の登記記録例です。

＜登記記録例＞

役員に関する事項	○○市○○町○丁目○番○号 清算人　　○○○○	平成○年○月○日登記
解　散	平成○年○月○日総社員の同意により解散	平成○年○月○日登記

　合名会社及び合資会社が清算人の登記をしたときは、代表社員に関する登記に抹消

する記号が記録されますが（商登規86）、社員の登記は抹消されることなく残ります。合同会社にあっては、業務を執行する社員及び代表社員に関する登記に抹消する記号が記録されます（商登規91）。これによって、社員に関する登記事項は全部抹消されることになります。

(2) 持分会社の清算結了の登記

　合名会社及び合資会社が清算結了すると、法定清算の場合は清算に係る計算の承認の日から、任意清算のときには会社の財産の処分が完了した日から、本店の所在地においては2週間以内に、支店所在地においては3週間以内に清算結了の登記をしなければなりません（会社929二・932）。合同会社にあっては、法定清算の清算事務が終了し、清算に係る計算の承認の日から本店の所在地においては2週間以内に、支店所在地においては3週間以内に清算結了の登記をしなければなりません（会社929三・932）。

　なお、清算結了の登記記録例は、株式会社の清算結了の登記記録例と同じです（第3章第1 6 参照）。

第5　一般社団法人・一般財団法人、公益社団法人・公益財団法人の解散・清算

1　一般社団法人・一般財団法人、公益社団法人・公益財団法人の概要

(1) 社団法人・財団法人

　一定の目的のために結合した社員の団体（社団）で法人格を持つものを社団法人といい、一定の目的のために拠出された財産の集合体（財団）に法人格が付与されたものを財団法人といいます。

　このうち、一般社団法人及び一般財団法人に関する法律（以下、本項において「一般法人法」といいます。）に基づいて設立されるものを一般社団法人及び一般財団法人といい、公益目的事業を行うことを主たる目的とする法人として、行政庁から公益社団法人及び公益財団法人の認定等に関する法律（以下、本項において「公益法人認定法」といいます。）に基づく公益性の認定（公益認定）を受けたものを公益社団法人及び公益財団法人といいます。

　いわゆる公益法人制度改革関連3法の施行前に民法に基づいて設立された社団法人・財団法人は、施行日（平成20年12月1日）から5年間（移行期間）は特例社団法人・特例財団法人として存続を認められ、移行期間中に、認定を受けて公益社団法人・公益財団法人へ、又は認可を受けて一般社団法人・一般財団法人へ、それぞれ移行することが認められました。移行期間満了日までに移行しなかった法人は解散したものとみなされたため、現在存続している社団法人・財団法人は全て一般法人法に基づく一般社団法人・一般財団法人及び公益法人認定法に基づく公益社団法人・公益財団法人ということになります。

(2) 一般社団法人・一般財団法人

◆特　徴

　一般社団法人・一般財団法人の行う事業に制限はありません。そのため、一般社団法人・一般財団法人の事業内容はバリエーションに富んでおり、ボランティア団体のように公益的な事業を行うものもあれば、町内会や同窓会のように構成員に共通する利益を図ることを目的とする事業を営むものや、一部の業界団体のように公益と共益

の両面を目的とするものも見受けられます。一般財団法人には文化振興を目的とするものも多く見られます。

　もちろん、会社類似の団体として収益事業を営むこともできますが、社員や設立者に剰余金・残余財産の分配を受ける権利を与えることをあらかじめ定款で定めておくことは認められません（一般法人11②・153③二）。

◆設　立

　一般社団法人・一般財団法人は、登記のみで設立でき、主務官庁の許可は必要ありません。以下のとおり、設立手続は一般社団法人・一般財団法人で概ね共通していますが、一般財団法人では、300万円以上の財産拠出を履行することが必要です（一般法人153①五②）。

一般社団法人	一般財団法人
定款の作成（一般法人10）	定款の作成（一般法人152）
定款の認証（一般法人13）	定款の認証（一般法人155）
定款の備置き及び閲覧（一般法人14）	定款の備置き及び閲覧（一般法人156）
――	財産の拠出（一般法人157）
設立時役員等の選任（一般法人15）	設立時評議員等の選任（一般法人159）
設立手続の調査（一般法人20）	設立手続の調査（一般法人161）
設立登記（一般法人22）	設立登記（一般法人163）

◆機　関

　ア　一般社団法人

　一般社団法人には、社員で構成する社員総会（一般法人35）のほか、業務執行機関としての理事を少なくとも1名置く必要があります（一般法人60①）。また、定款の定めにより、任意に理事会、監事又は会計監査人を置くことができます（一般法人60②）。

　理事会設置法人及び会計監査人設置法人では監事は必置とされ（一般法人61）、大規模一般社団法人（貸借対照表の負債の合計額が200億円以上）では（一般法人2二）、会計監査人が必置とされています（一般法人62）。

　したがって、一般社団法人においてとり得る機関構成には以下のバリエーションがあります。

① 社員総会＋理事
② 社員総会＋理事＋監事
③ 社員総会＋理事＋監事＋会計監査人
④ 社員総会＋理事＋理事会＋監事
⑤ 社員総会＋理事＋理事会＋監事＋会計監査人

イ　一般財団法人

　一般財団法人には、評議員、評議員会、理事、理事会及び監事を置く必要があり（一般法人170①）、定款の定めによって、会計監査人を置くことができます（一般法人170②）。

　大規模一般財団法人（貸借対照表の負債の合計額が200億円以上）では（一般法人2三）、会計監査人の設置が義務付けられています（一般法人171）。

　したがって、一般財団法人の機関構成は以下の2種類になります。

① 評議員＋評議員会＋理事＋理事会＋監事
② 評議員＋評議員会＋理事＋理事会＋監事＋会計監査人

◆基　金

　一般社団法人は、基金という形で資金調達を行うことができます（一般法人131）。基金は一般法人が返還義務を負う負債の一種ですが、基金を受け入れた法人の財産的基盤をなすものとして、会社の資本金に似た性格を有しています。

　そのため、基金の引受け、金銭以外の財産の拠出等には、会社の出資と同様の規制が及びます（一般法人132以下）。また、基金の返還は、定時社員総会決議によらなければならず、会社の分配可能額同様の実体要件を満たす場合にのみ可能です（一般法人141）。

(3)　公益社団法人・公益財団法人

◆特　徴

　公益社団法人・公益財団法人は、一般社団法人・一般財団法人のうち、民間有識者からなる第三者委員会による公益性の審査を経て、内閣府又は都道府県から公益認定を受けた法人です（公益法人認定2・4）。福祉や人権に関する事業を行うもの、環境保全に取り組むもの、国際交流を目的とするもの、文化の発展・保護を目指すもの、医師会や社会福祉士会のような士業団体など様々な例があり、それぞれ目的とする公益の増大を追及しています。

　公益社団法人は、税制上の優遇措置を受けることができますが、他方で、機関構成や情報開示の点で一般社団法人よりも高度なガバナンスが求められ、行政庁からも各

第3章　清算の実施

種の監督を受けます。

　また、事業活動上、公益目的事業の収入や公益目的事業比率等について制限が設けられています（公益法人認定14・15）。

◆公益認定

　公益認定の基準は、公益法人認定法5条及び6条に詳細に規定されていますが、主旨としては、公益目的事業を主たる目的としていることと、公益目的事業を遂行するために必要な組織と財産基盤を備えていることが必要です。

　公益認定の手続の概略は以下のとおりです。
①　申請書の提出（公益法人認定7①）
②　行政庁の意見聴取（公益法人認定8）
③　公益認定
④　名称変更登記（公益法人認定9）
⑤　公益認定の公示（公益法人認定10）

◆機　関
　ア　公益社団法人

　公益社団法人には、社員総会と理事に加えて、理事会を置く必要があり（公益法人認定5十四ハ）、その結果監事も必置の機関となっています（一般法人61）。さらに、政令で定める一定の財産規模を超える場合には、会計監査人を置かなければなりません（公益法人認定5十二）。

　したがって、公益社団法人の機関構成は以下の2種類になります。
①　社員総会＋理事＋理事会＋監事
②　社員総会＋理事＋理事会＋監事＋会計監査人
　イ　公益財団法人

　公益財団法人の機関構成は、一般財団法人と同様です。
①　評議員＋評議員会＋理事＋理事会＋監事
②　評議員＋評議員会＋理事＋理事会＋監事＋会計監査人
　ウ　ガバナンスの確保

　公益社団法人・公益財団法人では、実効的なガバナンスを担保する目的で、親族関係にある理事・監事や、他の同一の団体の理事・監事又は使用人等が、理事・監事の総数の3分の1を超えないことが義務付けられています（公益法人認定5十・十一）。また、理事、監事及び評議員の報酬については、民間事業者の水準や当該法人の経理の状況そ

の他の事情を考慮して、不当に高額なものとならないような支給の基準を定めることが必要です（公益法人認定5十三）。

◆財　産

公益社団法人・公益財団法人が公益認定を受けた日以後に取得した財産や公益事業を行うために不可欠な財産（公共目的事業財産）については、公共目的事業のために使用又は処分しなければなりません（公益法人認定18）。

2　清算手続の選択

一般社団法人・一般財団法人及び公益社団法人・公益財団法人の清算方法としては、一般法人法206条以下の規定に基づく清算手続又は破産手続が考えられます。たとえ収益事業を行っている場合であっても会社法の適用はなく、特別清算手続は利用できません。

また、事業内容にもよりますが、どのような法人でも通常は多数の利害関係人がいますので、直ちに清算手続に入るのではなく、事業再建やM＆Aによる事業承継の可否を検討すべき場合も少なくありません。

まず、社団法人・財団法人は、会社分割を行うことはできませんが、他の社団法人・財団法人と合併することができます（一般法人242）。充実した財務基盤を有する他の法人と合併することにより、従前の事業を継続することが考えられます。合併には、合併消滅法人が合併存続法人に吸収される吸収合併と、合併消滅法人の権利義務を新設法人に承継する新設合併の2種類がありますが、いずれの場合も、合併契約案の公告、貸借対照表及び財産目録の作成、債権者に対する公告・異議ある債権者への弁済等というプロセスを経て、合併の登記を行います。

合併により消滅する社団法人・財団法人は解散することになりますが、合併手続を通じて債権者の保護が図られており、また、財産は合併後存続する社団法人・財団法人に承継されているので、清算手続は行われません（一般法人206一かっこ書）。

公益法人が合併を行う場合は、あらかじめその旨を行政庁に届け出なければなりません（公益法人認定24①一）。

また、公益社団・公益財団法人が合併により消滅する場合（その権利義務を承継す

る法人が公益社団・公益財団法人であるときを除きます。）には、定款の定めに従い、類似の事業を目的とする他の公益社団・公益財団法人・国・地方公共団体等に、当該合併の日から1か月以内に公益目的取得財産残額（公益法人認定30②）に相当する額の財産を贈与する必要があります（公益法人認定5十七・30）。

ただし、新設合併の場合は、合併により設立する法人が合併により消滅する公益法人の地位を承継することについて、行政庁の認可を申請することができます（公益法人認定25）。

また、社団法人・財団法人は、事業譲渡を行うことにより、法人の清算に先駆けて、継続させたい事業を他の法人に承継させることもできます。

なお、事業の全部を譲渡する場合には、それぞれ、社員総会の特別決議（一般法人147・49②五）、評議員会の特別決議（一般法人201・189②四）が必要です。

社団法人・財団法人は、破産手続開始の原因となる事実の生ずるおそれがあるときは、民事再生手続を利用して事業再生に取り組むこともでき、民事再生手続を通じて自主再建を図ったり、存続させたい事業を事業譲渡したりすることも考えられます。

3 通常清算手続

(1) 一般法人法に基づく清算手続

一般社団法人・一般財団法人の清算手続は、一般法人法206条以下に定められており、公益社団法人・公益財団法人もこれに従います。

◆解散事由

一般社団法人・一般財団法人の解散事由は次のとおりです（一般法人148・202）。

一般社団法人	一般財団法人
① 定款で定めた存続期間の満了	① 定款で定めた存続期間の満了
② 定款で定めた解散事由の発生	② 定款で定めた解散事由の発生
③ 社員総会の決議	③ 基本財産の滅失その他の事由による一般財団法人の目的である事業の成功の不能

④ 社員が欠けたこと（ただし、1人社団法人も認められます。）	——
⑤ 合併（合併により当該一般社団法人が消滅する場合に限ります。）	④ 合併（合併により当該一般財団法人が消滅する場合に限ります。）
⑥ 破産手続開始決定	⑤ 破産手続開始決定
⑦ 解散命令又は解散の訴えによる解散を命ずる裁判	⑥ 解散命令又は解散の訴えによる解散を命ずる裁判
——	⑦ ある事業年度及びその翌事業年度に係る貸借対照表上の純資産額がいずれも300万円未満となった場合（当該翌事業年度に関する定時評議員会の終結の時に解散）
——	⑧ （新設合併設立法人の場合）成立時点の貸借対照表及び成立の日の属する事業年度に係る貸借対照表上の純資産額がいずれも300万円未満となった場合（当該事業年度に関する定時評議員会の終結の時に解散）

　前記の事由による解散のほか、一定期間活動実態のない休眠一般社団法人・一般財団法人は、解散したものとみなされ、登記官の職権により解散の登記がなされます（一般法人149・203・330、商登72）。

　一般社団法人は、社員総会の決議（特別決議）で解散することができますが、一般財団法人については、「設立者の定めた目的を実現すべき法人であり、一般社団法人の場合とは異なり、評議員会の決議など設立後に法人の機関の意思決定によって自主的に解散することはできないとされている」（新公益法人制度研究会編『一問一答　公益法人関連三法』148頁（商事法務、2006））ため、評議員会決議による自主的な解散はできません。

　なお、公益社団法人・公益財団法人が公益認定の取消しの申請をしたときは、行政庁は、公益認定を取り消さなければなりませんが（公益法人認定29①四）、公益社団法人・公益財団法人が解散する場合、取消しを申請する義務はなく、公益法人のまま解散することができます。

第3章　清算の実施

◆清算手続における機関

　一般社団法人・一般財団法人は、◆解散事由（合併・破産手続を除きます。）により解散した場合、又は設立無効判決・設立取消判決が確定した場合には清算をしなければなりません（一般法人206）。

　清算する一般社団法人・一般財団法人は、清算の目的の範囲内において、清算結了までなお存続するものとみなされます（一般法人207）。

　清算法人の機関構成並びに、清算人、清算人会及び監事の地位等は次のとおりです。

① 　清算法人の機関構成

　　清算法人には、1名又は2名以上の清算人を置く必要があります。このほか、定款の定めにより、清算人会又は監事を置くことができます。清算開始時点において大規模一般社団法人・大規模一般財団法人であった場合には、監事は必ず置かなければなりません（一般法人208）。

② 　清算人

　　清算人の選任等については以下の㋐から㋔のとおりです。

　㋐　清算人の選任

　　　清算人には、以下の者が就任します（一般法人209）。

一般社団法人	一般財団法人
①　理事（②又は③がいる場合を除きます。）	①　理事（②又は③がいる場合を除きます。）
②　定款で定める者	②　定款で定める者
③　社員総会の決議によって選任された者	③　評議員会の決議によって選任された者
④　裁判所が選任した者	④　裁判所が選任した者

　㋑　清算人の員数

　　　清算人は、清算人会を置かない場合は1名以上いればよく（一般法人208①）、清算人会を置く場合は3名以上でなければなりません（一般法人209⑤・65③）。

　㋒　代表清算人の選定

　　　清算人が複数いる場合で、代表清算人を定めないときは、各清算人が代表権を持ちます（一般法人214①本文）。ただし、理事が清算人に就任する場合において、代表理事を定めていたときは、当該代表理事が代表清算人となります（一般法人214④）。

　　　　また、清算人会を設置している場合は、清算人会決議により代表清算人を定める必要があります（一般法人220③）。
　㈡　清算人の任期
　　　　清算人の任期に上限はありません。
　㈥　清算人の職務
　　　　清算人会非設置法人の清算人は、その職務として①現務の結了、②債権の取立て及び債務の弁済、③残余財産の引渡しを行い（一般法人212）、清算法人の業務執行権を有しています（一般法人213①）。ただし、清算人が複数いる場合には、業務執行の決定は、定款に別段の定めがある場合を除き、清算人の過半数で決することになります（一般法人213②）。また、清算人が複数ある場合及び清算人会が設置されている場合には、清算人が単独で行うことができない事項が存在します（一般法人213③・220⑥）。
　　　　清算人会設置法人では、業務執行の決定は清算人会が行い（一般法人220②一）、代表清算人又は業務執行清算人が業務執行を行います（一般法人220⑦）。
③　清算人会
　　清算人会は、①清算人会設置法人の業務執行の決定、②清算人の職務の執行の監督、③代表清算人の選定及び解職を行います（一般法人220②）。なお、一部の重要事項については清算人に委任することができないものとされています（一般法人220⑥）。
④　監　事
　　監事の選任等については以下の㋐から㋒のとおりです。
　㋐　監事の選任
　　　　清算法人には、定款の定めにより任意に監事を置くことができます（一般法人208②）。ただし、大規模一般社団法人・大規模一般財団法人であった清算法人では、監事は必置の機関です（一般法人208③）。
　　　　解散前に選任された監事は、解散により任期満了となり、退任することとなります（平20・9・1民商2351参照）。
　　　　もっとも、解散前の定款において監事の設置を定めており、解散の際に当該規定の削除を行わない場合には、解散前の監事設置規定を清算法人における監事設置規定と読み替えることも許容されると考えられ、この場合は、既存の監事は任期満了とならず、引き続き監事業務を行います。
　㋑　監事の任期
　　　　清算法人の監事の任期に上限はありません。ただし、清算法人が監事を置く旨の定款の定めを廃止した場合は、当該定款変更の効力発生時に退任となります（一

般法人211①)。

(ｳ) 監事の職務

監事は、貸借対照表及び事務報告並びにこれらの附属明細書の監査を行います（一般法人228①）。

◆清算手続の流れ

一般社団法人・一般財団法人における清算手続の概要は以下のとおりです。また、基本的な流れについては株式会社の通常清算手続が参考となります（第3章第1参照）。

① 財産目録等の作成・承認

清算人は、就任後遅滞なく、清算開始原因に該当することとなった時点（通常は解散日）の財産目録及び貸借対照表（財産目録等）を作成し、清算人会設置法人の場合は清算人会の承認を受けた上で、社員総会の承認を受けなければなりません（一般法人225①～③）。

また、作成した財産目録等は、清算結了の登記の時まで保存しておかなければなりません（一般法人225④）。

② 各清算事務年度に係る貸借対照表等の作成・備置

清算法人は、各清算事務年度に係る貸借対照表等及び事務報告並びにこれらの附属明細書（貸借対照表等）を作成しなければなりません（一般法人227①）。監事を設置している場合には、監事が貸借対照表等の監査を行います（一般法人228①）。貸借対照表及び附属明細書は清算結了の登記の時まで保存する必要があります（一般法人227③）。

また、貸借対照表等（監事監査を受けた場合は監査報告書も含みます。）は清算法人の主たる事務所に備え置かれ、社員及び債権者の閲覧等の対象となります（一般法人229）。

③ 債務の弁済等

(ｱ) 債権申出期間と弁済禁止

清算法人は、清算開始原因に該当することとなった後、遅滞なく、官報公告を行い、債権者に対し、2か月以上の期間を定めて債権の申出を求めるとともに、把握している債権者には個別に催告を行います（一般法人233①）。

債権申出期間内に申出をしない債権者は、清算手続から除斥されます（一般法人233②）。

また、清算法人は、債権申出期間内は、原則として債務の弁済を行うことができません（一般法人234①）。少額の債権、清算法人の財産で担保されている債権な

ど、弁済しても他の債権者を害するおそれがない債権については、裁判所の許可を得て弁済することができます（一般法人234②）。弁済許可申立事件については、裁判所も比較的迅速に対応していますが、法人税などの納期限を徒過することのないよう、余裕をもって許可を求めることが重要です。債権申出期間内の弁済禁止による場合も債務不履行責任を免れないため、公租公課であれば延滞税が発生することになります。なお、許可を得ずにした弁済は、100万円以下の過料の対象となります（一般法人342十九）。

弁済許可申立書には、債権申出期間、現在の預金額、負債の額などを明らかにした上で、許可の対象となる債権を弁済する必要性と許容性を簡潔に記載します。疎明資料としては、貸借対照表、財産目録、解散公告、弁済する債権に関する資料（法人税納付書等）等を提出します。

㋑　条件付債権等に係る債務の弁済

清算法人は、条件付債権等を弁済する場合は、裁判所に鑑定人の選任申立てを行い、鑑定人の評価に従って弁済を行わなければなりません（一般法人235①②）。

㋒　基金の返還の制限

基金は負債の一種ですが、他の債権に劣後し、他の債権に対する弁済がされた後でなければ、返還することができません（一般法人236）。

④　残余財産の引渡し

債務の弁済を終えて残余財産がある場合には、定款に定められた帰属先に引き渡します。定款で帰属が定まらないときは社員総会又は評議員会の決議によって定めます。いずれの方法でも帰属先が定まらないときは、残余財産は国庫に帰属します（一般法人239）。

一般社団法人・一般財団法人において、残余財産を社員・設立者に帰属させる旨を定款に定めることは認められていませんが、社員総会又は評議員会の決議によって、社員又は設立者への分配を行うことは可能です。

公益法人の場合、清算をする場合において残余財産を類似の事業を目的とする他の公益法人、国又は地方公共団体等に帰属させる旨の定款の定めを置いていることが公益認定の基準とされていますので（公益法人認定5十八）、その定めに従って帰属先への寄附を行うことになります。

⑤　清算事務の終了

清算法人は、清算事務が終了したときは、遅滞なく、以下の事項を内容とする決算報告を作成しなければなりません（一般法人240①、一般法人規74）。

㋐　債権の取立て、資産の処分その他の行為によって得た収入の額

㋑　債務の弁済、清算に係る費用の支払その他の行為による費用の額
　㋒　（税額控除後の）残余財産の額及び引渡し完了日
　　清算人会設置法人では、決算報告は清算人会の承認を受ける必要があります（一般法人240②）。
　　清算人は、（清算人会の承認が必要な場合は承認を受けた）決算報告を社員総会又は評議員会に提出又は提供し、承認を受けなければなりません（一般法人240③）。
⑥　帳簿資料の保存
　　清算人は、清算法人の主たる事務所の所在地における清算結了登記の時から10年間、清算法人の帳簿資料を保存しなければなりません（一般法人241①）。

(2) 公益社団法人・公益財団法人固有の手続

◆解散の届出
　公益社団法人・公益財団法人が解散（合併による場合を除きます。）をした場合には、清算人は、解散の日から1か月以内に行政庁に届け出なければなりません（公益法人認定26①）。

◆残余財産の引渡しの見込みの届出
　公益社団法人・公益財団法人の清算人は、債権申出期間経過後遅滞なく、残余財産の引渡しの見込みを行政庁に届け出なければなりません（公益法人認定26②）。見込みに変更があったときも届出が必要です。

◆残余財産の引渡し
　前記のとおり、公益社団法人・公益財団法人は公益認定の要件として、残余財産を類似の事業を目的とする他の公益社団法人・公益財団法人や学校法人等、国又は地方公共団体に帰属させる旨を定款で定めていることが求められていますので、残余財産の引渡しはその定めに従って行われます。

◆清算結了の届出
　清算人は、清算が結了したときは、遅滞なく行政庁に届け出なければなりません（公益法人認定26③）。

◆行政庁による公示

解散の届出又は清算結了の届出があったときは、行政庁はその旨を公示します（公益法人認定26④）。この公示は、国・都道府県公式公益法人行政総合情報サイト「公益法人information」にて行われています。

4　破産手続

一般社団法人・一般財団法人、公益社団法人・公益財団法人の破産手続は、基本的に他の法人の破産手続と変わるところがありません（第3章第3参照）。ただし、以下のとおり、基金返還債権の扱いと解散の届出について特別の定めがあります。

① 基金返還に係る債権に関する破産法の適用の特例

　　一般社団法人では、株式会社における出資に類似した基金という形で資金調達を行うことができます（一般法人131）。基金は定時社員総会の決議によって拠出者に返還することができますが、破産手続が開始した場合には、基金返還に係る債権は、劣後的破産債権（破産99①）及び約定劣後破産債権（破産99②）に劣後するものとされています（一般法人145）。

② 公益社団法人・公益財団法人の破産手続開始による解散の届出

　　公益社団法人・公益財団法人が、破産手続開始決定を受けて解散したときは、破産管財人は、1か月以内に行政庁に解散の届出をしなければなりません（公益法人認定26①）。

5　一般社団法人・一般財団法人、公益社団法人・公益財団法人における会計・税務

(1) 事業年度

株式会社の通常清算と同様となります。第3章第1 5 をご参照ください（一般法人227①）。

(2) 法人の解散・清算と会計

基本的な手続については、株式会社の通常清算手続における会計の取扱いが参考と

なりますので、第3章第1 5 をご参照ください。

(3) 法人の解散・清算と税務

一般社団法人・一般財団法人の営利型については株式会社の通常清算と同様になります。

前記以外については収益事業から生じた所得に対してのみ課税されます。基本的な手続については株式会社の通常清算手続における税務の取扱いが参考となりますので、第3章第1 5 をご参照ください。

6 一般社団法人・一般財団法人、公益社団法人・公益財団法人における登記

(1) 一般社団法人の解散・清算人の登記

一般社団法人が解散した場合（合併、破産手続開始の決定及び一般法人法261条1項又は268条の規定による解散を命ずる裁判を除きます。）には、主たる事務所の所在地において、2週間以内に解散の登記をしなければなりません（一般法人308①）。また、解散について、官庁の許認可が効力発生の要件である場合には、許可書又は認可書の到達の日から起算して2週間以内に登記をする必要があります。

以下は、社員総会の決議により解散し、清算人1名を選任した場合の登記記録例です。

＜登記記録例＞

役員に関する事項	清算人　〇〇〇〇	
		平成〇年〇月〇日登記
	〇〇市〇〇町〇丁目〇番〇号 代表清算人　〇〇〇〇	
		平成〇年〇月〇日登記
解　散	平成〇年〇月〇日社員総会の決議により解散	
		平成〇年〇月〇日登記

一般社団法人が、解散の登記をしたときは、登記官は、次の登記に抹消する記号を記録しなければなりません（一般法人登規3、商登規72）。ただし、監事及び監事設置法人である旨の登記については、抹消する記号は記録されません。

① 理事、代表理事及び外部理事に関する登記
② 会計監査人設置法人である旨の登記及び会計監査人に関する登記

(2) 一般社団法人の清算結了の登記

　一般社団法人が清算結了した場合には、主たる事務所の所在地においては2週間以内、従たる事務所においては3週間以内に清算結了の登記をしなければなりません（一般法人311・314）。なお、清算結了の登記記録例は、株式会社の清算結了と同じです（第3章第1 6 参照）。

(3) 一般財団法人の解散の登記

　一般財団法人が解散した場合（合併、破産手続開始の決定及び一般法人法261条1項又は268条の規定による解散を命ずる裁判を除きます。）には、主たる事務所の所在地において、2週間以内に解散の登記をしなければなりません（一般法人308①）。
　以下は、基本財産の滅失その他の事由による一般財団法人の目的である事業の成功の不能により解散した場合の登記記録例です。

＜登記記録例＞

解　　散	平成○年○月○日基本財産の滅失その他の事由による一般財団法人の目的である事業の成功の不能により解散 　　　　　　　　　　　　　　　　　　平成○年○月○日登記

　一般財団法人が、解散の登記をしたときは、登記官は、次に掲げる登記に抹消する記号を記録しなければなりません（一般法人登規3、商登規72）。
① 理事、代表理事及び外部理事に関する登記
② 会計監査人設置法人である旨の登記及び会計監査人に関する登記
　なお、一般財団法人は、一般社団法人とは異なり、監事を置かなければならないため（一般法人170①）、監事を設置する旨の定款の定めは不要です（実務上は、監事を設置する旨の規定を定める場合がほとんどだと思われます。）。しかし、一般財団法人が解散した場合については、監事の設置は任意であるため、既存の監事は任期満了により退任することになります。もっとも、清算の開始前に、「清算一般財団法人となった場合には監事を置くこととする旨の定め」を定款に設けておくことが可能とされていることから、当該定款の定めがある場合には、一般財団法人が清算一般財団法人となっても、既存の監事の任期は当然には終了しません（なお、一般財団法人は監事が必ず

置かれることから監事を設置する旨の登記はされません。したがって、当該定款の定めがある場合には、解散の日から2週間以内に、監事を設置する旨の登記をしなければなりません（一般法人310①四））。そのため、一般財団法人が清算一般財団法人となったときであっても、監事に関する登記については、登記官による職権抹消の対象とはなりません（平20・9・1民商2351）。

(4) 一般財団法人の清算結了の登記 ■■■■■■■■■■■■■■

一般財団法人が清算結了した場合には、主たる事務所の所在地においては2週間以内、従たる事務所の所在地においては3週間以内に清算結了の登記をしなければなりません（一般法人311・314）。なお、清算結了の登記記録例は、株式会社の清算結了と同じです（第3章第1 6 参照）。

(5) 公益社団法人・公益財団法人の解散、清算人及び清算結了の登記 ■■■■■■■■■■■■■■■■■■■■■■■■■■

登記記録例は、一般社団法人・一般財団法人の登記記録例と同じです。

第6　医療法人の解散・清算

1　医療法人の概要

(1)　医療法人とは

　医療法39条1項では、「病院、医師若しくは歯科医師が常時勤務する診療所、介護老人保健施設又は介護医療院を開設しようとする社団又は財団は、この法律の規定により、これを法人とすることができる。」と定められ、かかる規定による法人が医療法人とされます（医療39②）。

　医療法人については、基本的には営利性が否定され、本来業務である「病院、医師若しくは歯科医師が常時勤務する診療所、介護老人保健施設又は介護医療院を開設」すること（医療39①）以外の業務は原則として行うことができず、その他には、本来業務に附随して行われる業務（附随業務、その具体例は厚生労働省の公表する「医療法人の業務範囲」参照）と附帯業務（医療42一～八、平30・3・30医政発0330第33）のみを行うことができるものとされます。

　なお、後記の社会医療法人にあっては、以上に加え、医療法42条の2第1項に基づき、平成19年3月30日厚生労働省告示92号で定められた収益業務を行うことができます。

　このように、医療法人は、医療を提供するという本来的性質からも、医療法による医療法人制度の制度設計自体からも、その事業内容には高度の公益性があることから、やむなくその事業を停止し清算を検討する場合であっても、突然の事業停止は避けるべきであって、医療を受ける方への影響を最小限にとどめられるようなスキームによる清算方法を検討すべきです。

(2)　医療法人の各種形態

　医療法人制度を定める医療法は、度重なる改正が行われていますが、平成18年法律84号の第5次医療法改正以降は、解散時の社員に対する残余財産分配の廃止を含め、医療法人の非営利性の徹底を企図した改正が行われています。

　もっとも、従来より存在する形態での医療法人も、経過措置によって当面の間はその存続が認められており、現時点においては、概ね、以下の各種形態の医療法人が存在します（実際上その大半は、持分の定めのある社団医療法人であるといわれていま

① 社団医療法人（医療法上の「社団たる医療法人」）

人（原則として自然人）が社員になることによって設立され、法人の根本規範である定款に従い運営されます。

㋐ 持分の定めのある社団医療法人（従来型／経過措置型医療法人）

平成18年改正法の施行以前に設立された社団医療法人で、以下の2種の形態が存在します。

ⓐ 一般の持分の定めのある社団医療法人

解散時、各社員に持分払戻請求権・残余財産分配請求権があります。

ⓑ 出資額限度法人

各社員の持分払戻請求権・残余財産分配請求権が一定額に限定されています。

㋑ 持分の定めのない社団医療法人

平成18年改正法の施行以降設立される社団医療法人の全てで、以下の2種の形態が存在します。

ⓐ 一般の持分の定めのない社団医療法人

解散時、各社員に持分払戻請求権・残余財産分配請求権がありません。

ⓑ 基金拠出型医療法人

各社員は拠出した基金の返還請求権を有するが、他の債権者に劣後します。

② 財団医療法人（医療法上の「財団たる医療法人」）

財産を無償で拠出することにより設立され、法人の根本規範である寄附行為に従い運営されます。

③ 特定医療法人（租特67の2）

財団医療法人又は持分の定めのない社団医療法人のうち、国税庁長官の承認を受けたものであって、税制上の優遇措置を享受できるものです。

④ 社会医療法人（医療42の2）

持分の定めのない社団医療法人又は財団医療法人のうち、医療法42条の2に定める要件に該当するものとして都道府県知事の認定を受けたものです。一定の収益事業を実施できる、税制上の優遇措置がある、社会医療法人債の発行ができる等のメリットを享受できる医療法人の形態です。

(3) 設　立

医療法人を設立するには、所定の事項を定めた定款又は寄附行為を作成し、都道府

県知事の設立認可を受ける必要があります。また、設立認可の判断に際しては、あらかじめ都道府県医療審議会の意見を聴く必要があります（医療44・45）。

　そして、医療法人は、設立認可を受け、主たる事務所の所在地において設立の登記をすることによって、成立します（医療46①）。

(4) 機関構成

　医療法人には各種の形態が存在しますが、法人内部の機関構成の違いという点に着目すると、大きくは、社団医療法人と財団医療法人に分かれます。

　社団医療法人と財団医療法人のそれぞれにおける機関構成は、以下のとおりで、清算手続との関係では、その前提として解散に必要となる機関決定が異なる場合があることに留意が必要です。

① 社団医療法人（医療46の2①）

　社団たる医療法人には、社員総会、理事、理事会及び監事を置かなければなりません（医療46の2①）。理事会が業務執行の決定等を行い（医療46の7）、理事長が医療法人を代表しますが（医療46の6の2）、解散を含めた一定の重要事項の決定は、社員総会の決議による必要があります（医療55①三）。

　㋐ 社員総会（医療46の3以下）

　　社団医療法人の構成員である社員により組織される、社団医療法人の最高意思決定機関です。厚生労働省が公表する社団医療法人の定款例（モデル定款）でも、定款の変更や基本財産の設定及び処分（担保提供を含みます。）等は社員総会の決議事項とされています。

　㋑ 理事（医療46の6以下）

　　理事会の構成員であって、社員総会の決議により選任されますが（医療46の5②）、そのうち1人は理事長とし、理事長は、原則として医師又は歯科医師である理事のうちから選出するとされています（医療46の6①）。

　㋒ 理事会（医療46の7以下）

　　全ての理事で組織され、医療法人の業務執行の決定、理事の職務の執行の監督、理事長の選出及び解職を行います（医療46の7①②）。他方で、重要な資産の処分及び譲受け、多額の借財、重要な役割を担う職員の選任及び解任、従たる事務所その他の重要な組織の設置、変更及び廃止、定款の定めに基づく任務懈怠責任の免除については、理事に委任することができず、理事会で決定する必要があります（医療46の7③一〜五）。

㋓　監事（医療46の8以下）

　　　社員総会の決議により選任され（医療46の5②）、医療法人の業務の監査、財産状況の監査等を行います。また、医療法人の業務又は財産の状況について、毎会計年度、監査報告書を作成し、社員総会及び理事会に提出します。

② 財団医療法人（医療46の2②）

　　財団たる医療法人には、評議員、評議員会、理事、理事会及び監事を置かなければなりません（医療46の2②）。理事会が業務執行の決定等を行い（医療46の7）、理事長が医療法人を代表しますが（医療46の6の2）、解散を含めた一定の重要事項を行うに際しては、評議員会の意見を聴く必要があります（医療46の4の5①）。

　㋐　評議員（医療46の4以下）

　　　評議員会の構成員であって、寄附行為の定めるところにより選任されますが、医療従事者等、評議員となる者には一定の資格又は地位が必要とされます。

　㋑　評議員会（医療46の4の2～）

　　　評議員で組織される会議体であって、財団医療法人において、予算の決定又は変更、重要な資産の処分等の一定の重要事項を行うに際しては、評議員会の意見を聴く必要があります（医療46の4の5）。

　㋒　理事（医療46の6以下）

　　　理事会の構成員であって、評議員会の決議により選任されますが（医療46の5③）、そのうち1人は理事長とし、理事長は、原則として医師又は歯科医師である理事のうちから選出するとされています（医療46の6①）。

　㋓　理事会（医療46の7以下）

　　　全ての理事で組織され、医療法人の業務執行の決定、理事の職務の執行の監督、理事長の選出及び解職を行います（医療46の7①②）。他方で、重要な資産の処分及び譲受け、多額の借財、重要な役割を担う職員の選任及び解任、従たる事務所その他の重要な組織の設置、変更及び廃止、寄附行為の定めに基づく任務懈怠責任の免除については、理事に委任することができず、理事会で決定する必要があります（医療46の7③一～四・六）。

　㋔　監事（医療46の8以下）

　　　評議員会の決議により選任され（医療46の5③）、医療法人の業務の監査、財産状況の監査等を行います。また、医療法人の業務又は財産の状況について、毎会計年度、監査報告書を作成し、評議員会及び理事会に提出します。

(5) 財　産

　医療法人は、その開設する病院、診療所、介護老人保健施設又は介護医療院の業務を行うために必要な施設、設備又は資金を有しなければならないとされ(医療規30の34)、例えば、医療法人の施設又は設備は法人が所有するものであることが望ましい（もっとも、賃貸借契約によることが直ちに否定されるものではありません。）、新たに医療施設を開設するために医療法人を設立する場合には、2か月以上の運転資金を有していることが望ましいなどとされ、これらの点が設立認可の可否の考慮要素とされています（平30・3・30医政発0330第33）。

2　清算手続の選択

◆通常の清算手続
　医療法人の清算手続としては、まず、医療法55条以下の規定に基づく清算手続が考えられます。もっとも、医療法人の性質に鑑みれば、前記のとおり医療を受ける方への影響を最小限にとどめられるようなスキームによる清算方法を検討すべきであって、具体的には、医療法の規定に基づく清算手続を検討する場合であっても、解散決議等を経て清算手続に移行する前には、順次転院を求める等して段階的に医業を縮小していくべきですし、場合によっては、事業譲渡等によって現在の医業を他の医療法人に引き継がせることができないかを検討すべきです。

◆M＆Aによる清算手続
　その他、医業を継続している医療法人の場合には、医療法人の合併（医療57以下）や分割（医療60以下）の手段による医業の承継も検討されるべきです（なお、医療法55条1項4号・同条3項2号によって、合併は医療法人の解散事由とされています。）。

◆その他
　医療法人は、会社更生手続を利用することはできませんが、民事再生手続や破産手続を利用することはでき、破産手続開始決定は医療法人の解散事由となります(医療55①六③二)。
　医療法人が民事再生手続を利用する際には、再生債務者が医療法人である場合に特

有の規定はありませんが、ファクタリング等によって診療報酬債権が譲渡担保に供されている場合には、担保権実行手続の中止命令の申立て（民再31）や担保権消滅許可の申立て（民再148）の利用も検討できることとなります。

また、清算手続中に医療法人の財産がその債務を完済するのに足りないことが明らかになったときは、清算人は、直ちに破産手続開始の申立てをしなければなりません（医療56の10①）。

なお、医療法人については、会社法上の通常清算手続や特別清算手続を選択することはできません。

3 通常の清算手続

(1) 医療法に基づく清算手続

医療法人の通常の清算手続は、医療法55条から56条の16の規定（医療第6章第7節「解散及び清算」）に従って行う必要がありますが、かかる清算手続の概要としては、所定の事由を根拠に医療法人を解散し、就職した清算人によって現務の結了や財産換価等の清算業務が行われた上で、清算結了に伴い医療法人の登記事項も閉鎖されて清算が完了するといった流れとなります。

そして、医療法人の清算においては、解散時とその後の清算業務の過程を通じて、都道府県知事への届出やその認可が必要なことに留意が必要です。

◆解散事由

医療法人の解散事由は医療法で定められており、法律上解散するためには、以下のいずれかの事由の発生が必要です（医療55①③）。社団医療法人と財団医療法人に共通の解散事由は5つ（①②④⑥⑦）、社団医療法人に固有の事由は2つです（③⑤）。

① 定款又は寄附行為をもって定めた解散事由の発生（医療55①一③一）
② 目的たる業務の成功の不能（医療55①二③二）
③ 社員総会の決議（医療55①三）
④ 他の医療法人との合併（合併により当該医療法人が消滅する場合に限ります。）（医療55①四③二）
⑤ 社員の欠亡（医療55①五）

⑥　破産手続開始の決定（医療55①六③二）
⑦　設立認可の取消し（医療55①七③二）

　なお、厚生労働省が公表する社団、財団医療法人定款・寄附行為例（モデル定款・寄附行為）においても、解散事由として、社団医療法人では前記②③④⑤⑥⑦が、財団医療法人では前記②④⑥⑦が記載されています。実務上も、前記①ないし⑦の医療法に規定する解散事由の範囲内で解散を検討する医療法人が大半であろうと思われます。

◆解散のために必要な手続
　医療法の規定、モデル定款・寄附行為を前提とすると、医療法人の解散に際しては、◆解散事由に応じ、以下の手続が必要です。
①　各種医療法人における機関決定
　　各種医療法人ごとに機関設計が異なることから、それぞれの医療法人において解散のために必要となる機関決定が異なります。
　　具体的には、実務上検討される解散事由の大半であろうと思われる事由で検討すると、例えば、社団医療法人にあっては、◆解散事由③「社員総会の決議」によって解散するためには、総社員の4分の3以上の賛成が必要です（ただし、定款で別段の定めが可能です。）（医療55②）。
　　他方、財団医療法人にあっては、◆解散事由②「目的たる業務の成功の不能」によって解散するためには、あらかじめ評議員会の意見を聴かなければならず（医療46の4の5①六）、モデル寄附行為においても、理事及び評議員の一定以上の同意が必要とされます。実務上は、後記の解散登記との関係でも、理事会と評議員会の承認決議を得ておくべきと思われます。
②　都道府県知事の認可
　　◆解散事由②「目的たる業務の成功の不能」、③「社員総会の決議」を根拠に解散する場合には、都道府県知事の認可が必要です（医療55⑥）。
　　そして、都道府県知事が認可の可否を判断するに際しては、都道府県医療審議会の意見聴取が必要です（医療55⑦）。

　　　　　　　　　　　アドバイス

○都道府県知事の認可の必要性（スケジュールにおける留意点）
　実際に医療法人の清算を検討する際には、解散から清算手続を通じたスケジュールの関

係で、都道府県医療審議会の開催頻度に留意する必要があります。

　すなわち、都道府県知事の認可が必要とされる解散事由（医療55⑥）に基づき解散する場合には、都道府県知事は、認可の判断に際してあらかじめ都道府県医療審議会の意見を聴かなければならないとされるところ（医療55⑦）、都道府県医療審議会の開催頻度は通例年2回程度であることから、解散認可申請の時期を具体的に予定しておく必要があります（所管する都道府県への事前相談も必要です。）。

　なお、都道府県知事の認可、都道府県医療審議会での審議を省略するべく、解散事由として「設立認可の取消し」（医療55①七③二）によることも考えられますが、各都道府県は、解散のための便法としては取消処分を行わないものと思われますので、結局は、都道府県知事の認可や都道府県医療審議会での審議に要する時間を十分に見込んだ上で、スケジュールを策定する必要があるといえます。

(2)　解散に際して実務上検討される方法

　以上のとおり、モデル定款・寄附行為に準拠しそれらを定めている医療法人であれば、他の医療法人との合併や破産手続開始の決定等の場合を除き、実務上、解散事由としては前記(1)◆解散事由②「目的たる業務の成功の不能」又は③「社員総会の決議」を根拠とした解散を検討することが多いものと考えられます。

　これらの事由によって解散する場合には、前記のとおり、都道府県知事の認可が必要となることに注意が必要です（医療55⑥）。

(3)　清算手続の流れ

　医療法人の解散後（都道府県知事の解散認可を取得後）の手続の概要は以下のとおりです。また、基本的な流れについては株式会社の通常清算手続が参考となります（第3章第1参照）。

① 　解散に伴う手続（届出・登記・税務申告）

　解散に伴い必要となる手続としては、まず、以下のものがあります。

　㋐　清算人による都道府県知事への解散した旨の届出（医療55⑧）

　㋑　解散登記（組登令7）

　㋒　税務申告（解散の効力発生時から2か月以内）

② 　清算人の就職

　医療法人が解散した場合には、当然に清算手続が開始され、以下の者が清算人に

就職します（医療56の3・56の4）。
- ㋐ 理事（医療56の3）
- ㋑ 定款又は寄附行為で別段の定めがあるときは、その者（医療56の3）
- ㋒ 社員総会で理事以外の者を選任したときは、その者（医療56の3）
- ㋓ 請求により裁判所が選任する場合は、その者（医療56の4）

③ 清算業務

清算人は、以下の清算業務を行う必要があります。
- ㋐ 都道府県知事への清算人就職の届出（医療56の6）
- ㋑ 現務の結了、債権の取立て及び債務の弁済、残余財産の引渡し（医療56の7）

なお、一般的な換価業務上の留意点については、**第2章第2 4**を参照してください。

- ㋒ 債権者保護手続としての解散公告（医療56の8）

清算人は、その就職の日から2か月以内に、少なくとも3回の公告をもって、債権者に対し、一定の期間内にその債権の申出をすべき旨の催告をしなければなりません。この場合において、その公告における債権申出期間は、2か月を下ることができないとされています。加えて、清算人は、判明している債権者には、各別にその申出の催告をしなければならないとされています。

- ㋓ 都道府県知事への清算が結了した旨の届出（医療56の11）
- ㋔ 清算結了登記（組登令10）
- ㋕ 税務申告（残余財産が確定した日から1か月以内）

なお、税務申告の点では、清算中の事業年度は解散の翌日から1年ごととなることが一般的ですが、医療法人の場合には、引き続き定款又は寄附行為で定めた事業年度による必要があります（法基通1-2-9、会社494①・475、法税13①）。残余財産確定時の税務申告に加え、従来の事業年度に即した申告手続が必要なことには、注意が必要です。

④ 残余財産分配

平成18年の第5次医療法改正以降に設立された医療法人については、解散時の社員に対する残余財産分配の廃止を含め、非営利性の徹底が図られていますので、清算業務後の医療法人の残余財産は、合併及び破産手続開始の決定による解散の場合を除くほか、定款又は寄附行為の定めるところによりその帰属すべき者に帰属し、それによっても処分されない財産は国庫に帰属します（医療56）。モデル定款・寄附行為においては、「定款又は寄附行為の定めるところ」として、国、地方公共団体、公的医療機関の開設者（医療31）、他の医療法人（社団医療法人であって持分のないもの又は財団医療法人）と記載されています。

もっとも、平成18年改正法の経過措置の関係で、社団医療法人のうち経過措置型医療法人においては、なお社員に対する残余財産分配が問題となりますし、平成18年改正法以降に設立された社団医療法人であっても基金拠出型医療法人の場合には、他の債権者への債務弁済後に残余財産があれば、拠出基金額の限度において各社員への基金相当額の返還を行う必要があります。

⑤　解散・清算の監督

　医療法人の解散及び清算は、医療法人の主たる事務所の所在地を管轄する地方裁判所の監督に属するとされ（医療56の12①・56の13）、裁判所は、監督のため、職権で、いつでも監督に必要な検査をすることや、当該医療法人の業務を監督する都道府県知事に対して意見を求め又は調査を嘱託することができるとされます（医療56の12②③）。また、検査役の選任もできるとされています（医療56の16）。

　もっとも、医療法人の解散・清算について、裁判所が積極的に関与することは、通常はないと思われます。

アドバイス

○診療報酬債権の回収業務

　医療法人の清算人は、清算業務として「債権の取立て」（医療56の7①二）を行う必要がありますが、解散直前時期まで医業を行っていた医療法人については、診療報酬債権（審査支払機関としては、社会保険診療報酬支払基金（以下「社保」といいます。）と国民健康保険団体連合会（以下「国保」といいます。）があります。）の回収業務を行う必要があります。診療報酬債権については、社保への請求分・国保への請求分それぞれについて、個別に支払サイトがあることに加え、一度支払を受けた後も点数修正等によって精算の必要を生ずることもあり得ますので、清算業務のスケジュールにおいても以上の点を見込んでおく必要があります。

4　破産手続

　医療法人についても破産手続を利用できることは前記のとおりですが、医療法上も、医療法人がその債務につきその財産をもって完済することができなくなった場合には、裁判所は、理事若しくは債権者の申立てにより又は職権で、破産手続開始の決定をする旨の規定が置かれています（医療55④⑤）。また、破産手続開始決定は、医療法人

の解散事由となります（医療55①六③ニ）。

また、通常清算手続中に医療法人の財産がその債務を完済するのに足りないことが明らかになったときは、清算人は、直ちに破産手続開始の申立てをし、その旨を公告しなければなりません（医療56の10①）。破産手続については第3章第3をご参照ください。

5 医療法人における会計・税務

(1) 事業年度

基本的には株式会社の通常清算と同様になりますが、医療法人の清算中の事業年度は、株式会社の通常清算が解散の翌日から1年ごととなるのに対し、医療法人の場合は定款又は寄附行為で定めた事業年度を用いることとなります（法税13①）。

(2) 法人の解散・清算と会計

基本的な手続については、株式会社の通常清算手続における会計の取扱いが参考となりますので、第3章第1 5 をご参照ください。

(3) 法人の解散・清算と税務

基本的な手続については、株式会社の通常清算手続における税務の取扱いが参考となりますので、第3章第1 5 をご参照ください。

6 医療法人における登記

(1) 医療法人の解散・清算人の登記

医療法人が、解散し、清算人が就任した場合には、その旨の登記をしなければなりません（医療43）。合併、破産手続開始の決定による解散の場合を除き、主たる事務所

の所在地において、2週間以内に解散の登記が必要です（組登令7）。医療法人が解散した場合には、代表権を有する理事長が退任し、同法人を代表することとなる清算人が就任しますので、その就任の日から2週間以内に清算人の就任の登記も併せてしなければなりません（組登令7）。

以下は、社員総会の決議により解散し、清算人を選任した場合の登記記録例です。

＜登記記録例＞

役員に関する事項	○○市○○町○丁目○番○号 清算人　　　○○○○	平成○年○月○日就任
		平成○年○月○日登記
解　散	平成○年○月○日社員総会の決議により解散 　　　　　　　　　　　　　　　平成○年○月○日登記	

解散の登記をした場合は、理事長の登記に抹消する記号が記録されます（各種法登規5、商登規72）。

(2) 医療法人の清算結了の登記

医療法人の清算が結了した場合には、清算結了の日から、主たる事務所の所在地においては2週間以内に、従たる事務所の所在地においては3週間以内に、清算結了の登記をしなければなりません（組登令10・13）。

なお、清算結了の登記記録例は、株式会社の清算結了の登記記録例と同じです（第3章第1 6 参照）。

第7　社会福祉法人の解散・清算

1　社会福祉法人の概要

(1)　社会福祉法人

　社会福祉法人とは、社会福祉事業を行うことを目的として、社会福祉法の定めるところにより設立された法人をいいます（社福22）。社会福祉法人は、社会福祉事業の主たる担い手としてふさわしい事業を確実、効果的かつ適正に行うため、自主的にその経営基盤の強化を図るとともに、その提供する福祉サービスの質の向上及び事業経営の透明性の確保を図らなければならず、また、社会福祉事業等を行うに当たっては、日常生活又は社会生活上の支援を必要とする者に対して、無料又は低額な料金で、福祉サービスを積極的に提供するよう努めなければなりません（社福24）。

　社会福祉法人が取り扱う社会福祉事業は、生活保護法関係、児童福祉法関係、老人福祉法関係など多岐にわたる福祉サービスが対象です。

　このように社会福祉法人はその事業内容から公益性が高く、清算するとしても、福祉サービスの利用者のために突然の事業停止は避けるべき事案が多いといえます。

(2)　社会福祉法人の事業

　社会福祉法人が行うことができる事業は、①社会福祉事業、②公益事業、③収益事業です（社福26）。いずれもその内容は、社会福祉法人の定款に定められています（社福31①三・十一・十二）。

(3)　設　立

　社会福祉法人は、所轄庁から設立の認可を受けて、主たる事務所の所在地において設立の登記をすることによって成立します（認可主義）（社福32・34）。

　この認可の審査基準として「社会福祉法人の認可について（通知）」（平12・12・1障890・社援2618・老発794・児発908）が定められていますが、設立後もこれらは所轄庁による指導監督の基準となり、とりわけ当該通知の別紙1に該当する「社会福祉法人審査基準」は、社会福祉法人の管理運営においても重要な指針となります。なお、当該通知の別

紙2に該当する「社会福祉法人定款例」も社会福祉法人の定款作成や変更に当たって参照するべき資料です。

ここで、社会福祉法人の所轄庁は、原則として都道府県知事であり、例外的に、①主たる事務所が市の区域内にある社会福祉法人であってその行う事業が当該市の区域を越えないものについては市長、②主たる事務所が指定都市の区域内にある社会福祉法人であってその行う事業が1つの都道府県の区域内において2つ以上の市町村の区域にわたるもの及び地区社会福祉協議会である社会福祉法人は指定都市の長、③行う事業が2つ以上の都道府県の区域にわたるものについては厚生労働大臣がそれぞれ所轄庁となります（社福30）。

社会福祉法人は設立後も所轄庁の指導監督を受け、後記のとおり、清算に際して様々な場面で所轄庁への届出等が必要になるため、所轄庁がどこになるのか把握することが必要です。

(4) 機関構成

社会福祉法人の機関は、①評議員、②評議員会、③理事、④理事会、⑤理事長（業務執行理事）、⑥監事、⑦会計監査人、⑧運営適正化委員会、運営協議会及び会員などその他の機関、からなります。①から⑥の機関は必置ですが（社福36①）、⑦及び⑧はいずれも定款の定めによって任意で設置されます（社福36②）（ただし、都道府県社会福祉協議会である社会福祉法人においては運営適正化委員会を設置する義務があります（社福83）。）。なお、③理事及び⑥監事が、社会福祉法上の「役員」に該当します（社福31①六）。

社会福祉法人と、①評議員、③理事、⑥監事及び⑦会計監査人との関係は民法の委任の規定に従うことと定められています（社福38）。

① 評議員

評議員会を構成するメンバーで（社福45の8）、社会福祉法人の適正な運営に必要な識見を有する者のうちから、定款の定めるところにより選任されます（社福39）。

② 評議員会

評議員会では、社会福祉法及び定款で定めた事項に限って決議をすることができます（社福45の8②）。理事、監事及び会計監査人の選解任権を有します（社福43①・45の4）。

③ 理事

理事会を構成するメンバーで（社福45の13）、評議員会で選任されます。

④　理事会

　理事会では、業務執行の決定、理事の職務の執行の監督、理事長の選定及び解職（社福45の13②）を行います。また、重要な財産の処分又は譲受け、多額の借財など一定の重要な業務執行の決定には理事会での決議が必要です（社福45の13④）。

⑤　理事長

　理事長は、理事の中から1人選任されるもので（社福45の13③）、社会福祉法人の業務を執行し（社福45の16②）、その業務に関する一切の裁判上又は裁判外の行為をする権限を有します（社福45の17①）。

⑥　監　事

　監事は、理事の職務の執行を監査し、いつでも理事及び当該社会福祉法人の職員に対して事業の報告を求め、又は当該社会福祉法人の業務及び財産の状況の調査をすることができます（社福45の18）。

⑦　会計監査人

　会計監査人は、社会福祉法人の計算書類及びその附属明細書を監査し、その会計監査報告を作成します（社福45の19）。

⑧　運営適正化委員会、運営協議会及び会員などその他任意の機関

　まず、都道府県社会福祉協議会である社会福祉法人には、都道府県の区域内において、福祉サービス利用援助事業の適正な運営を確保するとともに、福祉サービスに関する利用者等からの苦情を適切に解決するため、人格が高潔であって、社会福祉に関する識見を有し、かつ、社会福祉、法律又は医療に関し学識経験を有する者で構成される「運営適正化委員会」を設置しなければなりません（社福83、社会福祉法人定款例22（備考3））。

　そして、社会福祉法人定款例によれば、その他の機関として「運営協議会」（地域や利用者の意見を法人運営に反映させるべく、地域の代表者や利用者又は利用者の家族の代表者等を構成員として社会福祉法人が任意で設置するもの）（社会福祉法人定款例22（備考1））や「会員制度」（社会福祉法人定款例22（備考2））の設置が例示されています。

　また、以上のほか、常務理事会といった会議体や相談役といった役職など、社会福祉法に定めのない任意の機関を設置することも考えられます。

　ただし、これら任意の機関を設置する場合には、その機関の権限が社会福祉法上の機関である評議員会や理事会等の権限を奪うことのないよう制度設計をする必要があります。

(5) 財　産

　社会福祉法人の財産は、①基本財産、②その他財産、③公益事業用財産、④収益事業用財産からなり、当該社会福祉法人が保有する財産の種類と、どの財産がどの区分に該当するのか、定款に定められています（社福31①九）。そして、この区分に応じて管理の方法も異なるものとされています（社会福祉法人審査基準第2-2）。

① 基本財産

　前記のとおり、基本財産の範囲は、定款で定められています。

　基本財産を処分又は担保に供する場合には、理事会及び評議員会の承認並びに所轄庁の承認を受けなければなりません。

② その他財産

　基本財産、公益事業用財産及び収益事業用財産以外の財産は、全てその他財産となります。その他財産の処分等についての特別の制約はありませんが、社会福祉事業の存続要件となる財産についてはみだりに処分しないよう留意しなければならないとされています。

③ 公益事業用財産

　公益事業の用に供する財産をいい、そのため、公益事業を行っていない場合には当該財産の保有はないということになります。公益事業用財産は、他の区分の財産と区別して管理しなければなりません。

④ 収益事業用財産

　収益事業の用に供する財産をいい、そのため、収益事業を行っていない場合には当該財産の保有はありません。収益事業用財産は、他の区分の財産と区別して管理しなければなりません。

2　清算手続の選択

　社会福祉法人の清算手続としては、社会福祉法に基づく清算手続（社福46以下）があり、債務超過の場合には、破産手続を検討する必要があります（社福46の2参照）。社会福祉法人は、社会福祉法に基づく法人であるため、当然のことですが、会社法の適用はなく、会社法上の通常清算手続や特別清算手続を選択することはできません。他方、

民事再生手続の利用は可能であり、破産手続開始の原因となる事実の生じるおそれがあるときには(民再21①)、当該手続の開始決定を受けて、Ｍ＆Ａにより事業を切り分けて、再生計画により債務調整をした上で清算をするという方法も考えられます。

そこで、以下では、社会福祉法に基づく清算手続を概説するとともに、Ｍ＆Ａにより事業を切り分けた上で、法人としての社会福祉法人を清算させる場合の手段（ここではＭ＆Ａ型の清算手続といいます。）についても概説します。

3 通常清算手続

(1) 社会福祉法に基づく清算手続

◆解散事由

社会福祉法人は、以下の事由により解散します（社福46①）。

① 評議員会の決議
② 定款に定めた解散事由の発生
③ 目的たる事業の成功の不能
④ 合併（合併により当該社会福祉法人が消滅する場合に限ります。）
⑤ 破産手続開始の決定
⑥ 所轄庁の解散命令

このうち、①評議員会の決議、③目的たる事業の成功の不能を理由として解散する場合には、所轄庁の認可又は認定がなければ、その効力が発生しません（社福46②）（【書式5】社会福祉法人解散認可（認定）申請書参照）。

また、②定款に定めた解散事由の発生、⑤破産手続開始の決定を理由として解散する場合には、所轄庁への届出が必要です（社福46③）。なお、破産手続による場合については、 4 で解説します。

◆清算手続における機関

解散をした社会福祉法人には、清算手続が開始します（社福46の3一）。

清算社会福祉法人（以下、本項において「清算法人」といいます。）の機関としては、①清算人、②清算人会、③監事、④評議員、⑤評議員会があります（社福36・46の5）。①清算人は必置の機関ですが、②清算人会及び③監事は、定款の定めに従って任意に設

置する機関です。なお、監事は、当該清算法人が監事を置く旨の定款の定めを廃止する定款の変更をしたときには、その変更の効力が生じた時に退任することとなります（社福46の8①）。ただし、特定社会福祉法人（その事業の規模が政令で定める基準を超える社会福祉法人をいいます。）には、会計監査人を設置しなければなりません（社福37）。

ここでは特に清算人について紹介します。

① 清算人の選任・届出

清算人には理事が就任します。ただし、定款で清算人と定める者がいる場合には当該者が、評議員会の決議によって選任された者がいる場合には当該者が、それぞれ清算人となります（社福46の6①各号）。これによっても清算人となる者がいないときには、裁判所は利害関係人若しくは検察官の請求により又は職権で清算人を選任します（社福46の6②）。

清算人の員数については、清算人会を置かない場合は1名以上いればよく（社福46の5①）、清算人会を置く場合は3名以上でなければなりません（社福46の6⑦）。

そして、清算人は、所轄庁に、その氏名及び住所を届け出なければなりません（社福46の6④）。また、清算中に清算人となった清算人も同様に所轄庁に、その氏名及び住所を届け出なければなりません（社福46の6⑤）。

② 清算人の職務

清算人の職務は、①現務の結了、②債権の取立て及び債務の弁済、③残余財産の引渡しです（社福46の9）。

◆清算手続の流れ

社会福祉法人の清算手続の流れは、基本的には、株式会社の通常清算に同様ですが（第3章第1参照）、以下、概要を紹介します。

① 財産目録等の作成・保存等

清算人（清算人会設置法人にあっては、社会福祉法46条の17第7項各号に掲げる清算人）は、その就任後遅滞なく、清算法人の財産の現況を調査し、厚生労働省令で定めるところにより、清算の開始の事由に該当することとなった日における財産目録及び貸借対照表（以下、本項において「財産目録等」といいます。）を作成しなければならず（社福46の22①）、清算人会設置法人では、当該財産目録等について清算人会の承認を受けなければなりません（社福46の22②）。

さらに、清算人は、その財産目録等（清算人会設置法人では清算人会の承認を受けたもの）を評議員会に提出又は提供して、その承認を受けなければなりません（社福46の22③）。

こうして作成された財産目録等を、清算法人は、清算結了の登記の時まで、主たる事務所の所在地において保存する必要があります（社福46の22④）。

② 貸借対照表等の作成・監査等

　清算の開始の事由に該当することとなった日の翌日又はその後毎年その日に応当する日（応当する日がない場合はその前日）から始まる各1年の期間を各清算事務年度といい（社福46の24①）、清算法人は、各清算事務年度に係る貸借対照表及び事務報告並びにこれらの附属明細書を作成しなければなりません。

　作成された貸借対照表及び事務報告並びにこれらの附属明細書を、清算法人は、清算結了の登記の時まで、主たる事務所の所在地において保存しなければなりません（社福46の24③）。

　また、各清算事務年度に係る貸借対照表及び事務報告並びにこれらの附属明細書は、監事設置清算法人においては監事の監査を（社福46の25①）、清算人会設置法人においては清算人会の承認を（社福46の25②）、それぞれ受ける必要があります。なお、各清算事務年度に係る貸借対照表及び事務報告並びにこれらの附属明細書は定時評議員会の日の1週間前の日から主たる事務所に備え置かなければならないため（社福46の26①）、少なくとも定時評議員会の日の1週間前の日までに、監事による監査と清算人会の承認を得ておく必要があります。

　そして、以下のとおり、清算法人の機関構成に応じて、清算人は、定時評議員会に次の貸借対照表及び事務報告をそれぞれ提出又は提供して（社福46の27①）、貸借対照表の承認を得なければならず（社福46の27②）、また事務報告の内容の報告をしなければなりません（社福46の27③）。

機関構成	提出等する貸借対照表及び事務報告
監事設置清算法人（清算人会設置法人を除きます。）	監事による監査を受けた貸借対照表及び事務報告
清算人会設置法人	清算人会による承認を受けた貸借対照表及び事務報告
前記各清算法人以外の清算法人	清算法人作成の貸借対照表及び事務報告

③ 債権者保護手続

　清算法人は、清算の開始の事由に該当することとなった後、遅滞なく、債権者に対し、一定の期間（ただし、2か月を下回ることはできません。）内に、その債権を申し出るべき旨を官報に公告し、かつ、判明している債権者には各別にこれを催告しなければなりません（社福46の30①）。なお、この公告には、当該債権者が当該期間

内に申出をしないときは清算から除斥されることを付記する必要があります（社福46の30②）。

　この期間の清算法人による弁済制限は、株式会社の清算手続に同じです（社福46の31①②）。

④　債務の弁済等

　清算法人は、③の期間を経過後、その債務を弁済することになりますが、条件付債権、存続期間が不確定な債権その他その額が不確定な債権に係る債務を弁済するには、裁判所に対して、その評価をさせるため、鑑定人の選任申立てをし、その評価に従って弁済をしなければなりません（社福46の32）。

⑤　清算法人についての破産手続の開始

　清算法人の財産がその債務を完済するのに足りないことが明らかとなったときには、清算人は、直ちに破産手続開始の申立てをし、その旨を公告しなければなりません（社福46の12①）。

⑥　清算事務の終了

　清算法人は、清算事務が終了したときは、遅滞なく、厚生労働省令で定めるところにより、決算報告を作成しなければならず（社福47の2①）、清算人会設置法人では、作成した決算報告について清算人会の承認を受けなければなりません（社福47の2②）。

　そして、清算人は、その決算報告を評議員会に提出又は提供して、その承認を受けなければなりません（社福47の2③）。

　そうして清算が結了したときには、清算人は、その旨を所轄庁に届け出る必要があります（社福47の5）。

　その後も、清算人（清算人会設置法人においては代表清算人又は業務執行清算人）は、清算法人の主たる事務所の所在地における清算結了の登記の時から10年間、清算法人の帳簿並びにその事業及び清算に関する重要な資料を保存しなければなりません（社福47の3）。

⑦　残余財産の帰属

　解散した社会福祉法人の残余財産は、合併（合併により当該社会福祉法人が消滅する場合に限ります。）及び破産手続開始の決定による解散の場合を除くほか、所轄庁に対する清算結了の届出の時において、定款の定めるところにより、その帰属すべき者に帰属します（社福47①）。これによっても処分されない財産は、国庫に帰属します（社福47②）。

◆解散・清算の監督

社会福祉法人の解散及び清算は裁判所の監督に属するとされています（社福47の4①）。そして、裁判所は、職権で、いつでも監督に必要な検査をすることができ（社福47の4②）、所轄庁に対して意見を求め又は調査を嘱託することができます（社福47の4③）。

また、裁判所は、社会福祉法人の解散及び清算の監督に必要な調査をさせるため、検査役を選任することができます（社福47の6①）。

(2) M＆A型の清算手続

社会福祉法人におけるM＆Aの手法としては、①社会福祉法に基づく合併、②事業譲渡が考えられます。そこで、以下では、①合併と②事業譲渡の手続の概要について解説します。

◆合 併

社会福祉法人は、他の社会福祉法人と合併することができます（社福48）。合併には、吸収合併（社福49）と新設合併（社福54の5）とがあります。

吸収合併	社会福祉法人が他の社会福祉法人とする合併であって、合併により消滅する社会福祉法人の権利義務の全部を合併後存続する社会福祉法人に承継させるもの
新設合併	2以上の社会福祉法人がする合併であって、合併により消滅する社会福祉法人の権利義務の全部を合併により設立する社会福祉法人に承継させるもの

合併は、吸収合併契約・新設合併契約を締結することにより、いずれの法人においてもそれぞれ評議員会の特別決議による承認を受ける必要があります（社福52・54の2・54の8）。

合併の基本的な手続は、会社法における合併と同様ですが、所轄庁による合併の認可を受けなければその効力を生じない点が異なります（社福50③・54の6②）。

◆事業譲渡

社会福祉法人も、特定の事業に属する組織的な財産を他の法人に譲渡することができますが、事業譲渡は、「重要な財産の処分及び譲受け」に該当するため、評議員会（定款の定めによる）及び理事会の承認が必要です。

また、事業譲渡の対象資産には基本財産が含まれることが想定されるところ、基本財産の処分には所轄庁の承認が必要です（社会福祉法人審査基準第2-2(1)ア）。

4　破産手続

　社会福祉法人についても、破産法の適用はあり、裁判所に対する申立てによって、支払不能又は債務超過にあるときは破産手続が開始します（破産15・16①）。
　この点、社会福祉法人に破産手続が開始したときには、遅滞なく所轄庁に届出をする必要があります（社福46③①五）。破産手続については第3章第3をご参照ください。

5　社会福祉法人における会計・税務

(1)　事業年度

　株式会社の通常清算と同様になります。第3章第1 5 をご参照ください（社福46の24①）。

(2)　法人の解散・清算と会計

　基本的な手続については、株式会社の通常清算手続における会計の取扱いが参考となりますので、第3章第1 5 をご参照ください。

(3)　法人の解散・清算と税務

　収益事業から生じた所得に対してのみ課税されます。基本的な手続については株式会社の通常清算手続における税務の取扱いが参考となりますので、第3章第1 5 をご参照ください。

6　社会福祉法人における登記

(1)　社会福祉法人の解散・清算人の登記

　社会福祉法人が、解散し、清算人が就任した場合には、その旨の登記をしなければならず、合併、破産手続開始の決定による解散の場合を除き、主たる事務所の所在地

において、2週間以内に解散の登記をしなければなりません（組登令7）。社会福祉法人が解散した場合には、代表権を有する理事長が退任し、同法人を代表することとなる清算人が就任しますので、その就任の日から2週間以内に清算人の就任の登記をしなければなりません（組登令7）。ただし、評議員会の決議、目的たる事業の成功の不能を理由として解散した場合には、所轄庁の認可又は認定がなければ、その効力が生じないので、認可又は認定の日から2週間以内に登記をすることになります。なお、その場合、登記申請の添付書類には、所轄庁の認可書又は認定書が必要です。

以下は、評議員会の決議により解散し、代表清算人が就任した場合の登記記録例です。

＜登記記録例＞

役員に関する事項	○○市○○町○丁目○番○号 代表清算人　○○○○	平成○年○月○日就任
		平成○年○月○日登記
解　散	平成○年○月○日評議員会の決議により解散	
	平成○年○月○日登記	

解散の登記をしたときは、理事長の登記に抹消する記号が記録されます（各種法登規5、商登規72）。社会福祉法人が解散し、代表清算人が就任した場合には、当該代表清算人は、清算法人を代表する者であることから（社福46の11⑦、一般法人77④）、組合等登記令2条2項4号に規定する代表権を有する者の変更の登記として代表清算人を登記します（組登令3①）。なお、この場合の資格は、「代表清算人」です。

以下は、評議員会の決議により解散して、清算人2名が就任し、代表清算人を定めなかった場合の登記記録例です。

＜登記記録例＞

役員に関する事項	○○市○○町○丁目○番○号 清算人　○○○○	平成○年○月○日就任
		平成○年○月○日登記
	○○市○○町○丁目○番○号 清算人　○○○○	平成○年○月○日就任
		平成○年○月○日登記
解　散	平成○年○月○日評議員会の決議により解散	
	平成○年○月○日登記	

社会福祉法人が解散し、清算人が就任した場合には、清算人会を置かない清算法人においては、1名又は2名以上の清算人を置かなければなりませんが（社福46の5①）、清算人は、代表清算人その他清算法人を代表する者を定めた場合を除き、清算人が2人以上ある場合には、清算人は、各自、清算法人を代表するので（社福46の11①②）、当該清算法人において登記すべき事項は、清算人の氏名、住所及び資格となります（組登令2②四）。なお、この場合の資格は、「清算人」です。

(2)　社会福祉法人の清算結了の登記

　社会福祉法人の清算が結了した場合には、清算結了の日から、主たる事務所の所在地においては2週間以内に、従たる事務所の所在地においては3週間以内に、清算結了の登記をしなければなりません（組登令10・13）。

　なお、清算結了の登記記録例は、株式会社の清算結了の登記記録例と同じです（第3章第16参照）。

【書式5】 社会福祉法人解散認可（認定）申請書

<table>
<tr><td colspan="3" align="center">解散 認可／認定 申請書</td></tr>
<tr><td rowspan="4">申請者</td><td>主たる事務所の所在地</td><td>〒〇〇〇-〇〇〇〇
〇〇市〇〇町〇丁目
TEL（〇〇）〇〇〇〇-〇〇〇〇　FAX（〇〇）〇〇〇〇-〇〇〇〇</td></tr>
<tr><td>ふりがな
名称</td><td>しゃかいふくしほうじん　おおさか
社会福祉法人　大阪</td></tr>
<tr><td>理事長の氏名</td><td>〇〇〇〇　　　　　　　　　　　　　　　㊞</td></tr>
<tr><td colspan="2">申請年月日</td><td>平成〇年〇月〇日</td></tr>
<tr><td colspan="2">解散する理由</td><td>社会福祉法人大阪は、運営の効率化の観点から、社会福祉法人京都に統合することとし、同法人への事業譲渡が完了したことから、平成〇年〇月〇日、評議員会の決議をもって解散した。なお、利用者及び職員は当該法人に事業譲渡により移転済みであり、現在、社会福祉法人大阪に残る者はいない。</td></tr>
</table>

資産	純資産 ⑤-⑥	内訳					
		社会福祉事業用財産		③公益事業用財産	④収益事業用財産	⑤財産計 ①+②+③+④	⑥負債
		①基本財産	②その他財産				
	〇〇〇万円	〇〇〇万円	〇〇〇万円	〇円	〇円	〇〇〇万円	〇円

残余財産処分方法	残余財産は定款の定めに従い、評議員会の決議によって、社会福祉法人京都に帰属させる。

（注意）
1　用紙の大きさは、日本工業規格A列4番とすること。
2　この申請書には、社会福祉法施行規則第5条第1項第1号から3号に掲げる書類を添付すること。
3　記名押印に代えて署名することができる。

（平12・12・1障890社援2618・老発794・児発908）

第8 宗教法人の解散・清算

1 宗教法人の概要

(1) 宗教法人とは

　宗教法人とは、宗教法人法所定の手続にのっとって法人格を取得した宗教団体です。

　宗教団体とは、宗教の教義を広め、儀式行事を行い、及び信者を教化育成することを主たる目的とする以下の団体をいいます（宗法2）。

① 礼拝の施設を備える神社、寺院、教会、修道院その他これらに類する団体
② ①に掲げる団体を包括する教派、宗派、教団、教会、修道会、司教区その他これらに類する団体

　仏教系寺院等の場合、個々の宗教法人を包括する、包括宗教法人といわれる宗教法人が存在することがあります（宗法2二）。包括宗教法人（いわゆる「本山」ないし「総本山」）と被包括宗教法人（末寺）の関係は、法律上は、独立・対等の関係ですが、宗教上は、本山を頂点とする上下の関係にあることが通常ですので、被包括宗教法人たる宗教法人は、責任役員や代表役員等の機関の任命、財産処分、規則改正等様々な場面で、包括宗教法人の承認を要するとされている場合が多いです（宗法12①四・十二参照）。

(2) 宗教法人の設立

　宗教法人の設立手続では、認証主義が採用されています。認証とは、法律に定める要件が存在するかしないかを審査するもので、許可制などと異なって、裁量の余地がないとされています。要するに、制度上は、行政が宗教の自由を侵害しないように配慮したものとなっています。もっとも、実際の宗教法人の設立段階における認証手続の運用は厳格なものとなっており、宗教法人の設立は容易ではありません。

　宗教法人の設立は、まず、宗教団体が、所定の事項を記載した規則を作成し、所轄庁への認証申請の少なくとも1か月前に、信者その他の利害関係人に対して規則の案の要旨を示して宗教法人を設立しようとする旨を公告します。その後、所轄庁に対して認証申請を行い、認証を受けた後、主たる事務所の所在地において設立の登記をすることによって成立します（宗法12～15）。

(3) 所轄庁

　宗教法人の所轄庁は、その主たる事務所の所在地を管轄する都道府県知事です。ただし、下記の場合は、文部科学大臣が所轄します（宗法5）。
① 　他の都道府県内に境内建物を備える宗教法人
② 　①に掲げる宗教法人以外の宗教法人であって①に掲げる宗教法人を包括するもの
③ 　①②に掲げるもののほか、他の都道府県内にある宗教法人を包括する宗教法人

(4) 宗教法人の機関

　宗教法人では、3名以上の責任役員を選任する必要があり、その中から1名の代表役員を選任する必要があります（宗法18・12①五）。監事、総会等、責任役員以外の機関の設置は任意となっており、責任役員以外の機関を置く場合は規則に定める必要があります（宗法12①六）。

(5) 宗教法人の事業

　宗教法人は、公益事業その他の事業を行うことができます（宗法6）。宗教法人は、墓地の経営や、近隣住民への土地・建物の賃貸事業などを行っていることが多いです。

(6) 宗教法人の運営、財産処分

　宗教法人の事務・運営は、規則に別段の定めがない限り、責任役員の過半数の同意によって決定します（宗法19）。責任役員会の開催は、規則に別段の定めがない限り、宗教法人法上、必要ではありません。したがって、宗教法人法上は、例えば、持ち回り決議も可能です。
　宗教法人は、次の行為をしようとするときは、規則で定める手続（規則に別段の定めがないときは、責任役員の過半数の同意）を経ることに加えて、その行為の少なくとも1か月前に、信者その他の利害関係人に対し、その行為の要旨を示してその旨を公告しなければならないとされています。ただし、③から⑤までに掲げる行為が緊急の必要に基づくものであり、又は軽微のものである場合及び⑤に掲げる行為が一時の期間に係るものである場合は、この限りではありません（宗法23）。

① 不動産又は財産目録に掲げる宝物を処分し、又は担保に供すること
② 借入（当該会計年度内の収入で償還する一時の借入を除きます。）又は保証をすること
③ 主要な境内建物の新築、改築、増築、移築、除却又は著しい模様替をすること
④ 境内地の著しい模様替をすること
⑤ 主要な境内建物の用途若しくは境内地の用途を変更し、又はこれらを当該宗教法人の宗教活動以外の目的のために供すること

　宗教法人の境内建物若しくは境内地である不動産又は財産目録に掲げる宝物について、前記の手続に違反してなされた行為は無効となります。ただし、善意の相手方又は第三者に対しては、その無効を主張できません（宗法24）。

2　清算手続の選択

　宗教法人の清算方法としては、宗教法人法に基づく通常清算か、又は破産法に基づく破産手続が考えられます。

　もっとも、宗教法人には、当該宗教法人の信者、従業員、墓地を運営している場合には墓地利用者等多数の利害関係人がいます。したがって、法人の運営の維持が困難となった場合でも、まずは、事業の再建や承継の可否を検討すべきです。

　宗教法人に関するＭ＆Ａの方法として、宗教法人法上は、合併の手続が用意されています。合併には、吸収合併と新設合併の2種類があり、信者・利害関係人に対する合併契約案の公告、貸借対照表及び財産目録の作成、債権者に対する公告・異議ある債権者への弁済等を行った上で、所轄庁の認証を受け、合併の登記を経て効力を生じます（宗法32〜42）。合併により消滅する宗教法人は解散することになりますが、合併手続を通じて利害関係人や債権者の保護が図られており、また、財産は合併後存続する宗教法人に承継されているので、清算手続は行われません。なお、宗教法人が債務超過の場合、法的な再生手法として、対象が株式会社に限定されている会社更生手続を選択することはできませんが、民事再生手続を利用することは可能です。

3 通常清算手続

　宗教法人の通常清算手続（いわゆる「任意解散」）は、まず、解散を行い、解散の公告、解散の登記を経たのち、清算人が、財産換価・債務の弁済、残余財産の分与を行って結了します。

　宗教法人の「解散」とは、その目的である宗教活動を停止し、財産関係の整理段階に入ることをいいます。そして、解散後、財産関係の整理事務を「清算」といいます。

　宗教法人は、解散したとしても、清算の目的の範囲内において、その清算が結了するまではなお存続します（宗法48の2）。宗教法人は、清算の結了をもってその法人格を失います。

　宗教法人の解散には、宗教法人自身の意思で解散する任意解散と、宗教法人法に定められた一定の事由に該当することによって解散することとなる法定解散の2種類があります。任意解散は、「解散」の効力が生じるために所轄庁の認証が必要ですが、法定解散の場合は、その事由の発生により当然に「解散」の効力が生じます。以下、順に説明します。

(1) 任意解散

任意解散の流れは以下のとおりです。

① 解散の意思決定

　宗教法人が自ら解散しようとする場合、まず、規則の所定の手続により、解散の意思決定をします（宗法44②）。解散の意思決定は、通常よりも重い手続要件が定められていること（包括宗教法人の承認等）が多いです。

② 解散の公告

　解散の意思決定を行った後、規則に定められた方法に従って、信者その他の利害関係人に対し、解散に意見があればその公告の日から2か月を下らない一定の期間内にこれを申し述べるべき旨を公告しなければなりません（宗法44②）。

　公告の方法としては、小規模な宗教法人であれば事務所の掲示板に掲示する、と定められている例が多いです。

　公告を見た信者その他の利害関係人から意見を述べられたときは、宗教法人は、その意見を十分に考慮して解散の手続を進めるかどうかについて再検討しなければ

なりません（宗法44③）。もっとも、その意見の考慮・再検討が必要なだけであり、改めて、解散の決議を経る必要はありません。考慮・再検討をした結果、そのまま、解散手続を続行していくことは可能です。

③　解散の認証申請

　前記の公告に基づく意見の申出期間が経過した後、宗教法人は、所轄庁に対し、解散の認証を申請します。認証の申請書には、解散の意思決定につき規則所定の手続を経たことを証する書類、解散の公告をしたことを証する書類を添付する必要があります（宗法45）。

④　所轄庁の認証

　所轄庁は、認証申請書を受理すると、その旨を当該宗教法人に通知します。そして、所轄庁は、解散手続が宗教法人法44条の規定に基づいて適正になされたかを審査し、手続が適法になされたと判断したときは、解散の認証を行い、当該宗教法人に対して認証書を交付します（宗法46）。任意解散の効力は、この認証書の交付によって生じます（宗法47）。

⑤　解散登記及び清算人就任登記、解散届の提出

　解散の認証書の交付を受けたら、その日から2週間以内に、その宗教法人の主たる事務所の所在地において、解散の登記及び清算人就任の登記をする必要があります（宗法57）。登記の完了後は、遅滞なく登記事項証明書を添えて所轄庁に届出をしなければなりません（宗法9）。

(2)　法定解散

　法定解散事由は、①規則で定めた解散事由の発生、②合併（合併後存続する宗教法人を除きます。）、③破産手続開始決定、④所轄庁による設立認証の取消し、⑤裁判所による解散命令、⑥包括宗教法人が包括する宗教団体を欠亡した場合の6つがあります。

　①規則で定めた解散事由の発生、⑥包括宗教法人における被包括宗教法人の欠亡による解散の場合は、任意解散のときと同様に清算人を選任して、解散事由の発生から2週間以内に、主たる事務所の所在地において、解散の登記及び清算人就任の登記を行い、遅滞なく所轄庁に対しその旨の届出をします（宗法57・53・9）。

　②合併による解散の場合は、合併後存続する宗教法人又は合併により設立する宗教法人の代表者が消滅する宗教法人の解散の登記を行い、遅滞なくその旨を所轄庁に届

け出ます（宗法56・53・9）。
　③破産手続開始決定による解散の場合は、裁判所が破産管財人を選任するとともに職権で破産手続開始の登記の嘱託を行い、破産した宗教法人は破産手続開始決定によって解散した旨を遅滞なく所轄庁に届出を行います（宗法43③）。
　④所轄庁の設立認証取消し、⑤裁判所の解散命令による解散の場合、解散の登記は、所轄庁・裁判所の嘱託で行います（宗法80⑥・81⑥）。解散命令により裁判所に選任された清算人は、清算人就任の登記だけを行い（宗法53）、遅滞なくその旨を所轄庁に届け出ることになります（宗法9）。

(3) 宗教法人における清算手続

◆清算手続における機関

　宗教法人が任意解散又は法定解散により解散したときは、合併及び破産手続開始の決定による場合を除き、清算人が選任されて、清算人が清算手続を行っていきます。

① 清算人の選任

　宗教法人が解散したときは、合併及び破産手続開始の場合を除き、清算人が選任されます。

　清算人は、規則に定めがある場合、解散時に代表役員又はその代務者以外の者を選任した場合を除き、代表役員又はその代務者が清算人に就任します（宗法49①）。代表役員が死亡しており代務者を選任することもできない等清算人となる者がいないときや、清算人が欠けた場合は、所轄庁、利害関係人若しくは検察官の請求により又は職権で、裁判所が清算人を選任します（宗法49②）。また、所轄庁の設立認証取消し、裁判所の解散命令による解散の場合は、裁判所が清算人を選任します（宗法49③）。前記(1)⑤及び(2)のとおり、清算人は、解散ないし清算人就任の登記後、必要に応じて、遅滞なく、所轄庁に届出をする必要があります（宗法9）。

② 清算人の職務

　清算人の職務は、①現務の結了、②債権の取立て及び債務の弁済、③残余財産の引渡しです（宗法49の2）。

③ 清算人以外の機関

　清算人とならなかった責任役員は、規則に別段の定めがある場合を除き、宗教法人の解散によって退任することになります（宗法49⑥）。また、規則により任意に設けられた機関についても同様に、規則に別段の定めがある場合を除き、解散により退任することになると解されます。

◆清算手続の流れ

　宗教法人における清算手続の概要は以下のとおりです。また、基本的な流れについては株式会社の通常清算手続が参考となります（**第3章第1参照**）。

① 　現務の結了

　　清算人は、解散時に残存している宗教法人の事務を完結させます。

② 　債権の取立て及び債務の弁済

　　未回収の貸付金や未払賃料等を取り立てたり、逆に、宗教法人が未払いにしている借入金等の債務の弁済を行ったりします。

　　清算人は就任した日から2か月以内に、少なくとも3回の官報公告により、債権者に対し、2か月以上の一定の期間内にその債権の申出をすべき旨を催告しなければなりません（宗法49の3①④）。この3回の公告には、債権者がその期間内に申出をしないときは清算から除斥されることも付記しなければなりません（宗法49の3②）。

　　なお、清算人は、知れている債権者（宗教法人が債権者であることを認識している債権者）に対しては、個別に、債権の申出の催告をする必要があり（宗法49の3③）、知れている債権者は期間内に債権の申出がなかったとしても除斥できません。

　　清算人は、届出のあった債権及び知れている債権を順次弁済していきます。

　　官報公告で定めた債権申出期間の経過後に申出をした債権者は、債務が完済された後まだ残余財産の引渡しが完了していない財産がある場合にのみ、請求をすることができます（宗法49の4）。

③ 　残余財産の引渡し（処分）

　　清算人は、債務の弁済が完了した後、なお積極財産が残っている場合は、以下の順序に従って、残余財産の処分を行います（宗法50）。

　㋐ 　規則に残余財産の処分について規定がある場合は、その定めに従って処分します。

　㋑ 　規則に残余財産の処分についての規定がない場合は、他の宗教団体又は公益事業のためにその財産を処分することができます。

　㋒ 　前記㋐㋑では処分されなかった財産は、国庫に帰属します。

◆解散・清算の監督

　宗教法人の解散及び清算は、宗教法人の主たる事務所の所在地を管轄する地方裁判所の監督に属するとされています（宗法51①・51の2）。これら裁判所の監督は、清算事務における利害関係人の利益の公平な保護・取扱いのためとされています。そして、

裁判所は、監督のため、職権でいつでも監督に必要な検査をすることや、検査役を選任したり、所轄庁に対して意見を求め又は調査を嘱託することができます（宗法51②〜⑤）。といっても、宗教法人が解散する場合、裁判所に通知がなされるわけでもないので、裁判所が、宗教法人の解散及び清算手続に積極的に関与することは通常はありません。

4　破産手続

　宗教法人がその債務につきその財産をもって完済することができなくなった場合には、代表役員又はその代務者は直ちに破産手続開始の申立てをしなければなりません（宗法48）。

　また、清算手続中に、宗教法人の財産がその債務を完済するのに足りないことが明らかになったときは、清算人は、直ちに破産手続開始の申立てをし、その旨を公告しなければなりません（宗法49の5①）。この場合、清算人は、破産手続開始の決定がなされ、破産管財人にその事務を引き継いだ時に、その任務が終了したものとされます（宗法49の5②）。

　その他、宗教法人の破産手続については、破産手続について記載している第3章第3を参照してください。

5　宗教法人における会計・税務

（1）　事業年度 ■■■■■■■■■■■■■■■■■■■■■■■■■■

　基本的には株式会社の通常清算手続と同様になりますが、宗教法人の清算手続中の事業年度は、株式会社の通常清算手続が解散の翌日から1年ごととなるのに対し、宗教法人の場合は宗教法人規則で定めた事業年度を用いることとなります（法税13①）。第3章第1 5 (1)◆清算中の事業年度・残余財産確定事業年度をご参照ください。

(2) 法人の解散・清算と会計

基本的な手続については、株式会社の通常清算手続における会計の取扱いが参考となりますので、第3章第1 5 をご参照ください。

(3) 法人の解散・清算と税務

収益事業から生じた所得に対してのみ課税されます。基本的な手続については株式会社の通常清算手続における税務の取扱いが参考となりますので、第3章第1 5 をご参照ください。

6 宗教法人における登記

(1) 宗教法人の解散・清算人の登記

宗教法人が、任意解散をした場合は、解散に関する認証書の交付を受けた日から、法定解散をした場合は、合併や破産手続開始の決定を除き、解散の事由が生じた日から2週間以内に、その主たる事務所の所在地において、解散の登記をしなければなりません（宗法43・57）。ただし、所轄庁の認証の取消しの場合は認証を取り消した所轄庁が、裁判所の解散命令の場合は裁判所が解散の登記を嘱託します（宗法80⑥・81⑥）。宗教法人が解散し、代表役員若しくはその代務者が清算人に就任した場合、又は清算人の選任があったときは、清算人は、その就任の日から2週間以内に清算人の就任の登記をしなければなりません（宗法53）。実務上は、解散登記と清算人の就任登記は同時に一括して行いますが、任意解散の場合は所轄庁の認証書の到達によって解散の効力が生じますので、その到達の日から、解散と清算人の登記を2週間以内にする必要があります。その場合、登記申請の添付書類には、認証書の謄本が必要です。

以下は、規則の定めた解散事由（信徒総代会の決議）により解散した場合の登記記録例です。

＜登記記録例＞

役員に関する事項	○○市○○町○丁目○番○号 清算人　　○○○○	平成○年○月○日就任
		平成○年○月○日登記

| 解　散 | 平成〇年〇月〇日信徒総代会の決議により解散
平成〇年〇月〇日登記 |

　清算人の登記をしたときは、代表役員の登記に抹消する記号が記録されます（各種法登規5、商登規72）。

(2) 宗教法人の清算結了の登記

　宗教法人の清算が結了した場合には、清算結了の日から、主たる事務所の所在地においては2週間以内に、従たる事務所の所在地においては3週間以内に、清算結了の登記をしなければなりません（組登令10・13）。

　なお、清算結了の登記記録例は、株式会社の清算結了の登記記録例と同じです（第3章第16参照）。

第9 特定非営利活動法人の解散・清算

1 特定非営利活動法人の概要

(1) 特定非営利活動法人

　特定非営利活動法人（以下、**本章第9において「NPO法人」といいます。**）とは、営利（社員に対する収益の分配）を目的とせず、特定非営利活動を行うことを主たる目的として、特定非営利活動促進法（以下、**本章第9において「NPO法」といいます。**）の定めるところにより設立された法人をいいます（NPO法2②）。

　特定非営利活動とは、保健・医療・福祉の増進、社会教育の推進、まちづくりの推進を図る活動など、NPO法別表所定の20種類の活動に該当し、不特定多数のものの利益の増進に寄与することを目的とするものをいいます（NPO法2①）。

　NPO法人は、特定非営利活動を行うことを主たる目的とする必要がありますが、一方で、活動を維持するための利益を上げる必要があることから、特定非営利活動に係る事業に支障がない限り、特定非営利活動以外のその他の事業を行うことができます（NPO法5①）。

　このように、NPO法人は公益性の高い特定非営利活動を行うことを主たる目的としていることから、清算する場合には当該活動の停止がサービス利用者に与える影響に配慮してこれを行う必要があります。また、NPO法人は、特定非営利活動でない収益事業を行っている場合も多いため、当該事業の態様に応じて適切に清算を行う必要があります。

(2) 特定非営利活動法人の事業

　NPO法人の主たる目的たる特定非営利活動は、次の20種類の活動のいずれかに該当する必要があり（NPO法2①・別表）、NPO法人は、これら20種類の活動のうち少なくとも1つの活動を行う必要があります。

① 保健、医療又は福祉の増進を図る活動
② 社会教育の推進を図る活動
③ まちづくりの推進を図る活動
④ 観光の振興を図る活動

⑤　農山漁村又は中山間地域の振興を図る活動
⑥　学術、文化、芸術又はスポーツの振興を図る活動
⑦　環境の保全を図る活動
⑧　災害救援活動
⑨　地域安全活動
⑩　人権の擁護又は平和の推進を図る活動
⑪　国際協力の活動
⑫　男女共同参画社会の形成の促進を図る活動
⑬　子どもの健全育成を図る活動
⑭　情報化社会の発展を図る活動
⑮　科学技術の振興を図る活動
⑯　経済活動の活性化を図る活動
⑰　職業能力の開発又は雇用機会の拡充を支援する活動
⑱　消費者の保護を図る活動
⑲　①～⑱に掲げる活動を行う団体の運営又は活動に関する連絡、助言又は援助活動
⑳　①～⑲に掲げる活動に準ずる活動として都道府県又は指定都市の条例で定める活動

　また、NPO法人は、特定非営利活動に係る事業に支障がない限り、特定非営利活動に係る事業以外の、その他の事業を行うことができます（NPO法5①）。

(3)　設　立

　NPO法人は、①定款・設立趣意書等の書類作成や設立総会の開催等の事前準備、②所轄庁への認証申請（NPO法10①）、③1か月間の公衆への縦覧（NPO法10②）、④所轄庁による設立認証（NPO法12）、⑤主たる事務所所在地における設立の登記（NPO法13）を経て、成立します。
　NPO法人の所轄庁は、主たる事務所の所在する都道府県の知事ですが、事務所が1つの政令指定都市の区域内のみに存在する場合は政令指定都市の長が所轄庁となります（NPO法9）。
　NPO法人の設立には、最低でも③及び④の手続に3か月の期間が必要となり、その他の手続に要する期間を含めると、6か月程度の期間を要することが通常です。

(4) 機関構成

　NPO法人の機関としては、①社員総会、②理事3名以上、③監事1名以上の設置のみが義務付けられており、機関設計に関する法律上の制限はそれ以上に存在しません。そのため、社員総会や理事会の招集・運営方法、業務執行の方法などについては、NPO法人の定款においていかに定められているかを確認することが必要になります。なお、NPO法人において「役員」とは、②理事及び③監事のことをいいます（NPO法15）。

① 社員総会

　社員総会は、NPO法人の社員により構成され、NPO法人の業務は、定款で役員に委任したものを除き、全て社員総会の決議によって行うものとされています（NPO法14の5）。

② 理　事

　理事は、NPO法人の業務について、NPO法人を代表します。ただし、定款によりその代表権を制限することができます（NPO法16）。

　NPO法人の業務は、定款に特別の定めのないときは、理事の過半数をもって決することになるため（NPO法17）、理事会が設置されることが通常ですが、理事会を設置するか否かは定款に委ねられています。

③ 監　事

　監事は、理事の業務執行の状況を監査し、NPO法人の財産の状況を監査します（NPO法18）。

(5) 財　産

　NPO法人の財産については、公益社団法人・公益財団法人や社会福祉法人のような法律で定められた財産の区分は存在しません。

　個々の財産の処分については、法律上の規制は存在せず、定款の規定に従って行われることになります。

2 清算手続の選択

　NPO法人の清算手続としては、NPO法に基づく清算手続（NPO法31～32の8）があり、債務超過の場合には、破産手続を検討する必要があります（NPO法31の12参照）。NPO法人は、NPO法に基づく法人であるため、会社法の適用はなく、会社法上の通常清算手続や特別清算手続を選択することはできません。

　債務超過の場合、対象が株式会社に限定されている会社更生手続を選択することはできませんが、他方で、破産手続や民事再生手続を利用することは可能です。民事再生手続においては、M＆Aにより事業をスポンサーに譲渡した上で、譲渡対価を原資とする一括弁済型の再生計画を立案し、当該計画について認可を得て債務超過を解消し、その後にNPO法に基づく清算手続を行うことも考えられます。

　そこで、以下では、NPO法に基づく清算手続を概説するとともに、M＆Aにより事業を切り分けることで、NPO法人を清算させる手段（M＆A型の清算手続）についても概説します。

3 通常清算手続

(1) NPO法に基づく清算手続

◆解散事由

　NPO法人は、次の事由により解散します（NPO法31①）。

　大別して、NPO法人が自身の意思で解散する任意解散（後記①、③）と、NPO法に定められた一定の事由に該当することによって解散することとなる法定解散（後記②、④～⑦）の2種類があります。

① 社員総会の決議
② 定款で定めた解散事由の発生
③ 目的とする特定非営利活動に係る事業の成功の不能（所轄庁の認定必要）
④ 社員の欠亡
⑤ 合併（合併により当該NPO法人が消滅する場合に限ります。）
⑥ 破産手続開始の決定

第3章 清算の実施

⑦ 設立の認証の取消し

①社員総会の決議については、総社員の4分の3以上の賛成がなければ、解散の決議をすることができません。ただし、定款で異なる定めが設けられている場合は、定款に従います（NPO法31の2）。

また、③特定非営利活動に係る事業の成功の不能を理由として解散する場合には、所轄庁の認定がなければ、その効力が発生しません（NPO法31②）。

また、①社員総会の決議、②定款で定めた解散事由の発生、④社員の欠亡、及び⑥破産手続開始の決定を理由として解散する場合には、所轄庁への届出が必要です（NPO法31④）。なお、破産手続による場合については、 4 で解説します。

◆清算手続における機関

解散をしたNPO法人については、清算手続が開始します（NPO法31の4）。

清算人には、定款で定めた者、社員総会で選任された者、又は解散した時点の理事のいずれかがなりますが（NPO法31の5）、いずれも存在しない場合には、裁判所により清算人が選任されます（NPO法31の6）。そして、清算人は、所轄庁に、その氏名及び住所を届け出なければなりません（NPO法31の8）。

◆清算手続の流れ

NPO法人における清算手続の概要は以下のとおりです。また、基本的な流れについては株式会社の通常清算手続が参考となります（**第3章第1参照**）。なお、非営利目的（構成員である社員に対する収益の分配を目的としません。）であることとの関係から、法律上は、清算中の各手続について社員総会における承認は不要とされています。

① 債権申出の公告・催告

清算人は、解散後遅滞なく、官報公告により、2か月以上の期間を設けて、債権者に対し、債権の申出をすることを求める旨の催告を行わなければなりません（NPO法31の10①④）。また、判明している債権者には、個別に催告を行う必要があります（NPO法31の10③）。

② 現務の結了

清算人は、解散時点で残存しているNPO法人の業務を終了させます（NPO法31の9①一）。

③ 債権の取立て及び債務の弁済

清算人は、売掛金、未収入金等の債権を回収し、買掛金、未払金等の債務の弁済を行います（NPO法31の9②二）。

④ 清算NPO法人についての破産手続の開始

　清算手続中に当該NPO法人が債務超過であることが判明した場合、清算人は、直ちに破産手続開始の申立てを行い、そのことを官報で公告する必要があります（NPO法31の12①④）。

⑤ 残余財産の引渡し

　債権の取立て及び債務の弁済の完了後において残余財産が存在する場合には、清算人は、残余財産の引渡しを行います（NPO法31の9①三）。

　解散したNPO法人の残余財産は、合併（合併により当該NPO法人が消滅する場合に限ります。）及び破産手続開始の決定による解散の場合を除くほか、所轄庁に対する清算結了の届出の時において、定款の定めるところにより、その帰属すべき者に帰属します（NPO法32①）。ただし、NPO法人の残余財産の帰属先については、その非営利性から、他のNPO法人のほか、国、地方公共団体、公益社団・公益財団法人、学校法人、社会福祉法人、更生保護法人に限定されています（NPO法11③）。

　定款の定めに従って残余財産の帰属先を指定することができなかった場合（解散時の社員総会や理事会で決定すべきとされているにもかかわらず、これらの開催ができなかった場合等）や、定款に残余財産の帰属先に関する規定がない場合には、清算人は、所轄庁の認証を得て、残余財産を国又は地方公共団体に譲渡することができます（NPO法32②）。

　これらによっても処分されない財産は、国庫に帰属します（NPO法32③）。具体的には、清算人が残余財産を地方財務局に引き渡すことになります。

⑥ 清算の結了

　清算が結了したときは、清算人は、その旨を所轄庁に届け出る必要があります（NPO法32の3）。

◆解散・清算の監督

　NPO法人の解散及び清算は、NPO法人の主たる事務所の所在地を管轄する地方裁判所の監督に属するとされています（NPO法32の2①・32の4）。これら裁判所の監督は、清算事務における利害関係人の利益の公平な保護・取扱いのためになされるものと理解されています。そして、裁判所は、監督のため、職権でいつでも監督に必要な検査をすることや、検査役を選任したり、所轄庁に対して意見を求め又は調査を嘱託することができます（NPO法32の2②③・32の8）。

　もっとも、NPO法人が解散する場合、裁判所に通知がなされるわけでもなく、裁判所が、NPO法人の解散及び清算手続に積極的に関与することは通常はありません。

◆社員の協力が得られない場合の清算手続
　NPO法人を解散するに当たり、社員の協力が得られず、社員総会による解散決議を行うことができない場合は、理事として次のような手続によりNPO法人の解散を進めることが考えられます。
① 　事業の成功不能を理由に解散
② 　社員の欠亡を理由に解散

◆理事の協力が得られない場合の清算手続
　NPO法人を解散するに当たり、理事の協力が得られない場合は、社員として次のような手続によりNPO法人の解散を進めることが考えられます。
① 　監事による社員総会の招集
② 　仮理事による社員総会の招集

(2) Ｍ＆Ａ型の清算手続

　NPO法人におけるＭ＆Ａの手法は、NPO法に基づく合併が存在します。
　その他のNPO法人におけるＭ＆Ａの手法は、事業の全部又は一部の譲渡（事業譲渡）や社員・理事の交代によるものが存在しますが、合併と異なり、NPO法に独自の手続が設けられているものではなく、当然に当事者であるNPO法人の清算を伴うものでもありません。

◆合　併
　NPO法人は、他のNPO法人と合併することができます（NPO法33）。
　合併後存続するNPO法人（吸収合併の場合）又は合併によって設立したNPO法人（新設合併の場合）は、合併によって消滅したNPO法人の一切の権利義務（行政庁の認可その他の処分に基づいて有する権利義務を含みます。）を承継します（NPO法38）。
　合併に当たっては、社員総会において社員総数の4分の3以上の多数による承認決議を受ける必要があります。ただし、定款で異なる定めが設けられている場合は、定款に従います（NPO法34②）。
　また、所轄庁による認証を受けなければその効力を生じません（NPO法34③）。
　合併により消滅するNPO法人は、解散することになります（NPO法31①五）。

4 破産手続

　NPO法人の破産手続については、他の法人における破産手続と大きな違いはなく、破産法に従って手続が進められることになります（第3章第3参照）。
　破産管財人は、清算人が届出をしていない場合、破産手続の開始によりNPO法人が解散したことを所轄庁に届け出る必要があります（NPO法31④・31の12②）。
　破産管財人は、清算中のNPO法人が既に債権者に支払った債権や、権利帰属者に引き渡したものがある場合、これを取り戻すことができます（NPO法31の12③）。

5 特定非営利活動法人における会計・税務

(1) 事業年度

　基本的には株式会社の通常清算と同様になりますが、NPO法人の清算中の事業年度は、株式会社の通常清算が解散の翌日から1年ごととなるのに対し、NPO法人の場合は定款で定めた事業年度を用いることとなります（法税13①）。第3章第1 5 (1)◆清算中の事業年度・残余財産確定事業年度をご参照ください。

(2) 法人の解散・清算と会計

　基本的な手続については、株式会社の通常清算手続における会計の取扱いが参考となりますので、第3章第1 5 をご参照ください。

(3) 法人の解散・清算と税務

　収益事業から生じた所得に対してのみ課税されます。基本的な手続については株式会社の通常清算手続における税務の取扱いが参考となりますので、第3章第1 5 をご参照ください。

6　特定非営利活動法人における登記

(1) 特定非営利活動法人の解散・清算人の登記

　NPO法人が解散した場合、合併、破産手続開始の決定による解散のときを除き、主たる事務所の所在地において、2週間以内に解散の登記をしなければなりません（組登令7）。NPO法人が解散した場合には、理事は退任し、同法人を代表することとなる清算人が就任しますので、その就任の日から2週間以内に清算人の就任の登記をしなければなりません（組登令3）。ただし、目的とする特定非営利活動に係る事業の成功の不能を理由として解散した場合には、所轄庁の認定がなければ、その効力が生じないので、認定の日から2週間以内に登記をすることになります。なお、その場合、登記申請の添付書類には、所轄庁の認定書が必要です。

　以下は、社員総会の決議により解散し、清算人が就任した場合の登記記録例です。

＜登記記録例＞

役員に関する事項	○○市○○町○丁目○番○号 清算人　　○○○○	平成○年○月○日就任
		平成○年○月○日登記
解　散	平成○年○月○日社員総会の決議により解散	
		平成○年○月○日登記

　清算人の登記をしたときは、理事の登記に抹消する記号が記録されます（各種法登規5、商登規72）。

(2) 特定非営利活動法人の清算結了の登記

　NPO法人の清算が結了した場合には、清算結了の日から、主たる事務所の所在地において2週間以内、従たる事務所の所在地においては3週間以内に、清算結了の登記をしなければなりません（組登令10・13）。

　なお、清算結了の登記記録例は、株式会社の清算結了の登記記録例と同じです（第3章第1 6 参照）。

第10　学校法人の解散・清算

1　学校法人の概要

(1) 学校法人

　学校法人とは、私立学校の設置を目的として、私立学校法の定めるところにより設立された法人をいいます（私学3）。同法における「学校」とは、学校教育法に基づく幼稚園、小学校、中学校、義務教育学校、高等学校、中等教育学校、特別支援学校、大学及び高等専門学校並びに、就学前の子どもに関する教育、保育等の総合的な提供の推進に関する法律（平成18年法律77号）に基づく幼保連携型認定こども園を指します（私学2）。学校法人のほかに、国（国立大学法人法に基づく国立大学法人及び独立行政法人国立高等専門学校機構を含みます。）及び地方公共団体（地方独立行政法人法に基づく公立大学法人を含みます。）も学校の設置主体となりますが、ここでは、学校法人について解説します。

　私立学校は、設置主体の目指す教育を実施するための団体である一方で、多数の園児・生徒・学生（以下、本項において「生徒等」といいます。）に教育を提供する社会インフラという側面も有しています。そのため、私立学校法は、学校法人の自主性を重んじつつも、公共性の観点から様々な監督を及ぼし、私立学校の健全な発達を図ろうとしています（私学1）。

(2) 学校法人の事業

　学校法人は、本来的事業である私立学校を設置し運営する事業（教育研究事業）のほか、収益を私立学校の経営に充てるための収益を目的とする事業（収益事業）を行うことができます（私学26①）。学校法人が行うことのできる収益事業の種類は私立学校審議会等の意見を聴いた上で所轄庁が定め、投機的な事業や風俗営業等が除外されています（私学26②）。

　また、教育研究事業には、純粋な教育研究事業以外に教育研究に付随して行われる事業（付随事業）が含まれていると解されており、例えば、大学が公開講座を開講することや研究所を設置して研究を行うこと、学校法人が病院を設置すること、私立学校が学用品等を校内の売店等で販売することは付随事業に当たるものと考えられています。

(3) 設　立

学校法人を設立するには、所定の事項を定めた寄附行為を作成し、所轄庁の認可を受ける必要があります（私学30①）。設立手続の概要は以下のとおりです。
① 寄附行為の作成
② 認可申請書・設立趣意書等の提出
③ 私立学校審議会等の意見聴取
④ 所轄庁の認可
⑤ 設立登記

(4) 機関構成

学校法人には、役員として、理事5人以上、監事2人以上を置く必要があり、理事のうち1人が理事長となります（私学35）。

また、理事によって構成される理事会が必ず置かれ（私学36）、理事の定数の2倍を超える数の評議員で構成される評議員会も必置の機関です（私学41）。私立学校法上、原則として評議員会は理事会の諮問機関と位置付けられていますが、寄附行為によって各種事項についての決議機関とすることもできます（私学42②）。

したがって、学校法人の機関構成は以下のとおりです。

| 理事長＋理事会＋監事＋評議員会 |

なお、私立学校法上、会計監査人は学校法人の機関とはされていませんが、私立学校振興助成法に基づいて補助金の交付を受ける学校法人は、補助金の額が1,000万円未満の場合であって、所轄庁の認可を受けたときを除き、所轄庁に提出する財務計算に関する書類に公認会計士又は監査法人の監査報告書を添付しなければなりません（私立学校振興助成法14③、昭51・4・8文管振153）。

(5) 財　産

学校法人は、私立学校を設置するために必要な施設及び設備又はこれらに要する資金（基本財産）と、経営に必要な財産（運用財産）を保有することが求められます（私学25）。私立学校が備えなければならない施設や設備については、大学設置基準等それぞれの学校種別に応じた設置基準に規定されています。また、学校法人が保有すべき財産の具体的基準としては、文部科学省では、学校法人の寄附行為及び寄附行為の変更の認可に関する審査基準（平19・3・30文科告41）を定めています。

2　清算手続の選択

　学校法人の清算方法としては、私立学校法50条以下の規定に基づく清算手続又は破産手続が考えられます（学校法人には会社法の適用はなく、特別清算手続は利用できません。）。

　もっとも、通常、学校は多数の生徒等を抱えており、生徒等にとって学校の存在は生活の重要な一部になっています。

　生徒等に及ぼす影響の大きさを考えると、学校法人の存続が危ぶまれる場合でも、まずは事業譲渡、合併、私的整理、又は民事再生といった手段で事業の再建を試み、できる限り清算を回避することが望ましいと思われます。

　事業譲渡を行う場合、譲渡された学校は設置者が変わりますので、都道府県から設置者変更の認可（学教4）を受けなければなりません。

　また、学校法人が他の学校法人と合併を行う場合、理事会（寄附行為に定めがある場合には理事会に加え評議員会）の決議（私学52①）を経て、貸借対照表及び財産目録の作成、債権者に対する公告・異議ある債権者への弁済等というプロセスを経ることになりますが、合併の効力が生じるには都道府県の認可を受け、合併の登記を行うことが必要です（私学52②・57）。

　事業譲渡にせよ、合併にせよ、都道府県に事前相談を行い、準備期間を十分に確保することが求められます。こうした清算回避策にもかかわらず破綻が見込まれる場合には、できるだけ早期の段階で、不採算部門について自主的な撤退に向けた判断を行うことが望ましいと考えられています（日本私立学校振興・共済事業団ウェブサイト「私立学校運営の手引き・第4巻　私学の自主的な撤退に当たっての留意事項」4頁参照）。

　具体的には、不採算部門である学科又は学校について生徒等募集を停止し、在学生が全員卒業してから当該部門の閉鎖を行うことが考えられます。この場合、生徒等の数が次第に減少するのに対し、学科又は学校の維持に要する固定費は大きく変わらないことが多いため、数年越しの資金計画を策定した上で、早期に撤退の判断を下すことが必要になります。

　一方、在籍する生徒等の卒業まで事業の継続が困難である場合には、所轄庁に相談して転学支援などの適切な措置を講ずることも必要です。

3 通常清算手続

(1) 私立学校法に基づく清算手続

学校法人の解散及び清算手続は、私立学校法50条以下に定められています。

学校事業の公益性の高さゆえ、学校法人には所轄庁の強い監督が及んでいますが、清算に関しても所轄庁への届出等が要求される場面が複数存在します。

手続を円滑に進めるためには、事前相談等、所轄庁との綿密な意思疎通が欠かせません。

(2) 解　散

◆解散事由

学校法人の解散事由は以下のとおりです（私学50①）。

① 理事の3分の2以上の同意及び寄附行為で更に評議員会の議決を要するものと定められている場合にはその議決
② 寄附行為で定めた解散事由の発生
③ 目的たる事業の成功の不能
④ 学校法人又は私立専修学校等を経営する法人との合併
⑤ 破産手続開始決定
⑥ 所轄庁の解散命令

◆認可・認定・届出

前記①については所轄庁の認可を、前記③については所轄庁の認定を受けることが解散の要件です（私学50②）。事業の成功が不能と判断される場面とは、例えば設置している学校が全て廃止された場合が考えられますが、このような場合には、まず学校法人が自主的に前記①の手続を踏むべきであると解されています（松坂浩史『逐条解説私立学校法改訂版』343頁（学校経理研究会、2016））。学校法人が自ら解散を決定しない場合は、所轄庁による解散命令が行われます。

この認可・認定の申請は、所轄庁所定の書式を使用して行いますが、添付書類としては解散理由書、解散決議等を証する書類、財産目録、残余財産の処分に関する事項を記載した書類、寄附行為などを提出する必要があります（私学規5）。

また、前記②又は前記⑤によって解散した場合、清算人は所轄庁にその旨を届け出なければなりません（私学50④）（なお、学校法人の場合、破産手続の開始により解散した場合も清算法人となり、清算人が選任されます。）。

◆学校廃止の認可
　私立学校法に基づく前記の認可・認定・届出とは別に、学校を廃止することについて、学校教育法に基づく所轄庁の認可を受ける必要があります（学教4）。この認可申請には、以下の事項を記載します（所轄庁により多少異なります。）。
①　学校の名称
②　学校の位置
③　廃止の理由
④　生徒の処置方法
⑤　教職員の処置方法
⑥　指導要録の処置方法（後記(3)参照）
⑦　残余財産の処置方法
⑧　廃止の時期
　また、添付書類としては、生徒、教職員、残余財産の処置に関する引受側の同意書、理事会、評議員会決議録謄本、寄附行為、財産目録、廃止学校の過去数年間の生徒数推移などを提出します（学教規15）。

◆清算法人の機関
　学校法人は、◆解散事由（④の合併を除きます。）により解散した場合には清算法人となり、清算の目的の範囲内において、清算結了までなお存続するものとみなされます（私学50の3）。
　清算法人には、清算事務を遂行する機関として清算人が置かれます。私立学校法には、社団法人・財団法人と異なり、寄附行為の定めにより清算法人に監事を設置できる旨の条文が存在していませんが、清算が開始しても監事の任期は継続し、裁判所が清算人の報酬を決定する際には監事の陳述を聴かなければならない旨が定められています（私学50の12）。
①　選　任
　　学校法人が解散した場合、寄附行為で別段の定めがなければ、原則として理事が

清算人に就任します（私学50の4）。また、理事が存在していないために清算人になる者がいない場合や、清算人が欠けたため損害が生じるおそれがある場合には、裁判所が清算人を選任することができます（私学50の5）。

　私立学校法は、清算人の員数につきルールを設けていません。解散前に、例えば理事長など、清算人となるべき理事を残して他の理事が辞任することで、1人のみを清算人とすることも可能です。

② 清算人の届出

　①選任のとおり、清算人選任の原則的ルールが定まっており、所轄庁は誰が清算人であるかを把握することができるため、解散時の清算人就任届は法律上要求されていません。一方、清算手続中に新たに清算人となった者がいる場合は、所轄庁が把握できるよう、氏名及び住所を所轄庁に届け出る必要があります（私学50の7）。この届出には、各都道府県が用意している清算人就職届出書等の書式を利用します。

③ 清算人の職務

　清算人の職務については、私立学校法50条の8に定められていますが、同条に列記されたものに限らず、清算に必要な事項として、以下のものが含まれます。

　㋐　解散の登記及び所轄庁への届出
　㋑　現務の結了
　㋒　債権の取立て
　㋓　債権申出の公告及び催告、弁済
　㋔　残余財産の引渡し
　㋕　破産手続開始の申立て（必要な場合のみ）
　㋖　清算結了の登記

　清算人は、これらの職務を行うために必要な一切の行為をすることができるものとされ（私学50の8②）、清算法人の能力の範囲内で清算事務を執行し、清算法人を代表します。

　清算人が複数いる場合には、理事会非設置の一般社団法人・一般財団法人における理事に準じて、代表の方法・業務執行の方法が決められます（一般法人76以下参照）。

◆清算手続の流れ

　学校法人における清算手続の概要は以下のとおりです。また、基本的な流れについては株式会社の通常清算手続が参考となります（**第3章第1参照**）。

① 債権の申出の催告等

　清算人は、就任した日から2か月以内に、少なくとも3回の公告をもって、債権者に対し、2か月を下回らない期間を定めて債権の申出を催告しなければなりません（私学50の9①）。また、判明している債権者には、個別催告も必要です（私学50の9③）。この公告は官報掲載の方法で行います（私学50の9④）。

② 債務の弁済

　一般社団法人及び一般財団法人に関する法律や会社法では、前記の債権申出期間中は債務の弁済が禁じられている（一般法人234①、会社500①）のに対し、私立学校法には同様の規定が存在しないことから、学校法人は、申出期間中に申し出た債権者に逐次弁済することができると考えられています。ただし、弁済の結果、申出のあった債権の全部を弁済するのに足りないときは、清算人は、破産手続開始の申立てをしなければなりません（私学50の11①）。

　債権申出期間中に申し出なかった債権者は、申出債権者に全部弁済してなお残余の財産がある場合にのみ、弁済を受けることができます（私学50の10）。

③ 裁判所の監督

　学校法人の清算は裁判所の監督に服するものとされており、裁判所は、いつでも職権で必要な検査を行うことができます（私学50の13①②）。また、裁判所は、検査役を選任して調査にあたらせることや、所轄庁に対し、意見を求め、又は調査を嘱託することができます（私学50の13③⑤）。

④ 清算の結了

　資産の換価と債権の弁済を終えて清算事務が結了した場合、清算人は以下の事務を行います。

　㋐ 残余財産の引渡し及び処分（私学50の8①三・51）

　　学校法人の残余財産は、寄附行為の定めるところに従って、帰属先が定められ、処分方法が定まらなかった財産は国庫に帰属します（私学51①②）。

　　学校法人の寄附行為では、残余財産の帰属先は他の学校法人その他教育の事業を行う者に限定されますので（私学30③）、他の学校法人、地方公共団体、国等が帰属先になることが一般的です。

　　国庫帰属させる場合は、清算人は「残余財産国庫帰属申請書」を作成し、国に提出します。

　㋑ 清算結了の登記及び当該登記完了の届出（私学28、私学規13②）

　　登記については 6 を参照してください。

㋒　所轄庁に対する清算結了の届出（私学50の14）

　清算人は、所轄庁に対し、「残余財産の帰属した者が発行した受領証の写し」、「清算書」、「清算結了の登記事項証明書」等を添付した清算結了届を提出します。

(3)　指導要録の引継ぎ

　指導要録とは、生徒等の学籍並びに指導の過程及び結果の要約を記録し、その後の指導及び外部に対する証明等に役立たせるための原簿となるものをいい、学校長はこれを作成しなければなりません（学教規24①）。一般的には、学籍簿とも呼ばれており、当該学校の卒業生に対し、卒業の事実や成績に関する証明書を発行するときなどの原簿となるものです。

　指導要録の保存期間は20年と定められており（学教規28②ただし書）、保存期間中に学校を廃止する際には、所轄庁（都道府県及び文部科学省）に対し、指導要録の引継ぎを行う必要があります（学教令31）。

　例えば、2013年に解散命令を受けて解散した群馬県の学校法人の事案では、大学については文部科学省が、専門学校及び幼稚園については県が学籍簿を引き継いでいます。

4　破産手続

(1)　学校法人の破産手続

学校法人の公益性に鑑み、私立学校法はいくつか破産法の特例を定めています。

(2)　職権による破産手続の開始

　破産法では、破産手続の開始は申立権者（債権者、債務者、理事等）による申立てに対する裁判所の決定という形でなされ（破産30①）、申立てがないのに裁判所が職権で手続を開始することはできません。これに対し、私立学校法では、学校法人が債務超過である場合には、理事又は債権者の申立てによるほか、裁判所が職権で破産手続を開始することができます（私学50の2①）。これは、学校法人の事業の公益性に鑑み、速やかに破産手続を行い、財産を保全できるようにしたものと考えられています。

(3) 理事による破産手続開始の申立て

破産法では、法人の破産申立権者として、債権者又は債務者たる法人のほか、理事や取締役が定められています（いわゆる準自己破産）（破産19①）。法人の理事が単独で申し立てることもできますが、理事全員による場合を除き、破産手続開始の原因となる事実を疎明しなければなりません（破産19③）。

学校法人でも、支払不能を原因とする場合には同じですが、債務超過の場合には、私立学校法50条の2第1項が破産法の特例となるため、理事が単独で申し立てる場合でも破産開始原因事実の疎明は必要ないと考えられています。

(4) 清算人による解散の届出

学校法人は、破産手続開始決定により解散し、清算法人となります。この場合も、その他の原因により解散した場合と同様、清算人が選任され、破産管財人の職務以外の事項について清算法人を代表することとなります。ただし、他の原因による解散の場合と異なり、理事が清算人となることはできませんので（私学50の4本文）、寄附行為の定めに従って、定めがなければ裁判所により清算人が選任されます（私学50の5）。

清算人は、所轄庁に対し、破産により解散した旨の届出を行わなければなりません（私学50④）。

5 学校法人における会計・税務

(1) 事業年度

基本的には株式会社の通常清算と同様になりますが、学校法人の清算中の事業年度は、株式会社の通常清算が解散の翌日から1年ごととなるのに対し、学校法人の場合は私立学校法48条で定められた事業年度を用いることとなります（法税13①）。第3章第1 5 (1)◆清算中の事業年度・残余財産確定事業年度をご参照ください。

(2) 法人の解散・清算と会計

基本的な手続については、株式会社の通常清算手続における会計の取扱いが参考となりますので、第3章第1 5 をご参照ください。

(3) 法人の解散・清算と税務

収益事業から生じた所得に対してのみ課税されます。基本的な手続については、株式会社の通常清算手続における税務の取扱いが参考となりますので、第3章第1⑤をご参照ください。

6 学校法人における登記

(1) 学校法人の解散・清算人の登記

学校法人が解散した場合は、合併、破産手続開始の決定による解散の場合を除いて、2週間以内にその主たる事務所の所在地において、解散の登記をしなければなりません（組登令7）。このとき、清算人に就任した者が、その就任の日から2週間以内に清算人の就任の登記をすることになります（組登令3）。

なお、学校法人の解散事由により、所轄庁の認可や認定が要件とされている場合には、解散登記の申請に認可書や認定書の添付が必要です（組登令19・25、商登19）。

以下は、理事の3分の2以上の同意及び寄附行為でさらに評議員会の議決を要するものと定められている場合に評議員会の議決により解散したときの登記記録例です。

＜登記記録例＞

役員に関する事項	○○市○○町○丁目○番○号 清算人　○○○○	平成○年○月○日就任 平成○年○月○日登記
解　散	平成○年○月○日理事3分の2以上の同意及び評議員会の議決により解散	平成○年○月○日登記

清算人の登記をしたときは、理事の登記に抹消する記号が記録されます（各種法登規5、商登規72）。

以下は、目的たる事業の成功の不能により解散した場合の登記記録例です。

＜登記記録例＞

解　散	平成○年○月○日目的たる事業の成功の不能による解散 平成○年○月○日登記

(2) 学校法人の清算結了の登記

　学校法人の清算が結了した場合には、清算結了の日から、主たる事務所の所在地においては2週間以内に、従たる事務所の所在地においては3週間以内に、清算結了の登記をしなければなりません（組登令10・13）。

　なお、清算結了の登記記録例は、株式会社の清算結了の登記記録例と同じです（第3章第1⑥参照）。

第 4 章

業種別の注意点

第1 建設業

1 業 態

(1) 業 種

　建設業は、その業種は非常に多岐にわたりますが、建設業法では、27の専門工事業種に分類されており、軽微な建設工事のみを請け負うことを営業とする場合を除いて、2種類の総合的な工事業（土木一式工事業、建築一式工事業）と27種類の専門工事業種（大工工事、左官工事、解体工事等、本項末尾の 29業種一覧 参照）の合計29種類の工事業種ごとに、国土交通大臣又は都道府県知事の許可を受けなければ、当該工事業を行うことはできません（建設3・別表1）。これらの許認可の詳細については、 3 をご確認ください。

(2) 業態・組織形態

◆はじめに

　建設業の業態ないし組織形態としては、法人の場合には株式会社が多いものの、いわゆる一人親方を含め、個人事業主も非常に多く、法人といっても個人事業主が法人成りしたケースも非常に多いです。

　株式会社以外の組織形態としては、合同会社（LLC）もしばしば用いられています。合同会社の場合の注意点については、第3章第4をご参照ください。

　また、建設業では、複数の異なる事業者が共同して建設工事等を受注することもしばしばあり、その場合には、民法上の組合にあたる共同企業体（JV）や、有限責任事業組合契約に関する法律に基づく有限責任事業組合（LLP）が用いられていることがあります。

◆共同企業体（JV）

　共同企業体（ジョイント・ベンチャー、JV）とは、複数の建設企業が、1つの建設工事を受注、施工することを目的として形成する事業組織体です。

　その種類としては、特定建設工事共同企業体（特定JV）、経常建設共同企業体（経常

JV)、地域維持型建設共同企業体（地域維持型JV）があります。

なお、ジョイント・ベンチャー（JV）は、建設業にかかわらず、広く、複数の企業がある事業・プロジェクトのために組成する組織体一般のことを指す場合もありますが、本書でいう、ジョイント・ベンチャーは前記意味となりますのでご注意ください。

共同企業体は法的には民法上の組合（民667以下）と解されており、共同企業体間の取決めについては、共同企業体協定書を締結し、同書で規定されるのが一般的です。

◆有限責任事業組合（LLP）

有限責任事業組合（LLP）は、企業の連携（ベンチャーや中小企業と大企業の共同研究開発等）を促進し、共同事業を振興し、新産業を創造する目的で、民法上の組合の特例として定められた有限責任事業組合契約に関する法律（以下、本項において「有限責任事業組合契約法」といいます。）に基づく組織形態です。

民法上の組合と異なり、①構成員全員が有限責任で、②収益や権限の分配を自由に定めることができる等内部自治が徹底し、③構成員課税の適用を受けるという特徴があります。

2　多く見られる契約類型

(1)　請負契約

建設業で最も多い契約類型は請負契約です。

請負契約とは、請負人が注文者から仕事を受注し、その仕事を完成させることを約束し、注文者は請負人の仕事の結果に対して報酬（請負代金）を支払うことを約束するという契約です（民632）。請負代金を支払ってもらうためには、請け負った仕事を完成させることが条件となります。

請負契約は、雇用契約や委任契約と似ていますが、次の点が異なります。

まず、請負契約と委任契約は、請負人・受任者が行うべき仕事（請け負った仕事、受任した仕事）が注文者・委任者との関係で、独立的であり裁量的である点で共通します。もっとも請負では、請け負った仕事を完成させること、つまり結果保証が契約の内容となっていますが、委任契約では、受任者は最善を尽くせばよく、結果保証は

契約の内容となっていません（仕事を完成させられなくても報酬が発生します。）。

次に、請負契約と雇用契約は、請負契約における請負人の仕事が注文者との関係で独立的・裁量的であるのに対し、雇用契約における労働者の仕事は使用者（雇い主）との関係で従属的で裁量が乏しく、使用者の指図・命令に従って仕事をする点で異なります（いずれも、結果保証が契約の内容となっていないことは共通しています。）。

もっとも、これらの契約の境目は曖昧なところもあり、実際にどの契約に該当するのか判断が難しいことも少なくありません。その契約が実質的にどの契約に当たるのかは、契約書のタイトル・表題で決まるのではなく、契約内容を実質的に見て判断することになりますが、特に建設業においては、請負契約なのか雇用契約なのかの判断が微妙なケースが少なくありません。この問題については、4(2)をご参照ください。

(2) 業務委託契約

前記(1)で述べたとおり、ある契約がどのような契約類型に該当するのか（例えば、請負契約なのか、委任契約なのか、雇用契約なのか）は、契約書のタイトル・表題にどう書いてあるかといった形式的な基準では決まらず、その契約の内容がどうなっているのか、契約書に必ずしも記載されていない実際の運用等も含めて、実質的に判断されることになります。

この点、問題になり得るのが、「業務委託契約書」というタイトル・表題の契約書です。

「業務委託契約書」は、建設業以外でも広く使われていますが、民法では、「業務委託契約」という契約類型は規定されておらず、当該「業務委託契約」の内容について、受託者の行うこととされている仕事内容、委託者と受託者の関係（受託者が委託者との関係で独立的・裁量的に仕事ができるのか、従属的で裁量性が乏しいのか）、報酬の発生基準（仕事の完成が条件となっているか（結果保証が定められているか））、債務不履行の定め（どのような場合に受託者は債務不履行責任を問われるか）等がどうなっているかを見て判断されることになります。

もっとも、実際の契約が、請負契約、委任契約、雇用契約といった民法に規定されている契約（これを典型契約といいます。）のどれにも該当しない場合や複数の契約類型の要素が組み合わさっている契約（これら民法に規定のない契約を非典型契約といいます。）も少なからずあります。そのような場合には、契約書の文言の解釈には慎重な判断が必要となります。

建設業においては、請負契約か雇用契約かの判断が難しいケース（請負契約の体裁を取っているが、雇用契約であり、請負人を労働者と見るべきケース）も少なからずあります。いわゆる一人親方において、これに該当することが多いですが、請負人ではなく、労働者であるとなると、労働法の各規制を受けることになりますので、注意が必要です。これについては、4(2)もご参照ください。

(3) 債権譲渡契約

あまり多くありませんが、担保目的で債権（請負代金、売掛金）が譲渡されていることがあります。

建設業者の請負代金については、債権譲渡を禁止する旨の特約、いわゆる譲渡禁止特約が付されていることが一般的ですが、担保目的で債権が譲渡されている場合があります。

債権譲渡においては、債権の譲受人が債務者に対し自分が債権を譲り受けたことを主張するために必要な債務者対抗要件と、債権が二重、三重に譲渡された場合（債権の譲受人が複数登場した場合）に、譲受人間の優劣を決めるための第三者対抗要件とがあります。債権の譲受人として債務者に支払を請求する場合、債務者として請求を受けて支払う場合、いずれであっても、これらの対抗要件について注意が必要です。

3 許認可等

(1) 29業種の許可

1(1)で述べたとおり、建設業を営むためには、後記の軽微な建設工事のみを請け負うことを営業とする場合を除いて、建設業法に定められている29業種（本項末尾 29業種一覧 参照）ごとに、国土交通大臣又は都道府県知事の許可を受けなければ、当該業種を行うことはできません（建設3①・別表1、建設令1の2）。土木一式工事及び建築一式工事のみの許可を受けた者が、他の専門工事（軽微な建設工事は除きます。）を請け負う場合は、当該専門工事業の許可が必要となります（建設3②）。

また、1都道府県にだけ営業所を設けて営業しようとする場合には都道府県知事の、

2以上の都道府県に営業所を設けて営業しようとする場合には国土交通大臣の許可が必要となります（建設3①）。

許可を受けずにできる軽微な工事は以下のとおりです（建設令1の2）。

① 「建築工事一式」で後記のいずれか
　㋐ 1件の請負代金額が1,500万円未満の工事
　㋑ 請負代金額にかかわらず、木造住宅工事で延べ面積が150平方メートル未満の木造住宅工事
② 「建築工事一式」以外の建設工事で1件の請負代金額が500万円未満の工事

実際には、①に該当するケースはほとんどないため、無許可営業が問題となることが多いのは②のケースです。

なお、建設業許可の有効期間は5年となっているため、5年ごとに更新を受けなければ許可は失効してしまいますので、当該業種の事業を継続する限りは更新が必要です（建設3③）。

(2) 一般建設業・特定建設業

前記29業種ごとの許可とは別に、軽微な建設工事のみを請け負うことを営業とする場合を除き、一般建設業許可又は特定建設業許可のいずれかが必要です（建設3⑥）。

すなわち、注文者から直接請け負う1件の建設工事につき、その全部又は一部を4,000万円以上（建築工事業の場合には6,000万円以上）となる下請契約を締結して施工する場合には特定建設業許可、それ以外の場合には一般建設業許可が必要です（建設令2）。

なお、特定建設業許可を受けるためには、一般建設業の基準に加えて以下の要件を満たす必要があります（建設15、平13・4・3国総建99）。

① 申請を受けようとする建設業種関連の1級相当の技術力を有すること
② 申請を受けようとする直前の決算期における財務内容が次の全てに該当すること
　㋐ 欠損の額が資本金の20％を超えていないこと
　㋑ 流動比率が75％以上であること
　㋒ 資本金の額が2,000万円以上であり、かつ、自己資本の額が4,000万円以上であること

4 注意点

(1) 元請業者との関係 ■■■■■■■■■■■■■■■■■■■■■■■

　請け負った工事を完了したにもかかわらず請負代金の支払を受けられていない場合は、早急に支払ってもらう必要があります。

　建設業者については、下請法の適用はありませんが、下請代金の支払について建設業法が適用されます。

　元請業者との関係では、元請業者は、注文者から出来高払又は完成払を受けたときは、その支払の対象となった工事を施工した下請業者に対し、当該支払を受けた日から1か月以内で、かつ、できる限り短い期間内に下請代金を支払わなければなりません（建設24の3①）。

　また、元請業者からは、工事の検査が完了できていないという主張がされることもありますが、元請業者は、下請業者から建設工事が完成した旨の通知を受けたときは、当該通知を受けた日から20日以内で、かつ、できる限り短い期間内にその完成を確認するための検査を完了しなければなりません（建設24の4①）。

　したがって、これら建設業法の規定を基に請負代金の早期の回収を図ることになります。

　さらに、自社の注文者も下請業者である場合、その元請業者に対し、下請代金の支払を依頼することも検討します。

　この点、①元請業者が特定建設業者である場合、②下請業者においてその従業員の給料に未払がある場合、又は③孫請以下の業者で請負代金の支払を受けられていない業者がある場合に、国土交通大臣又は都道府県知事は、元請業者に対し未払給料や下請代金の支払を勧告することができるとされています（建設41②③）。あくまで行政による勧告であり、支払を強制したり、義務付けるものではありませんが、事実上少なからず大きな影響力を有していますので、元請業者へ請負代金の支払を依頼し、必要に応じて国土交通大臣又は都道府県知事に対し元請業者に対する支払の勧告を求めることも検討します。

　また、当事者間での解決が難しい場合には、裁判上の手続（民事調停、民事訴訟）だけでなく、国土交通省及び各都道府県に設置されている建設工事紛争審査会（建設25）を利用することも考えられます。同審査会は、建設工事の請負契約に係る紛争について迅速かつ簡便な解決を図ることを目的として建設業法に基づき設置された公的機関

であり、審査会委員は、建設工事に関する技術・法律の専門家として、弁護士、一級建築士等が選任されて公正・中立な立場で紛争の解決に当たります。手続の種類は、あっせん、調停及び仲裁があり（建設25の11・25の18）、あっせんは1・2回、調停は3～5回程度の審理回数が予定されており、裁判上の手続よりも短期間での解決を図ることが可能です（仲裁では必要な回数審理が行われますので相当期間を要することが多いです。）。

(2) 下請業者との関係

　自社が下請業者と請負契約を締結している場合には、(1)とは逆の立場となりますが、建設業法に違反しないよう、適切に下請代金を支払う必要があります。

　廃業する場合であっても、将来、同種又は異種の建設業許可を取得しようとする場合、過去の実績が考慮されますので、行政による勧告を受けるような事態は避けるべきですし、勧告を受けた場合には速やかに対応する必要があります。

　下請業者との関係で問題となるのは、当該業者との契約が請負契約なのか雇用契約なのか、すなわち、当該業者の「労働者」該当性です。

　一般的に、労働契約法及び労働基準法に定める労働者とは、使用者の指揮命令下で使用され、労働の対価として賃金の支払を受ける者とされています。

　具体的には、使用者と使用従属関係にある者として、①仕事の依頼への諾否の自由、②業務遂行上の指揮監督、③時間的・場所的拘束性、④代替性、⑤報酬の算定・支払方法を主要な判断要素とし、⑥機械・器具の負担、報酬の額等に現れた事業者性、⑦専属性等を補充的な判断要素とされます。

　したがって、下請業者についてこれらの要素で判断し、使用従属関係が認められる場合には当該業者を「労働者」として取り扱うことが必要です。

(3) 環境問題

　環境問題については、年々コンプライアンス意識が高まっているところです。建設業との関係では、特に、廃棄物処理・不法投棄（廃棄物処理法）と建築資材等のリサイクル（建設リサイクル法）について留意が必要です。

　まず、産業廃棄物について、廃棄物処理法に則った処理を行う必要があることは当然ですが、無許可業者に委託していた場合には、委託した側も3年以下の懲役又は300万円以下の罰金刑が定められています（廃棄物26）。

無許可業者に委託し、無許可業者が、また、その全部又は一部を無許可業者に再委託しているようなこともありますが、このような例で実際に、委託者、無許可業者、再委託先の全てで複数の逮捕者が出たというケースもあります。このケースでは著名な大学であったこともあり、大きく報道されるに至ってしまっており、レピュテーションリスクの観点からも留意が必要です。

また、廃棄物処理法では、委託した業者が不法投棄を行った場合、排出者責任が原則とされており（廃棄物3①）、適法に許可を取得した業者に委託し、委託者の側では何の落ち度がなくとも、不法投棄が行われれば、自社の費用でこれを除去しなければなりません（除去しなければ、措置命令（廃棄物19の5・19の6）の対象となります。）。

したがって、委託業者の選定にも留意が必要です。

建築資材等のリサイクルについても、再資源化実施義務（建設リサイクル16）の対象となる場合には届出等諸手続が必要となりますので留意が必要です。

(4) 瑕疵担保責任

これまでは請負契約の瑕疵担保責任は売買契約の同責任と異なっていました。

具体的には、行使期間は仕事の目的物を引き渡した時から1年以内であり（改正前民637①）、建物の工作物又は地盤の瑕疵については5年間、さらに、石造、土造、れんが造、コンクリート造、金属造その他これらに類する構造の工作物については10年間でした（改正前民638）。

もっとも、2020年4月施行の改正民法においては、これらの規定は削除され、売買契約における担保責任と同じく、引渡し後、契約の内容に不適合であることを知った時から1年以内に通知しなければ失権することとなりました（改正後民637）。

瑕疵担保責任については、契約書等別途当事者間で定めをすることで、民法上の規定から変更することができます。排除することも可能ですが、請負人が、知りながら注文者に告げなかった事実については、当事者間の定めでもって瑕疵担保責任を免れることができません（改正前民640、民559、改正後民572）（この規定は、いわゆる強行規定であり、当事者間の合意で排除することができません。）。

したがって、廃業後であっても、瑕疵担保責任を問われ、損害賠償責任を負う可能性があることに注意が必要です。

(5) 元役員の責任（会社法上の役員責任その他）

会社法上、役員にはその任務懈怠について、第三者に対する損害賠償責任が課され

ています。すなわち、役員がその職務を行うについて悪意又は重大な過失があったときには、当該役員は、これによって第三者に生じた損害を賠償する責任を負うとされています（会社429①）。これは、役員の職責に鑑みて、民法上の不法行為責任（民709）とは別の特別の責任（法定責任）であると解されています。

あくまで、任務懈怠であることについて、悪意（＝知っている）、又は重大な過失がある（＝少しの注意を払えば気づくことができた）場合に認められる責任ですが、建設業法、廃棄物処理法等の法令違反行為があり、法令違反を認識し、又は少しの注意を払えば気付くことができた場合で、第三者（直接の取引関係がある場合に限りません。）に損害が生じた場合には、会社廃業後も元役員として損害賠償責任を負いますので注意が必要です（むしろ、会社が廃業しているからこそ、元役員の損害賠償責任が追及されることにつながりやすいといえます。）。

(6) 共同企業体（JV）における注意点

共同企業体協定書では、通常、解散は脱退事由になっており、他の構成員の同意・承諾なくとも、共同企業体を脱退することになります。

もっとも、共同企業体として工事途中の場合は、残存した構成員において工事を完成させる義務を負うことになりますので、廃業に当たっては他の構成員に迷惑をかけることのないように調整等が必要です。また、脱退によって、利益の配当は受けられませんが、決算時に出資の返還が行われますので、返還予定の出資額及び返還時期について確認しておくことが必要です。

なお、年間を通じて結成される経常JVや地域維持型JVにおいて、競争参加資格を得た後、工事の指名通知を受ける前に構成員の一部が脱退した場合、当該共同企業体の競争参加資格が依然有効かについては議論があり、これらのJVのランクや格付けに当たっては、全構成員の完成工事高を合算する等して点数計算していることからすると、競争参加資格は消滅したものとされる可能性があります。その場合、残存した構成員又は新たに加入した構成員で構成されたJVで再度申請し直す必要があります。残存構成員にこのような影響が出る可能性もありますので留意が必要です。

(7) 有限責任事業組合（LLP）における注意点

有限責任事業組合契約法においては、会社の解散は、法定脱退事由（有限責任事業組合契約法26各号）には該当せず、任意脱退として、やむを得ない場合でなければ脱退でき

ないのが原則ですが（有限責任事業組合契約法25）、組合契約において解散を脱退事由として規定していることが一般的です。

脱退によって、組合契約に基づいて出資持分の返還を受けることになりますが、その金額・時期について確認しておく必要があります。

また、組合員が2名だった場合、脱退によって、残存する組合員が1名となりますが、組合員が1名となることは、当該組合の解散事由となっています（有限責任事業組合契約法37二）。したがって、この場合には、当該組合及び残存組合員に迷惑を掛けることのないよう、事前に協議等が必要です。

(8) 廃業届

廃業した場合には、30日以内に廃業届を提出する必要があります（建設12）。

廃業届の提出先は、一般建設業については、主たる営業所の所在地を管轄する都道府県の建設業担当課です。また、特定建設業についても、主たる営業所の所在地を管轄する都道府県経由で国土交通省の地方支分部局である各地方整備局（関東地方整備局、近畿地方整備局等）に提出することになりますので、廃業届の提出先としては、同じく主たる営業所の所在地を管轄する都道府県の建設業担当課となります。

29業種一覧

工事業種	工事内容
① 土木一式工事	総合的な企画、指導、調整のもとに土木工作物を建設する工事（補修、改造又は解体する工事を含みます。以下同じ。）
② 建築一式工事	総合的な企画、指導、調整のもとに建築物を建設する工事
③ 大工工事	木材の加工や取付けにより工作物を築造する工事や、工作物に木製設備を取り付ける工事
④ 左官工事	工作物に壁土、モルタル、漆くい、プラスター、繊維等をこて塗り、吹付け、はり付ける工事
⑤ とび・土木・コンクリート工事	・足場の組立て、機械器具・建設資材等の重量物のクレーン等による運搬配置、鉄骨等の組立て等を行う工事 ・くい打ち、くい抜き、場所打ぐいを行う工事 ・土砂等の掘削、盛上げ、締固め等を行う工事

		・コンクリートにより工作物を築造する工事 ・その他基礎的ないしは準備的工事
⑥	石工事	石材（石材に類似のコンクリートブロック及び擬石を含みます。）の加工又は積方により工作物を築造する工事、工作物に石材を取り付ける工事
⑦	屋根工事	瓦、スレート、金属薄板等により屋根をふく工事
⑧	電気工事	発電設備、変電設備、送配電設備、構内電気設備等を設置する工事
⑨	管工事	冷暖房、冷凍冷蔵、空気調和、給排水、衛生等のための設備を設置する工事、金属製等の管を使用して水、油、ガス、水蒸気等を送配するための設備を設置する工事
⑩	タイル・れんが・ブロック工事	れんが・コンクリートブロック等により工作物を築造する工事、工作物にれんが、コンクリートブロックタイル等を取り付け、貼り付ける工事
⑪	鋼構造物工事	形鋼、鋼板等の鋼材の加工や組立てにより工作物を築造する工事
⑫	鉄筋工事	棒鋼等の鋼材を加工し、接合し、組み立てる工事
⑬	舗装工事	道路等の地盤面をアスファルト、コンクリート、砂、砂利、砕石等により舗装する工事
⑭	しゅんせつ工事	河川、港湾等の水底をしゅんせつする工事
⑮	板金工事	金属薄板等を加工して工作物に取り付ける工事、工作物に金属製等の付属物を取り付ける工事
⑯	ガラス工事	工作物にガラスを加工して取り付ける工事
⑰	塗装工事	塗料、塗材等を工作物に吹き付け、塗り付け、貼り付ける工事
⑱	防水工事	アスファルト、モルタル、シーリング材等によって防水を行う工事
⑲	内装仕上工事	木材、石膏ボード、吸音板、壁紙、たたみ、ビニール床タイル、カーペット、ふすま等を用いて建築物の内装仕上げを行う工事
⑳	機械器具設置工事	機械器具の組立て等により工作物を建設する工事、工作物に機械器具を取り付ける工事
㉑	熱絶縁工事	工作物又は工作物の設備を熱絶縁する工事

㉒	電気通信工事	有線電気通信設備、無線電気通信設備、ネットワーク設備、情報設備、放送機械設備等の電気通信設備を設置する工事
㉓	造園工事	整地、樹木の植栽、景石のすえ付け等により庭園、公園、緑地等の苑地を築造し、道路、建築物の屋上等を緑化し、植生を復元する工事
㉔	さく井工事	さく井機械等を用いてさく孔、さく井を行う工事、これらの工事に伴う揚水設備設置等を行う工事
㉕	建具工事	工作物に木製又は金属製の建具等を取り付ける工事
㉖	水道施設工事	上水道、工業用水道等のための取水、浄水、配水等の施設を築造する工事、公共下水道若しくは流域下水道の処理設備を設置する工事
㉗	消防施設工事	火災警報設備、消火設備、避難設備若しくは消火活動に必要な設備を設置する工事、又は、それらを工作物に取り付ける工事
㉘	清掃施設工事	し尿処理施設又はごみ処理施設を設置する工事
㉙	解体工事	工作物の解体を行う工事

(建設別表1、昭47・3・8建告350)

第2 不動産業

1 業態

　不動産業には、日本標準産業分類（総務省・平成25年［2013年］10月改定）によると、主として不動産の売買、交換、賃貸、管理又は不動産の売買、貸借、交換の代理若しくは仲介を行う事業が分類されており、具体的には不動産販売業、不動産賃貸業、不動産管理業、不動産仲介業・代理業などがあります。

◆不動産販売業

　不動産販売業は、土地や建物を売買する事業です。戸建住宅やマンション、オフィスビル、商業施設等を企画し、建設業者に委託して建設し、これを販売、分譲する事業（いわゆるデベロッパー）も含まれます。

◆不動産賃貸業

　事務所、店舗その他の営業所や住宅（戸建住宅やマンション、アパート等）、土地、駐車場等の賃貸を行う事業です。

◆不動産管理業

　主としてビル、マンション等の所有者や管理組合等から委託を受けて、経営業務あるいは保全業務等不動産の管理を行う事業です。不動産投資信託業者（REIT業者）から依頼を受けて、投資対象物件の建物の管理や賃貸管理、依頼元のREITのアセット・マネージャー（AM）や投資家に対する各種報告書の作成等の各種業務を行う管理業者は「プロパティー・マネージャー」（PM）などと呼ばれることがあります。

◆不動産仲介業・代理業

　土地や建物の不動産の売買、貸借、交換の代理又は仲介を行う事業です。
　このように、不動産業には様々な業種が含まれます。そのため、以下では、これらの業種に共通して問題となりうる点や、代表的な問題点等を説明します。

2 多く見られる契約類型

(1) 不動産の売買契約

　一口に売買契約といっても、開発や分譲、賃貸等の用に供するための事業用不動産を取得する場合や、造成・開発した販売用不動産を販売する場合など、不動産業者は様々な土地や戸建住宅、マンション、商業ビル、区分所有建物（マンション等）などの不動産の売買契約を日常的に行っています。不動産業の性質上、不動産業者が買主の場合も売主の場合も当然にありえます。

　不動産の売買契約には、不動産の譲渡と代金の支払という主たる権利義務以外にも、マンションや住宅の定期検査や補修等のアフターサービスなどの権利義務が設定されていることも多く、手付契約などの付随する契約が締結されていることもあります。例えば、マンション等の分譲契約に関しては、購入者との区分所有建物の売買契約に先立ち、顧客に当該区画の優先的な購入権を付与することを目的として、手付金相当額の預託金を授受している場合があります（売買契約の締結時に当然に手付金に充当することが予定されているが、手付金そのものではなく、申込証拠金としての性質を有すると解されます。）。売買契約の締結後、マンション分譲開始前に清算を行う場合や、前記のような預託金の受領後に清算を行う場合など、これらの売買契約や預託金の処理をいかに行うかも問題となります。

(2) 不動産開発（土地造成、建物建設等）の請負契約

　不動産販売業者や不動産賃貸業者は、大規模な都市の再開発や大型商業施設、大規模マンションの開発から、中小規模のマンションやアパート、戸建住宅まで、様々な不動産の開発を行っています。これらに伴い必要となる土地の造成や建物の建設は、不動産建設業者（ゼネコン）に委託して行われるため、不動産業においては、請負契約もよく見られる契約類型の一つといえます。

(3) 共同事業契約

　建設業において、建設企業が単独で受注及び施工を行う通常の場合とは異なり、複数の建設企業が、一つの建設工事を受注、施工することを目的として形成する事業組織体として、共同事業体（ジョイント・ベンチャー、JV）が広く活用されています。

これと同様に、大規模開発や大型のマンションの開発などにおいて、単体企業で行うことによる各種のリスクを適切に分散するとともに、不動産の開発等に伴う様々な業務を分担し、相互に機能を補完し合うことで、当該開発等の成功の確度を上げるための方策として、一定の不動産の開発、分譲等を行うことを目的として共同事業体を組成する共同事業契約が利用されることがあります。

共同事業体の法的性質は、当事者間の契約内容にもよりますが、基本的には民法上の組合の一種と解される場合が多いと考えられますので、その清算に当たっては、基本的に、民法の組合に関する規定を適用して各種の法律問題を処理していくことになります。通常清算を行う場合、共同事業体を解消する必要がありますので、共同事業体を組成する当事者間の債権債務等（共同事業による売上や費用の分配、共同事業体として取得した資産の処分等）について、共同事業契約及び民法の組合に関する規定に基づき清算を行っていくことになります。

（4） 不動産の賃貸借契約

不動産賃貸業者であれば、当然ながら、多数の事業用不動産についての賃貸借契約を締結していることが予想されます。土地及び建物を一体で賃貸している場合もあれば、建物所有目的で敷地を賃貸している場合もあるでしょう。

この他にも、不動産販売業者が開発する建物の敷地の一部やモデルルームの敷地を地主から賃借している場合や、自動車等の駐車場として月極で土地を賃貸している場合もあります。

通常清算を行う場合、不動産業者が賃貸人であれば、賃貸借契約を中途解約ないし合意解約するか、賃貸借契約は継続させたまま不動産を売却する等の対応が必要になりますが、賃貸借契約の解約は、事業用定期賃貸借契約を期間満了で終了させる場合など一定の場合を除き、賃貸人が即時かつ一方的にできるわけではありません。敷金ないし保証金が授受されていれば、当該敷金ないし保証金の処理も必要となります。

逆に、不動産業者が賃借人であれば、賃貸借契約を中途解約ないし合意解約して、明渡し及び原状回復を行う必要があります。この場合も、中途解約の申入れについては一定期間前に行う必要があるものとされている場合が通常であり、即時かつ一方的な解約はできない場合が多いと考えられます。

したがって、通常清算を行うに当たっては、賃貸借契約をどのように処理するかについて、スケジュールを含めて十分検討の上、対応することが重要です。

以上の通常清算の場合に対し、破産による清算を行う場合には、賃貸借契約を双方

未履行の双務契約として解除することができるかや、敷金ないし保証金、明渡費用請求権、原状回復費用請求権の破産手続における性質（破産債権か財団債権か）なども問題となります。

(5) 不動産の管理委託契約

不動産の管理委託契約は、不動産の点検や検査、修繕等に関する企画、実施等の建物・設備管理業務や清掃業務、管理員業務の他、賃貸不動産であれば賃借人の募集や契約の締結・更新、賃料の請求・受領等の賃貸管理業務、マンション管理業務であれば、管理組合の会計の収入及び支出の調定及び出納並びに専有部分を除くマンションの維持又は修繕に関する企画又は実施の調整（基幹業務）（マンション管理2六）などがその内容となります。

不動産管理業者であれば受託者として、不動産賃貸業者等であれば委託者として、不動産管理委託契約を締結していることが多いでしょう（もちろん、その逆もありえます。）。

不動産管理業者を通常清算する場合、不動産のオーナーやテナント、居住者等の委託者に迷惑が掛からないよう、委託者及び後継の管理業者への引継ぎを適切に行うことが必須といえます。

(6) 不動産の売買、賃貸、交換等の仲介契約、代理契約

不動産の売買や賃貸、交換等の契約に当たっては、不動産業者が当事者間の仲立ちをして契約成立に向けた業務を行う仲介契約（媒介契約）や当事者の代理人として契約を締結する代理契約が締結されている場合が多くあります。

不動産業者を通常清算する場合、委託者に迷惑が掛からないよう、委託者及び後継の仲介等業者への引継ぎを適切に行うことが非常に重要といえます。

3　許認可等

宅地建物取引業（業として行う宅地若しくは建物の売買若しくは交換又は宅地若しくは建物の売買、交換若しくは貸借の代理若しくは媒介をする行為）については宅地

建物取引業法に基づく免許（宅地建物3①）、マンション管理業については、国土交通省に備えるマンション管理業者登録簿への登録（マンション管理44①）を受けています。

4 注意点

(1) 廃業届

　宅地建物取引業者（宅地建物2三）、マンション管理業者（マンション管理2八）がその事業を廃止する場合には、事業廃止の日から30日以内にその旨を管轄行政庁に届け出る必要があります（宅地建物11①、マンション管理50①）。届出先は免許ないし登録の申請先に同じく、宅地建物取引業は国土交通大臣又は都道府県知事、マンション管理業者は国土交通大臣となります。

　この届出があると、それぞれの免許ないし登録は効力を失います（宅地建物11②、マンション管理50②）。

(2) 宅地建物取引業者の営業保証金又は弁済業務保証金分担金の取戻し

　宅地建物取引業を営む者は、宅地建物取引業免許を取得した日から3か月以内に、本店（主たる事務所）の最寄りの供託所へ営業保証金を供託し、供託を行った旨を国土交通大臣又は都道府県知事に届け出なければならず（宅地建物25①④⑥）、事業を廃止して免許が効力を失った場合には営業保証金の取戻しができます（宅地建物30①）。ただし、宅地建物取引業者と宅地建物取引業に関し取引をした者（宅地建物取引業者に該当する者を除きます。）に、当該取引に関して債権がある場合には、その債権者は営業保証金について弁済を受ける権利を有するため（宅地建物27①）、債権者保護のため公告などの手続が必要です。この手続の具体的内容は、宅地建物取引業者が宅地建物取引業保証協会（宅地建物64の2①四ロ）の会員である場合と、会員でない場合とで手続が異なります。

◆宅地建物取引業者が宅地建物取引業保証協会の会員である場合

　現在、宅地建物取引業保証協会（宅地建物64の2①）には「公益社団法人全国宅地建物取引業保証協会」と「公益社団法人不動産保証協会」とがあり、宅地建物取引業者が

宅地建物取引業保証協会の会員である場合、宅地建物取引業保証協会は、宅地建物取引業者の債権者に対する債務について、宅地建物取引業者が宅地建物取引業保証協会の会員でなかった場合に供託すべき額に相当する額の範囲で債権者に対して弁済します（弁済業務保証金制度（宅地建物64の8）。会員である宅地建物取引業者は、宅地建物取引業保証協会に対し、宅地建物取引業保証協会に加入しようとする日に弁済業務保証金分担金を納付しなければなりません。）。そのため、弁済業務保証金分担金の取戻しについても、宅地建物取引業保証協会において手続を実施する必要があります。詳しい手続は、加入している宅地建物取引業保証協会にご確認ください。

◆宅地建物取引業者が宅地建物取引業保証協会の会員でない場合

官報に営業保証金取戻公告を掲載し、その掲載翌日から6か月以内に、管轄行政庁に対して宅地建物取引に関する債権の申立てがない場合、供託している営業保証金の取戻しを受けることができます（宅地建物30）。詳しい手続は管轄行政庁にご確認ください。

(3) 契約の処理上の留意点

不動産業によく見られる契約は 2 で解説したとおりですが、不動産業者の廃業に当たり、これらの契約を終了させるに際しては、清算手続としてどの手続（通常清算、特別清算、破産等）を利用するかという点とも関連して、留意すべき点があります。

◆売買契約

締結済みの売買契約に関する状況等（どのような権利義務が設定されており、未履行のものはないか、付随する契約の有無とその履行の有無、不動産の開発・分譲等の場合には、ゼネコンや抵当権を有する金融機関等の売主と買主以外の関係者の利害がどのように関係しているかなど）を正確に分析し、不動産の引渡し等、売買契約上の債務の履行を完了させる、アフターサービスなど未履行の債務が残らざるを得ない場合は他の不動産業者に引継ぎを行うなどの対応により、不動産の売買契約を適切に処理、終了させる必要があります。ただ、そのためには相当の時間と費用を要する場合もあり（例えば、分譲対象のマンションの完成のために相当額の請負代金を要するなど）、これを捻出することが難しい場合には、破産等の法的清算手続の利用を検討せざるを得ないこととなります。

◆マンション等の分譲契約

　不動産販売業者がマンションや戸建住宅等の分譲契約（売買契約）を締結し、手付金を受領した後に破産した場合、売買契約は双方未履行の双務契約（破産53①）に該当することとなります。したがって、破産管財人が解除を選択すれば、購入者は、手付金の返還を請求することができますが（破産54②）、購入者が先に手付放棄を選択した場合、当然、購入者は手付金の返還を請求することはできなくなります。購入者はかなり多額の手付金を預け入れている場合も多く、また購入者が多数に上る場合も考えられますので、消費者保護の観点からも、分譲契約の処理については慎重に対応する必要があります。

◆請負契約

　請負契約の終了前に発注者又は請負人の通常清算を行う場合、開発を引き継ぐ不動産業者（デベロッパー）に引継ぎを行うか、前記の共同事業契約を締結している場合は共同事業者に引継ぎを行うなどして、開発に問題がないようにする必要があります。これに対し、後継の不動産業者への引継ぎ等が時間的、費用的な問題等で困難な場合は、破産等の法的手続の利用を検討せざるを得ません。その場合、請負契約の解除や出来高の査定、出来高相当額の請負代金の支払等、様々な法律問題が発生することになります。

　不動産業者が土地造成や建物建築の請負契約を発注後、その完成前に清算する場合、その時点における出来高に対応する請負代金の支払が問題となります。破産の場合は、当該請負契約は双方未履行の双務契約（破産53①）に該当することとなり、破産手続開始決定時点における既施工の出来高分に対応する請負代金債権は破産債権として扱われています。したがって、清算手続の開始時点における出来高の算定が早急に行われなければなりませんので、不動産業者の清算に当たっては、請負人に協力して早期に算定が可能となるよう準備しておくべきです。

　また、請負代金債権が未払のまま清算手続に入った場合、請負人であるゼネコン等が土地及び建物について商事留置権を行使できるかが問題となりますが、近時、不動産は商法521条の「物」に当たるとして不動産に対する商事留置権の成立を認めた最高裁判例が出ており（最判平29・12・14判時2368・30）、この点に関する争いは決着を見ています。したがって、請負代金が未払のまま清算手続に入った場合、請負人に不動産を留置されることが予想されます。さらに、開発資金を金融機関から借り入れ、土地に抵当権を設定している場合には、抵当権者及び商事留置権者との調整という問題も生じます。

このように、請負契約を発注後、完成前、あるいは請負代金の支払前に清算を行う場合、非常に複雑な法律関係を生じますので、まずは請負契約を引き継いで開発を行う不動産業者の手配をすることが非常に重要となりますが、どうしてもこれが難しい場合には、清算手続をとるタイミング及びその後の処理について慎重に判断、対応する必要があります。

◆アフターサービス契約等

　不動産の分譲契約においては、1年間の無料点検や補修等のサービス（アフターサービス）が契約されている場合があります。また、新築住宅の売買の場合、売主は、住宅の引渡しから10年間、建物の基礎や壁、屋根等の構造耐力上主要な部分等について瑕疵担保責任を負います（住宅品質95①）。したがって、売主である不動産業者を清算する場合は、買主の保護のため、アフターサービスや瑕疵担保責任の履行義務を承継できる先を選定するようにすべきでしょう。売主である不動産業者が破産した場合、アフターサービスの履行請求権や瑕疵担保請求権は破産債権となってしまいます。

第3 製造業

1 業態

　製造業は、日本標準産業分類（総務省・平成25年［2013年］10月改定）によると、食料品製造業、飲料・たばこ・飼料製造業、繊維工業、パルプ・紙・紙加工品製造業、化学工業、プラスチック製品製造業、金属製品製造業、生産用機械器具製造業、業務用機械器具製造業、印刷・同関連業等大きく分けて23の中分類に分類され、さらに、その他の製造業として10の小分類に分類される等、その業種は非常に多岐にわたります。

　製造業に多く共通することとしては、多額の設備投資を要し、投下資本回収に少なからず時間がかかり、設備を長期間利用することが多いこと、製造サイクルによっては原材料及び製品・半製品（仕掛品）の在庫を有すること、製造に当たり少なからず不可避的に環境へ負荷がかかること等が挙げられます。

　以下では、製造業に共通して多く見られる契約類型、許認可、注意点について解説します。

2 多く見られる契約類型

(1) 製造委託契約

　製造業で多く見られる契約類型の1つに製造委託契約があります。

　製造委託契約は、委託者が受託者である製造業者に対し物品の製造を委託する契約です。

　製造委託契約には、大きく分けると、委託者が受託者に原材料を提供し、受託者がこれを製造ないし加工する委託製造（加工）契約と、受託者が自ら原材料を調達して製造ないし加工する製造物供給契約とがあります。前者は、製造・加工という仕事の完成を目的とする請負契約の一類型です。後者は、製造・加工の点は請負契約の性質を有し、製造・加工後の完成品を供給する点は売買契約の性質を有するため、請負と

売買の混合契約と解されています。

　いずれにせよ、製造・加工については、請負契約ですので、完成させなければ報酬は発生しません（民632）。

　また、製造物供給契約においては、完成品を供給する点は売買契約の性質を有していますので、納品・検品、完成品の所有権や危険負担の移転時期、瑕疵担保責任について定められていることが通常ですし、委託加工契約においても、やはり、加工品の引渡しを要するため、同様にこれらの定めがあることが通常です。

(2) OEM契約／ODM契約

　OEM（Original Equipment Manufacturing）契約とは、製造委託契約の一種で、受託者が製造した製品に、委託者の商標、商号その他のブランド表示を付して供給する、相手先ブランド製品の供給契約の総称です。

　OEM契約ないしOEMという用語に明確な定義はなく、必ずしも一義的には使用されていません。例えば、委託者が受託者に製品の仕様等を開示し、原材料から生産設備まで受託者に提供等するような委託者の技術的貢献が大きいケースから、委託者は受託者に、いわば丸投げに近い状態で製造を委託し、特段の技術的貢献をせず、受託者の技術等によって製造された製品に委託者の商標等が付されるだけのケースまで、多種多様な取引態様が存在します。

　さらに最近では、OEM契約の進化的な一類型として、ODM（Original Design Manufacturing）契約と呼ばれる契約類型もあります。OEM契約では、一般的に受託者は委託者の既存のブランド製品の製造を受託するのに対し、ODM契約では、受託者は製造する製品の企画・設計・開発までを受託し、これらについて委託者に提案し、委託者と製品の仕様等をすり合わせた上で、製造するという類型です。

　ODM契約は、少品種・大量生産／販売から、多品種・少量生産／販売へと時代が変化する中で、主に中小企業が自社の価値を高めるべく、受動的ではなく、積極的・提案型の企業への進化を図るための1つの形態として注目を浴びるようになっています。

　OEM契約においては、(1)で解説した点以外に、委託者の商標等ブランド表示をすることから知的財産権の管理、在庫・仕掛品の管理、委託者から提供される営業秘密等情報の管理、製品トラブルに係るアフターケア等がより重要となります。ODM契約においては、これらに加え、さらに、委託者のブランドを新たに企画・提案するという側面もありますので、次の(3)で解説する共同開発契約同様に知的財産権の帰属等について、より詳細・明確に定められているのが通常です。

(3) 共同開発契約 ■■■■■■■■■■■■■■■■■■■■■■■■■■

　共同開発契約とは、自社単独開発に要する様々なコストを勘案して、双方がノウハウ・知見、設備等を持ち寄って、共同して新たな技術や製品等の開発を行うために締結する契約です。

　共同開発契約においては、目的を達成して開発された新たな技術・製品に係る知的財産権の帰属及びその実施方法、共同開発に係る諸々のコストの負担方法、お互いに提供する知見・ノウハウ等情報の管理方法等と共に、目的不達成等で共同開発契約が途中で解消となった場合の成果物についての帰属及び今後の利用方法、今後のお互いが得た相手方の情報の管理ないし処分方法等についても明確に定められていることが通常です。

　特に、契約関係が解消となった場合、その後、それぞれが、成果物等を利用して更に技術・製品開発することも多く、自社のノウハウ・技術等の流出の危険も大きいため、契約関係解消時の取決めについては、十分注意が必要となります。

3　許認可等

◆製造業で必要となる許認可等

　製造業で必要となる許認可の代表的なものは、以下のとおりです。
① 　酒類製造免許（税務署長）（酒税7①）
② 　食料品製造許可（都道府県知事）（食品衛生52①）
③ 　医薬品・医薬部外品・化粧品製造許可（厚生労働大臣）（医薬品医療機器等13①②）
④ 　毒物・劇物製造登録（厚生労働大臣（2020年4月1日からは都道府県知事））（毒物及び劇物取締法3①・4①）

　また、環境に係る届出等として、例えば以下のものがあります。環境に係る規制については条例で定められていることも多く、注意が必要です。
⑤ 　ばい煙発生施設の届出（都道府県知事）（大気汚染6①）
⑥ 　水質汚濁防止法上の特定施設の届出（都道府県知事）（水質汚濁5①）
⑦ 　騒音規制法上の特定施設の届出（市町村長）（騒音規制6①）
⑧ 　振動規制法上の特定施設の届出（市町村長）（振動規制6①）

4 注意点

(1) アフターサービス・部品供給の問題

　急に製造を中止して廃業するとなると、当該製品が最終製品の場合はそのユーザーや部品の場合はその供給先に対し迷惑を掛けることになりかねません。

　取引先との関係では、まず、契約書上、契約解除の予告期間等がどうなっているのかを確認してこれを遵守することは当然ですが、契約書上定めがない場合には、取引先に迷惑が掛からないよう、遅くとも3か月前には連絡をして、製品のアフターサービスの委託先や部品の代替供給先について協議し、これらを確保することが望ましいです。

　また、ユーザーとの関係では、自社のウェブサイト等で製造終了のお知らせと共に、今後のアフターサービスや修理方法等について告知をすることが望ましいです。

(2) 製造物責任

　製造物責任とは製造物、すなわち、製造又は加工された動産の欠陥によって他人の生命、身体、財産に発生した損害について製造・加工等した者（製造業者等）が責任を負うというものです（製造物3）。欠陥とは、当該製造物の特性、その通常予見される使用形態、その製造業者等が当該製造物を引き渡した時期その他の当該製造物に係る事情を考慮して、当該製造物が通常有すべき安全性を欠いていることをいうとされています（製造物2②）。

　また、製造業者等には、実際に製造・加工した者と共に、自ら製造業者として製造物に商号、商標等を表示した者も含まれます（製造物2③二）ので、OEMの場合のように、委託者の製品としての表示がされている場合には、委託者及び受託者の双方が製造業者等として製造物責任を負うことになります。

　清算後であっても、製品に欠陥があって損害が発生すれば、製造物責任が問題となり、具体的には、**本章第1 4** (5)で解説したように、元役員の責任を追及されたり、また、製造委託の場合には委託者との間での費用負担（求償関係）の問題が生じたりすることになります。

　したがって、委託者との関係では、製造物責任が問題になった場合の対応・費用負担については契約書等で定めておくことが望ましく、また、損害が発生した場合の被

害者との関係では、生産物賠償責任保険（PL保険）の利用の検討も考えられるところです。

(3) 知的財産権・秘密情報管理の問題

2でも解説したとおり、共同開発等によって発生した知的財産権については、その帰属を明確に定めておく必要があります。

また、委託者、共同開発者から提供された秘密情報の管理については、契約関係修了後も秘密保持義務を負うとされることが一般的であるところ、返還・廃棄・消去すべきものはそれぞれしかるべく処理をし、これらの情報を知り得た元従業員に対しても、誓約書の徴求等、情報漏洩が発生しないよう十分に留意すべきです。

(4) 環境問題

環境問題については、年々コンプライアンス意識が高まっているところです。製造業との関係では、まず、許認可等については廃止時に届出等が必要です。
① 酒類製造免許取消申請（税務署長）（酒税17①、酒税令16①）
② 食料品製造許可営業廃止届出（都道府県知事）（条例）
③ 医薬品・医薬部外品・化粧品製造廃止届（厚生労働大臣）（医薬品医療機器等19①）
④ 毒物・劇物製造廃止届（厚生労働大臣（2020年4月1日からは都道府県知事））（毒物及び劇物取締法10①）

また、環境規制に関しては、例えば以下のように、廃止届が必要なものがあります。
⑤ ばい煙発生施設（都道府県知事）（大気汚染11）
⑥ 水質汚濁防止法上の特定施設（都道府県知事）（水質汚濁10）
⑦ 騒音規制法上の特定施設（市町村長）（騒音規制10）
⑧ 振動規制法上の特定施設（市町村長）（振動規制10）

また、水質汚濁防止法上の特定施設等で、有害物質を使用していた場合には、廃止時に土壌汚染について調査し、都道府県知事に報告しなければなりません（土壌汚染対策法3）。

さらに、昭和28年から47年にかけて製造されたコンデンサー等にはポリ塩化ビフェニル（PCB）が使用されている可能性があるところ、PCBについては、ポリ塩化ビフェニル廃棄物の適正な処理の推進に関する特別措置法に則って、処理しなければなりません。高濃度PCB廃棄物の場合、処分までに必要な期間は最低でも6か月とされており、注意が必要です。

廃棄物処理・不法投棄も注意が必要ですが、これについては、**本章第1 4** (3)をご参照ください。

第4　卸売業・小売業

1　業　態

　卸売業・小売業は、日本標準産業分類（総務省・平成25年［2013年］10月改定）によると、主として次の業務を行う事業が分類されています。

◆卸売業
① 　小売業又は他の卸売業に商品を販売するもの
② 　建設業、製造業、運輸業、飲食店、宿泊業、病院、学校、官公庁等の産業用使用者に商品を大量又は多額に販売するもの
③ 　主として業務用に使用される商品（事務用機械及び家具、病院、美容院、レストラン、ホテルなどの設備、産業用機械（農業用器具を除きます。）等）を販売するもの
④ 　製造業の会社が別の場所に経営している自己製品の卸売事業（主として統括的管理的事務を行っている事業所を除きます。）
⑤ 　他の事業所のために商品の売買の代理行為を行い、又は仲立人として商品の売買のあっせんをするもの

◆小売業
① 　個人用又は家庭用消費のために商品を販売するもの
② 　建設業、農林水産業（法人組織）、製造業、運輸業、飲食店、宿泊業、病院、学校、官公庁等の産業用使用者に少量又は少額に商品を販売するもの

　このように、卸売業・小売業には、様々な業種が含まれます。そのため、ここでは、卸売業・小売業に共通して問題になり得る点を抽出します。個別の業種での特有の問題点は、それぞれの業種別の解説をご参照ください。

第4章　業種別の注意点　219

2　多く見られる契約類型

(1) 売買契約 ■■■■■■■■■■■■■■■■■■■■■■■■■■■

　卸売業・小売業という業態上、商品・製品の購入・販売のための売買契約が多数締結されていることが通常です。

　売買契約については、個別に売買契約書を取り交わしていることもあるでしょうが、個別の売買契約書を取り交わしておらず、注文書や請書で対応しているものも多くみられます。そのため、卸売業者・小売業者の通常清算にあたっては、契約書の有無にかかわらず、締結済みの売買契約を漏れなく正確に確認しておくことが必要です。例えば、売主としては、未履行の契約について、買主に対して引渡等の履行を完了するか、そのために仕入れが必要であれば仕入れを行うか、あるいは、買主と協議して売買契約を解除するかについて検討することが必要ですし、既履行の契約について、売掛金の回収時期等を確認しておくことが必要です。買主としては、未履行の契約について、売主から引渡等を受けて自らの顧客（販売先）への販売を行うか、顧客（販売先）と協議して売買契約を解除するかなどを検討しておくことが必要ですし、既履行の契約について、売買代金の支払額や支払時期を確認しておくことが必要です。売買契約の履行を完了することができる時期を見据えて、廃業日を検討することになりますし、（特に既履行の）仕入れのための売買代金の支払が困難であれば、通常清算ではなく、破産手続等の法的清算手続を検討する必要があります。

　仕入先や得意先との間で、取引基本契約書を締結していることも多くみられます。取引基本契約書には、売買代金の支払時期、瑕疵担保責任の期間等の売買契約そのものについての約定の他、保証金の有無や、保証金の返還の条件やその時期が記載されていることがありますので、個別の売買契約の状況と併せて条項の内容を確認しておくことが必要です（保証金の処理につき 4 (2)参照）。

(2) 賃貸借契約 ■■■■■■■■■■■■■■■■■■■■■■■■■■■

　卸売業者・小売業者は、商品・製品保管のための倉庫等に使用するため、賃借人として、賃貸借契約を締結していることもあります。賃貸借契約については、清算の過程で契約を解除し、明渡しを行う必要がありますが、契約上、直ちに解除して明渡し

ができるわけではなく、一定期間前に解約の予告をすることが必要である場合が多くみられます。賃貸借契約については、通常、賃貸借契約書が締結されているはずですから、契約解除に関する条項の内容を確認し、解除の手続を正確に把握した上で、保管している商品・製品の処分可能時期を踏まえ、できる限り、無用な賃料を支払わずに済むように、解除の時期を適切に見積もっておく必要があります（4(1)③参照）。また、明渡しに当たっては、原状回復の必要がありますので、その費用の捻出についても通常清算に必要な費用として見積もっておく必要があります。

3 許認可等

　食料品販売業であれば食品衛生法の許可（食品衛生52）、医薬品販売業であれば医薬品医療機器等法の許可（医薬品医療機器等24・39）、酒類販売業であれば酒税法上の免許（酒税9）、中古品の販売であれば古物営業法の許可（古物3）を受けています。取り扱う商品・製品によって、受けている許認可は異なります。

4 注意点

(1) 換価上の注意点

　換価の方法やノウハウについては、破産管財業務において蓄積され、公表されている換価の実務に関する各種の書籍が参考になります。以下、卸売業においてよく問題になる点を掲げます。

① 取引保証金

　　仕入先との間の売買契約に基づいて取引保証金が差し入れられていることがありますので、決算書や契約書を確認して回収に漏れがないように注意することが必要です。

② 売掛金

　　得意先に対する売掛金を忘れずに回収することが必要です。廃業・清算する場合、売掛金を支払ってこない売掛先が出てくることもありますが、法的に支払拒絶の理

③ 在庫商品

　仕入れの売買契約において仕入商品・製品に所有権留保が付されていることがあります。所有権が留保されている物を特定することができる場合には、仕入先に返品することになります。代金支払済みの商品と代金未払いの商品が混在してしまっているために所有権が留保されている物が特定できない場合については、商品には所有権留保の効力が及んでいないものとみて清算人が売却することも考えられます。ただし、廉価で売却をせざるを得ないような商品の場合、所有権留保の効力が及んでいなくとも、仕入先と協議し、仕入先に返品して売買契約を解除するなどして、仕入先に対する買掛金債務を消滅させておく方が迅速かつ経済合理的に処理を進めることができることもあり得ます。

　仕入先との取引が、委託販売や消化仕入（売上仕入）であった場合にも、その取引の対象となる在庫商品の所有権は買主に移転しませんので、所有権留保が付された場合と同様に、原則として仕入先に返品することになります。

　大量の商品・製品が賃借している倉庫に残置されている場合には、倉庫の賃貸借契約を確認し、商品・製品の換価完了時期を見据えて、どの時点で解約を行うか、スケジュールを入念に検討することが必要です。

　商品・製品の換価は、必ずしも通常の商流で換価する必要はなく、一括売却、仕入先との協議による返品等、どのような方法によるかは清算人の裁量に委ねられると考えられますが、一般に適正・妥当と認められる価格を著しく下回る価格での売却を行った場合には、清算人は善管注意義務違反を問われるおそれがありますので注意が必要です（会社478⑧・330）。

(2) 債務の弁済

　販売先との間の売買契約に基づいて保証金の差入れを受けていることがありますので、決算書や契約書を確認して見落としのないように注意することが必要です。

　取引基本契約書がある場合、取引基本契約書に保証金の額、返還条件や返還時期等の定めが置かれていることが多くみられますが、取引基本契約書とは別に覚書等の書面を取り交わしていることもあります。

　仕入先と保証金の返還について協議をする際に、反対債権がある場合には、相殺を

検討することになりますので、反対債権の有無及びその額について把握することが必要となります。

(3) 許認可の廃業届等

　受けている許認可に関して、法令の所定期間内に忘れずに廃業届を行う必要があります。取り扱う商品・製品によって、受けている許認可は異なりますので、各根拠法令及び監督官庁に確認して、処理を行うことになります。根拠法令や監督官庁については、通常、許認可証に記載されています。

第5　運輸業

1　業　態

(1)　運輸業の事業者の状況

　運輸業は、運輸の経路で分類すると、陸上運送、海上運送及び航空運送に分けることができます。輸送以外の業種としては、倉庫業・荷役業や流通加工業という業種があります。また、人を輸送する場合は旅客輸送業、物を輸送する場合は貨物輸送業とされます。

　国土交通省が平成29年2月に公表した「物流を取り巻く現状について」によると、運輸業界全体は約39兆円の産業であり、うち約25兆円を物流業（貨物輸送業）が、うち約14兆円を旅客輸送業が占めています。この約25兆円産業の物流業のうち、事業者数では、トラック運送事業が圧倒的多数を占めており（約83％）、トラック運送事業者のうち約99.9％が中小企業とされています。

　このように、運輸業における事業者数としては、圧倒的にトラック運送事業者が多いということになります。したがって、本項では、運輸業のうちトラック運送事業者に関する問題を解説します。

(2)　トラック運送事業の概要

　他社の貨物を有償で輸送する営業用トラック事業については、貨物自動車運送事業法において、一般貨物自動車運送事業（貨物自運2②）、特定貨物自動車運送事業（貨物自運2③）及び貨物軽自動車運送事業（貨物自運2④）に大別されます。一般貨物自動車運送事業は不特定の荷主からの依頼で輸送を行う事業であり、特定貨物自動車運送事業は品目ごとに荷主などを限定して輸送する事業です。貨物軽自動車運送事業は、軽自動車又は自動二輪車を用いて貨物を輸送する事業をいいます。

　一般貨物自動車運送事業における一形態として、特別積合せ貨物運送があります（貨物自運2⑥）。特別積合せ貨物運送は、不特定多数の荷主から集荷した貨物を、起点及び終点のターミナル等の営業所又は荷扱所で必要な仕分けを行い、ターミナル等の間で幹線輸送などを定期的に行うことをいい、宅配便などがこの事業に含まれます。

　トラック運送事業者の90％以上は、特別積合せ貨物運送以外の一般貨物自動車運送事業者です。

2 多く見られる契約類型

(1) 下請事業者・一人親方との再委託契約

　トラック運送事業においては、荷主から請け負った運送業務を下請事業者に対して再度委託するということが頻繁になされています。下請業務が多層化する傾向もあり、二次下請けにとどまらず、三次下請け・四次下請けと続いていくことも珍しくありません。

　下請事業者への再委託は、受託業務を再度委託するため、事業者の資本金等に応じて下請代金支払遅延等防止法（いわゆる「下請法」）の適用を受ける取引形態であり、不当な減額や買叩き等が禁止されます。

　また、下請事業者が個人事業主としていわゆる「一人親方」であることも多く、一人親方の中には、特定の運送事業者の仕事のみを請け負っている者も少なくありませんが、そのような一人親方については、当該契約の法的性質が業務委託ではなく労働契約となる場合もあります。一人親方との契約が労働契約に該当する場合、従業員との雇用契約と同様に、解雇規制等の労働関連法規に基づく規制を受けることになります。

(2) リース契約（車両等のリース）

　運送事業を行うに当たっては、トラックが必要不可欠になります。トラックは、比較的高価な動産であるため、全てを現金で購入することは難しく、リース契約によって調達することも頻繁に見受けられます。リース期間は3年ないし5年程度の期間になることが多いと思われます。

　後記のとおり、廃業・清算を検討するに当たっては、当該リース契約の処理が大きな問題となり得ます。

(3) 燃料購入・ETC利用等に関するクレジットカード契約

　運送事業においては、人件費・下請事業者に支払う運送費の他に、多額の燃料費が必要となり、燃料費の支払のためにクレジットカード契約をしているケースが多いと思われます。また、貨物を輸送する際に高速道路を利用することも多く、大多数のトラック運送事業者はETCの利用に関するクレジットカード契約も締結しています。

(4) 賃貸借契約

トラック運送事業を行うに当たり、トラックを駐車するスペースが必要となり、事務所のほかに駐車場スペースを賃借していることも多いといえます。また、トラック運送事業と併せて倉庫業を行っている場合は、倉庫に関する賃貸借契約を締結していることもあります。

倉庫に関する賃貸借契約では、賃料が高額になっていることもあり、また荷物の管理や入出荷を行うためにクレーン等の設備を設置している場合は、原状回復費用も多額に上ることが考えられます。

3 許認可等

一般貨物自動車運送事業又は特定貨物自動車運送事業を経営しようとする場合、国土交通大臣の許可を受ける必要があります（貨物自運3・35①）。一般貨物自動車運送事業又は特定貨物自動車運送事業の許可を得るためには、事業計画を提出する必要があり（貨物自運4・35②）、加えて事業計画が過労運転の防止その他輸送の安全を確保するため適切であること等の要件を満たす必要があります（貨物自運6）。

貨物軽自動車運送事業を経営しようとする場合、許可を得る必要はありませんが、国土交通大臣への届出をする必要があります（貨物自運36①）。

また、他のトラック運送事業者を下請けとして用いる場合、「利用運送」（貨物利運2①）に該当し、第一種貨物利用運送事業として、国土交通大臣の行う登録を受けなければなりません（貨物利運3①）。

4 注意点

(1) ドライバーの労働問題

トラック運送事業は、ドライバーの労働時間が長時間になることが多く、公益社団法人全日本トラック協会が作成した『日本のトラック輸送産業　現状と課題　2018』

においては、全産業の平均労働時間と比較して、大型トラック運転者で年468時間（月39時間）、中小型トラック運転者で年456時間（月38時間）も長いとされています。労働時間の長期化による影響として、過労死や過重労働に起因する重大事故の発生等が問題になることもあります。

したがって、適正な労働管理がなされていない場合、トラック運送事業者には多額の未払残業代が存在している可能性が高いと考えられます。廃業するに当たっては、全従業員を解雇することになりますが、その場合、未払残業代の存否及びその額を調査する必要があります。

(2) 一人親方の労働者性

前記のとおり、下請先の事業者として当該一人親方が特定のトラック運送事業者から仕事を請け負っているような場合、一人親方との契約は、業務委託契約ではなく、労働契約と解される可能性があります。

その場合、一人親方との関係でも労働関連法規が適用されることになり、契約の終了に当たっての解雇予告等の必要が生じます。特に、一人親方については労働時間を管理していないことがほとんどであると思われますので、未払残業代の額を把握することが困難なケースが多いと考えられます。

(3) リース契約・賃貸借契約の処理

トラック運送事業者がリース契約によって車両を調達していることが多いことは既に解説したとおりです。廃業するということになれば、当該リース契約の処理が大きな問題として発生することになると考えられます。

すなわち、通常、トラック車両のリース契約のリース期間は3年ないし5年であると考えられますが、当該リース期間内に廃業するということになれば、違約金の支払等が必要になることが想定されます。

また、倉庫を賃借している場合、どれくらい契約期間が残っているか、原状回復費用としてどの程度の費用が必要になるかも検討する必要があります。

(4) Ｍ＆Ａ時の許認可の承継

運輸業界は人手不足に悩まされている業界であり、ドライバーの確保という面も含めて、トラック運送事業者がＭ＆Ａの対象になることは珍しくありません。そして、

M&Aに当たっては、トラック運送事業に必要な許認可の承継が問題となります。

　一般貨物自動車運送事業を事業譲渡、合併又は会社分割によって承継させる場合、原則として国土交通大臣の認可が必要となり（貨物自運30①②）、当該認可を得ることができた場合、一般貨物自動車運送事業の許可に基づく権利義務を承継することになります（貨物自運30④）。

　特定貨物自動車運送事業を事業譲渡、合併又は会社分割によって承継した場合、当該承継先は特定貨物自動車運送事業の許可に基づく権利義務を承継し（貨物自運35⑦）、当該承継の日から30日以内にその旨を国土交通大臣に届け出なければなりません（貨物自運35⑧）。

　貨物軽自動車運送事業の承継に当たっては、前記のような承継は定められておらず、原則として、承継先の法人において新たに届出を行うことが必要となります（貨物自運36参照）。なお、貨物軽自動車運送事業者が、事業の全部を譲渡し、会社分割による事業の全部の承継をさせたときは、遅滞なくその旨を国土交通大臣に届け出なければなりません（貨物自運36③）。合併による消滅の場合、業務を執行していた役員が合併の日から30日以内に国土交通大臣にその旨の届出をしなければなりません（貨物自運36④）。

(5) 自動車税等の税金

　トラック運送事業者は、固定資産税等の他に自動車取得税、自動車税及び自動車重量税等の課税がなされます。これら税金の発生時期及び支払時期等を確認し、清算に当たってそれらの税金の支払費用を計上しておく必要があります。

第6 サービス業（飲食関係）

1 業態

(1) 業態の分け方

飲食業といっても、様々な業態が含まれています。

業態の分け方の1つの例ですが、外食産業といわれる業態は、主に以下のような分類に分けられて説明されています（一般社団法人日本フードサービス協会「平成29年外食産業市場規模推計について」参照）。

① 給食主体部門

当該サービス業において提供する物を食料品と飲料とに分けた場合は、主に食料品を中心に提供する業態です。

この中でも、食堂・レストラン等の店舗（いわゆる「飲食店」）において食料品を提供する営業給食部門と、学校・事業所・病院・保育所等において食料品を提供する（「給食」を行う）集団給食部門とに分けられます。

② 料飲主体部門

提供する物を食料品と飲料とに分けた場合は、主に飲料を中心に提供する業態です。例としては、喫茶店、カフェ、居酒屋、バー等が挙げられます。

③ 料理品小売業

持ち帰り弁当や総菜の販売、ピザや寿司などの宅配によって飲食物を提供する業態のことです。

(2) 市場規模等の統計

平成29年の市場規模は、給食主体部門で20兆6,824億円（このうち、営業給食部門が17兆3,002億円、集団給食部門が3兆3,822億円）であり、料飲主体部門が4兆9,737億円、料理品小売業が7兆7,040億円となっています。

市場規模の大きさもありますが、それに携わる人の多さも、飲食業界の特徴となっています。

2 多く見られる契約類型

(1) 類型的な契約 ■■■■■■■■■■■■■■■■■■■■■■■■■

　飲食業の場合にも、関係する契約は多岐にわたります。

　例えば、飲食店を営業する場合には当該店舗に関する賃貸借契約、飲食物を仕入れる場合には当該飲食物に関する売買契約（継続的な供給契約となることもあります。）、飲食店舗におけるリース物品等がある場合のリース契約、従業員を雇う場合の雇用契約等、多岐にわたります。

　また、類型的な契約の他に、以下のような契約がなされることもあります。

(2) その他の契約 ■■■■■■■■■■■■■■■■■■■■■■■■■

◆フランチャイズ契約

　フランチャイズとは、事業者（以下、**本章第6**において「フランチャイザー」といいます。）が他の事業者（以下、**本章第6**において「フランチャイジー」といいます。）との間に契約を結び、自己の商標、サービスマーク、トレード・ネームその他の営業の象徴となる標識、及び経営のノウハウを用いて、同一のイメージの下に商品の販売その他の事業を行う権利を与え、一方、フランチャイジーはその見返りとして一定の対価を支払い、事業に必要な資金を投下してフランチャイザーの指導及び援助の下に事業を行う両者の継続的関係をいいます。

　飲食業界以外にも、コンビニエンスストア等の小売業界、その他サービス業等、幅広い業界で用いられることがある契約です。

◆百貨店、ショッピングモール等への出店に関する契約

　百貨店・ショッピングモール等に出店する際は、出店に関する取決めを行うことになります。

　一言で出店に関する契約といっても、当該出店の態様、百貨店・ショッピングモール等の関わりに応じて、その契約内容は様々です。販売委託契約、いわゆるケース貸し・ボックス貸しといわれる契約、売上仕入れ契約、定期賃貸借契約等、多種多様な契約があります。

　契約内容によっては、建物保護を目的とした借地借家法の適用がある等、特別法が

適用される契約も考えられるため、事業の清算を行う場合にも契約内容の確認は必須となります。

(3) 集団給食部門における委託契約

集団給食部門における契約においては、当該事業所において、給食を供給すること（及びその運営）を委託している場合が多く、そのような委託契約をしていることがあります。

3 許認可等

飲食業を営業する際にも、各種業態によって様々な許認可が必要となっています。
許認可等を受けた場合には、事業を清算し、廃業する際に、それぞれの機関に対してその旨を届け出る必要があり、受領していた許可証を返却しなければならない等、廃業する際の手続が細かく決まっています。かかる義務を怠った場合、罰則が定まっていることもあるので、清算する際には、関係機関に連絡して、どのような届出が必要となるかを確認しておくことが必須となります。
以下は、主な許認可・届出の種類です。

(1) 営業給食部門の場合

① 食品衛生法関係

保健所の許可（例えば、飲食店営業、喫茶店営業、菓子製造業、あん類製造業等の各種許可）が必要となり、地方公共団体によっては、地方公共団体への届出が必要となる場合もあります（食品衛生52、食品衛生規67）。

また、前記許可を得る際には、食品衛生責任者の届出が必要となる場合もあります。

② 風営法関係

風営法の規制がかかる業種（例えば、キャバクラ、キャバレー等）であれば「風俗営業許可」が必要になります（風営3）。

また、遊興をさせる事業で深夜に酒類を提供する業種（例えば、ナイトクラブや

ライブハウス等）であれば「特定遊興飲食店営業許可」が必要となります（風営31の22）。

さらに、前記に該当せず、深夜に主に酒類を提供する場合には、「深夜酒類提供飲食店営業」の届出が必要となることがあります（主に酒類を提供する場合ですので、食料品を主として提供する場合は不要です。）（風営33）。

これらの許可及び届出については、管轄の警察署（公安委員会）の許可及び届出が必要となります（風営31の22・33）。そのため、清算する際には、必ず管轄の警察署に相談するようにし、必要な手続を怠らないように注意が必要です。

③　その他消防法との関係で、管轄消防署に対して「防火対象物使用開始届出書」、「防火管理者の選任届」等の届出がなされていることもあります。

また、税務署に対して、開業届等が提出されていることがあります。

これらの届出等についても確認し、清算の際には、届出を怠らないように注意が必要です。

(2) 集団給食部門の場合

① 食品衛生法関係

営業形態によりますが、供給する食数に応じて、「給食施設の設置届」を管轄の保健所に届出をする必要があります。

完全に給食の運営を委託している場合があり、その場合には、飲食店の営業許可が必要となる場合があります。

また、前記営業給食部門で解説したとおり、食品衛生責任者の届出をする必要もあります。

② 健康増進法関係

給食を提供する内容（食数）に応じて、「特定給食施設設置届」や「小規模給食施設初期調査票」等を届け出る必要があります（健康増進法20）。

必要な届出については各条例によって定められています。

例えば熊本市においては、特定かつ多数の者に対して継続的に1回100食以上又は1日250食以上の食事を供給する場合には「特定給食施設設置届」の届出が必要とされており、特定給食施設以外で、特定かつ多数の者に継続的に1回50食以上又は1日100食以上の食事を供給する場合には「小規模給食施設初期調査票」の届出が必要とされています。

③　その他

　前記営業給食部門と同様に、業態によっては消防法上の届出が必要となります。また、税務署に対して、開業届が提出されていることがあります。

4　注意点

(1)　労働関係の法的問題の処理

　飲食業界の特徴は、労働者（特にアルバイト、パート）が多いこともあり、事業の清算をする際に、労働関係の処理が必要となります。

　よく問題となる例としては、未払給与の処理、雇用関係の継続・解雇の時期（解雇予告手当との関係）、労働関係に関する各種届出の検討等が必要となります。

(2)　事業閉鎖に関する処理

　食材を扱っているので、財産の毀損を防ぐため、また廃棄コストの増加を防ぐ必要があります。そのため、契約の終了時期や廃業時期を含めた検討が必要となります。前記のとおり、腐敗等の観点から、食材等について早期の処理が必要になることもあります。

　また、集団給食部門の場合、給食が途絶えることによって従前供給されていた人達に多大な影響を与えることもあります。例えば、地域の学校等に給食を供給していた業者が、いきなり供給を中止した場合には、その影響は計り知れないものとなることは想像に難くありません。

　そのため、廃業の時期を考慮する必要がありますが、前記で挙げた例でいえば、給食の供給に影響がない時期（夏休み、新学期前等）に廃業する、委託契約が終了する時期に廃業する、給食の供給を引き継いでくれる業者を確保した上で廃業する等、事業閉鎖の時期及び方法を考慮する必要があります。

　かかる配慮をすることによって、廃業の影響を最小限にすることができますし、損害賠償を受けるリスクを減少させることにもつながります。

　このような配慮ができない場合には、事業の清算時期によっては、違約金（ないし損害賠償義務）が発生する可能性があります。このような違約金の定めが有効か否か、

有効である場合には過大な違約金の定めをしているのではないかといった検討が必要となることもあります。

(3) フランチャイズ契約、出店契約との関係

かかる契約においては、保証金を差し入れていることがほとんどであり、その返還を求めることとなります。

他方で契約の解除及び解約を行うことによって、違約金や解約一時金を支払わなければならないことが定められているケースが多いです。

この場合には、前記保証金等、相手方から返還を求められる債権と相殺されることが多くありますが、違約金の額があまりに過大であるとして、争うことが必要となるケースもあります。

このような法的な紛争に巻き込まれた場合には、清算が円滑に進まない可能性もあるので、廃業の時期を調整できる場合であれば、前記違約金が発生しない時期にする等、時期を検討する必要があります。

(4) 取引先の関係の処理

飲食業の場合、食材の仕入れ先等、多数の取引先と関わっていることが多いです。しかし、清算することが判明したとたんに、納入を止めたり、代金を支払わないという態度となる取引先もあります。

このようなおそれがある場合には、代金を回収した後に清算を伝え、契約を終了する等、契約を終了する時期や清算を伝える時期を考慮する必要があります。

また取引先とは、個人的な信頼関係で結びついていることもあろうかと思います。会社自体は清算するが、事業を引き継がせる場合には、取引先の関係が事業価値となるので、会社の清算に際して、誠実に対応する等、その取引先との関係が悪化しないようにする必要もあります。

(5) 廃業の場合の許認可の処理

許認可等がなされている場合には、廃業の届出が必要となる場合があることは前記のとおりです。その手続を怠った場合には、罰則が定められている場合もあるので、注意が必要です。関係機関に確認することを怠らないようにしましょう。

なお、事業を承継する場合にも、再度許可が必要となる場合（元々の許可を流用できない場合）があるので、その点を確認する必要があります。

アドバイス

〇許認可等の確認の重要性

　本文でも記載したような許認可等に関する手続を、行政機関等、関係機関に確認することは大変重要です。他にも、関係機関等に確認することは多くあります。

　例えば、従業員が調理師免許を取得するために試験を受ける際、受験資格として、一定期間の調理業務の従事歴を要します（調理師法施行規則4条に規定する一定の営業施設又は給食施設で、証明時において2年以上調理業務に従事した者（調理師法3①二））。その際、施設の代表者が作成した調理業務従事証明書を提出する必要がありますが、試験を受ける元従業員に配慮するため、清算が終了するまでにこのような証明書を作成しておけばよいでしょう。

　このように、飲食業には様々な人が関わっていますし、様々な許認可が関わります。そのため、関係機関等によく確認するようにして清算を進めてください。

第7 サービス業（宿泊関係）

1 業態

　宿泊サービスを提供する事業としては、旅館業法2条に定義される旅館業（①旅館・ホテル営業、②簡易宿所営業、③下宿営業）のほか、住宅宿泊事業法（いわゆる民泊新法）2条3項に定義される④住宅宿泊事業が存在します。

　各業態の定義は次のとおりですが、客室に利用者を宿泊させるサービスを提供するという点はいずれの業態においても共通しています。そのため、以下では、宿泊サービスのほか、レストラン、宴会、婚礼、売店、ケータリング等、幅広いサービスを提供している①旅館・ホテル営業を念頭に置いて、宿泊業の清算処理に当たって注意すべき事項等を記載しています。

① 旅館・ホテル営業（旅館2②）

　　施設を設け、宿泊料を受けて、人を宿泊させる営業で、簡易宿所営業及び下宿営業以外のもの

② 簡易宿所営業（旅館2③）

　　宿泊する場所を多数人で共用する構造及び設備を主とする施設を設け、宿泊料を受けて、人を宿泊させる営業で、下宿営業以外のもの

③ 下宿営業（旅館2④）

　　施設を設け、1月以上の期間を単位とする宿泊料を受けて、人を宿泊させる営業

④ 住宅宿泊事業（住宅宿泊事業2③、住宅宿泊事業規3）

　　旅館業法に規定される旅館業の営業者以外の者が宿泊料を受けて住宅に人を宿泊させる事業であって、毎年4月1日正午から翌年4月1日正午までの期間において人を宿泊させた日数が1年間で180日を超えないもの

2 多く見られる契約類型

(1) 宿泊客の斡旋契約

　旅館・ホテル営業にとっては、宿泊客等の利用者を確保することが運営に当たって

の最重要事項であるため、複数のエージェントとの間で、宿泊客等の斡旋を受け、これに対して実績等に応じた手数料を支払うという内容の斡旋契約を締結していることが一般的です。

契約の相手方としては、従来から存在する旅行代理店（リアルエージェント）と、インターネット上において宿泊予約サービス（楽天トラベル、じゃらん等）を展開している事業者（ネットエージェント）とが存在します。

ネットエージェントについては、旅館・ホテルとの斡旋契約についてもインターネットを通じて締結されることが多く、約款等が紙媒体で交付されていないことがあるため、事業の清算に着手するに当たってはこのような点に注意し、場合によっては問合せを行うなどして、契約内容の確認を行っておく必要があります。

(2) 業務委託契約等

◆事業全体について

旅館・ホテル営業の事業の大きな枠組みは、所有・経営・運営の組合せによって異なってきます。

日本では、土地・建物の所有者が直接経営・運営を行うことが一般的でしたが、近年では、旅館・ホテルの運営会社が不動産の所有者から賃借を受けて経営・運営を行う場合や、旅館・ホテルの経営者が運営業務をオペレーターに業務委託する場合など、様々な事業の枠組みが存在しています。

事業の清算を検討するに当たっては、この大きな枠組みを前提として、個々の問題を検討していく必要があります。

◆事業の一部について

前記のとおり、旅館・ホテル営業においては、レストラン、宴会、婚礼、売店、ケータリング等、幅広いサービスを提供していることが多く、それらの部門の業務を丸ごと委託している場合が多く見られます。

これらは、業務委託契約という名目で契約が締結されていることが一般的と考えられますが、実態は建物の一部を間借りしているのと大きく異ならない場合もあり、契約の内容等によって、実質的には賃貸借契約であると評価される可能性があることに留意が必要です。このような場合、契約を終了させるに当たっては賃貸借契約に関する法規制（民法、借地借家法など）が適用され、契約解除等が制限されることがありますので、これを前提として清算の方針を検討する必要があります。

(3) クレジットカード会社との加盟店契約

　宿泊料などの金額が比較的高額になることや、海外からの旅行客（インバウンド客）が増加していることから、旅館・ホテル営業においては、クレジットカード会社と加盟店契約を締結し、宿泊客がクレジットカードで料金の支払ができるようにしていることがほとんどです。

　事業の清算に伴い契約を解除するに当たっては、クレジットカード会社に保証金を預託している場合に返金を受ける必要があること、カードを利用するための機器をレンタルしている場合に返還の必要があること等に留意が必要です。

(4) その他の一般的な契約

　(1)～(3)の他に、旅館・ホテル営業を営む者が締結していることが一般的な契約としては、以下のようなものがあります。
① 食材・飲料・リネン等の供給契約
② 清掃についての業務委託契約
③ 設備・機器のリース契約、レンタル契約
④ 設備の維持管理契約、保守点検契約
⑤ 従業員との雇用契約

3 許認可等

(1) 旅館業等の許可・届出

◆旅館業の許可
　旅館業を営むに当たっては、都道府県知事（保健所を設置する市又は特別区の場合は、市長又は区長）の許可を受ける必要があります（旅館3①）。
　旅館業の許可を受けるためには、旅館・ホテル等の施設が、旅館業法施行令で定める構造設備基準に従っている必要があります（旅館3②）。
　また、旅館業の運営に当たっては、都道府県の条例で定める換気、採光、照明、防湿、清潔等の衛生基準に従う必要があります（旅館4）。

◆住宅宿泊事業の届出

　住宅宿泊事業（いわゆる民泊事業）を営むに当たっては、都道府県知事等に対して、所定の事項と共に、住宅宿泊事業を営む旨の届出をする必要があります（住宅宿泊事業3）。

(2) その他の許認可等

　前記のとおり、旅館・ホテル営業においては、幅広いサービスを提供していることが多いため、各旅館・ホテルにおいて営んでいる事業に応じて、必要な許認可等を取得する必要があります。

　代表的な許認可等及びその根拠法令は、以下のとおりです。

① 飲食店営業の許可（食品衛生52①）
② 風俗営業の許可（風営3）
　　スナック、キャバレー、ゲームセンター等を営む場合
③ 温泉利用の許可（温泉法15）
④ 公衆浴場営業の許可（公衆浴場法2①）
⑤ 酒類販売業の免許（酒税9）
⑥ たばこ小売販売業の許可（たばこ事業法22）

4　注意点

(1) 計画的な処理の必要性

　旅館・ホテル営業においては、宿泊客が実際の宿泊日の前から（旅館・ホテルによっては1年以上前から）宿泊の予約をしていることが通常であるため、廃業に当たっては、予約客に留意してスケジューリングを行う必要があります。場合によっては、旅館・ホテル側からキャンセルを依頼することもあると考えられます。また、廃業の予定日を決定したら、廃業日以降に予約が入らないよう、自社の予約サイトにおいて対応するだけでなく、宿泊客の斡旋契約を締結しているリアルエージェント・ネットエージェントにも告知・相談の上、予約を入れないための対応をしてもらうことが必要になります。廃業予定を一般に公開してしまうと、それ以降、廃業日までの宿泊客が

減少する可能性もありますので、特に廃業直前までの収益をもって清算費用を支出することを見込んでいるような場合には、公開のタイミングにも留意する必要があると考えられます。

また、前記のとおり、旅館・ホテル営業においては、旅館・ホテル運営に関する業務委託契約や、間借りしているテナントとの賃貸借契約（実質的に賃貸借契約と評価される業務委託契約を含みます。）など、契約の解除について一定の期間を要することが通常であるものが多く存在します。

さらに、旅館・ホテル営業においては、従業員が多数であることが多く、雇用関係の処理に時間を要すると考えられます。

これらの点からも、旅館・ホテル営業の廃業の検討に当たっては、他の業態と比較して計画的な処理（事前のスケジューリング）が求められるといえます。

(2) 会員権、クーポン、回数券などの処理

◆**会員権**

リゾートホテルなどでは、ゴルフ場などと同様に会員権を販売していることがあります。このような場合、廃業に当たっては、会員規則等の定めに従い、預託金の返還などの処理を行う必要があります。

◆**クーポン、回数券**

旅館・ホテルにおいては、常連客等に対し、あらかじめ割引価格での対価の支払を受けた上で、特定のサービス（温泉の利用など）について割引クーポンや回数券などを発行していることがあります。このような場合、旅館・ホテルとしては、これらのクーポン・回数券の所有者に対して、サービスを提供する債務を負担していることになりますので、廃業・清算に当たり、返金を行うなどの処理を行う必要があります。

しかしながら、このようなクーポン・回数券は無記名式で発行していることが多く、旅館・ホテルにおいても債権者が誰であるか把握していないことがあると考えられます。

この場合、法人の解散公告後の債権申出期間内に債権申出がされないことにより、清算から除斥される（会社503）ものとして処理してよい場合もあろうかと思いますが、場合によっては、清算結了後のトラブル発生を防ぐため、後記の事業承継型の廃業によることを検討する必要があると考えられます。

(3) 廃業に伴う許認可等の処理

◆旅館業の許可等

　旅館・ホテル営業の廃業に当たっては、旅館業の許可について、廃業の届出が必要となります（旅館規4）。

　また、住宅宿泊事業についても、住宅宿泊事業を廃業する旨の届出を行う必要があります（住宅宿泊事業3⑥、住宅宿泊事業規6）。

◆その他の許認可等

　前記のとおり、旅館・ホテル営業においては、幅広いサービスを提供していることが多く、営んでいる事業に応じて必要となる各種の許認可等を取得しています。

　基本的に、これらの許認可等についても廃業の届出が必要となりますので、廃業に当たっては、事業者がどのような許認可等を取得しているのかを網羅的に把握した上で、それぞれの根拠法令に従って廃業に必要な手続を行うことになります。

(4) 事業承継型の廃業における注意点

　旅館・ホテル営業は、不動産及びその附属設備を軸とする装置産業であり、廃業に当たって、不動産等を処分するために多大なコストと時間を要することになります。また、サービス提供のため多数の従業員を雇用していることが一般的であり、廃業するとなれば、当該地域における雇用問題に大きな影響を与える場合があります。このような点から、旅館・ホテル営業については、事業承継型の廃業に適しており、まずは事業承継の検討を行うことが一般的であると考えられます。

　手法としては、株式譲渡により新オーナーが運営法人をそのまま引き継ぐ、事業譲渡・合併・分割により別法人に事業を移管する方法のいずれもあり得ますが、事業譲渡型の場合は、許認可等の承継のための手続を要するため、移管日の数か月前から準備が必要となることに留意が必要です（旅館業の許可の承継については、旅館業法3条の2第1項を参照）。

　その他、一般に事業承継に当たって必要となる手続もありますので、単純な廃業の場合と同様、計画的な処理（事前のスケジューリング）が求められることになります。

第8 サービス業（旅行関係）

1 業 態

　いわゆる旅行業には、①旅行業法上の旅行業（旅行2①）、②旅行代理業（旅行業者代理業）（旅行2②）及び③旅行サービス手配業（旅行2⑥）があります。
① 旅行業
　旅行業（旅行2①）とは、報酬を得て、旅行業者があらかじめ旅行計画を作成し旅行者を募集するもの（募集型企画旅行：パッケージツアーなど）、旅行業者が旅行者からの依頼により旅行計画を作成するもの（受注型企画旅行：修学旅行、社員旅行など）、旅行業者が旅行者からの依頼により宿泊施設や乗車券などのサービスを手配するもの（手配旅行）に関する事業などをいいます。
　旅行業には、第1種旅行業、第2種旅行業、第3種旅行業及び地域限定旅行業とがあり、また、観光圏の整備による観光旅客の来訪及び滞在の促進に関する法律に基づく旅行業法の特例措置として、「観光圏内限定旅行業者代理業」制度もあります（観光圏整備12）。
② 旅行業者代理業
　旅行業者代理業（旅行2②）とは、報酬を得て、旅行業を営む者のため旅行業法2条1項1号から8号までに掲げる行為について代理して契約を締結する行為を行う事業をいいます。
③ 旅行サービス手配業
　旅行サービス手配業（旅行2⑥）とは、報酬を得て、旅行業を営む者（外国の法令に準拠して外国において旅行業を営む者を含みます。）のため、旅行者に対する運送等サービス又は運送等関連サービスの提供について、これらのサービスを提供する者との間で、代理して契約を締結し、媒介をし、又は取次ぎをする行為を行う事業をいい、「ランドオペレーター」、「ツアーオペレーター」とも呼ばれています。平成29年旅行業法改正により、新たに規制対象となりました。

2 多く見られる契約類型

(1) 旅行客と、バス会社、航空会社、ホテル・旅館等宿泊施設との契約

　旅行客が、旅行業者を通じて、バスチケットや航空会社チケットの購入、ホテル・旅館等宿泊施設の予約をすることがあります。この場合、バス・飛行機等運送契約や宿泊契約は、誰と誰の間でそれぞれ成立しているのでしょうか。これは、旅行業者が、誰のために、いかなる法律行為をしているのかによります。

　まず、旅行業（旅行2①）の場合、旅行客のために、「代理」・「媒介」により、バス・飛行機等運送契約や宿泊契約を締結している場合、それらの契約は、旅行客とバス会社、航空会社、ホテル・旅館等宿泊施設との間に成立していると評価できるでしょう。旅行業者が、バス会社、航空会社、ホテル・旅館等宿泊施設のために、「代理」、「媒介」により、バス・飛行機等運送契約や宿泊契約を締結している場合も同様です。

　他方、旅行業者が、旅行客のために、バス・飛行機等運送契約や宿泊契約の「取次ぎ」をしている場合には、当該契約自体は、旅行業者とバス会社、航空会社、ホテル・旅館等宿泊施設との間に成立していると評価できるでしょう。バス会社、航空会社、ホテル・旅館等宿泊施設のために、「取次ぎ」をしている場合も同様です。

　次に、旅行業者代理業（旅行2②）や旅行サービス手配業（旅行2⑥）については、いずれも旅行業（旅行2①）を営む者のために「代理」して契約を締結、又は「媒介」、「取次ぎ」をするものであることから、「代理」、「媒介」の場合には、旅行業（旅行2①）を営む者とバス会社、航空会社、ホテル・旅館等宿泊施設との間に、「取次ぎ」の場合には、自らとバス会社、航空会社、ホテル・旅館等宿泊施設との間に、それぞれバス・飛行機等運送契約や宿泊契約が成立していると評価できるでしょう。

　ただし、以上は大きな分類であり、実際の法律関係は具体的な仕組みによっても異なるため、旅行約款の文言や実務の運用実態などから、法律構成を十分に検討する必要があります。

(2) 旅行傷害保険の募集に関する契約

　旅行業者は、サービスとして旅行傷害保険についても取り扱っていることがあります。

第4章　業種別の注意点　　243

この場合、旅行業者は、損害保険会社と代理店契約を締結しています。旅行業者が損害保険会社を代理して、旅行客との間で保険契約を締結するものであり、保険契約は、損害保険会社と旅行客との間で成立することになります。そして、旅行業者は、損害保険に加入した旅行客から損害保険会社に代わって保険料を受領し、これを損害保険会社に交付するという関係にあります。

(3) クレジットの加盟店契約

旅行客が旅行代金の支払にクレジットを利用して支払えるよう、旅行業者がクレジット会社と加盟店契約を締結していることが実務上多いといえます。このとき、加盟店たる旅行業者が、クレジット会社に対して、加盟店契約における加盟店の債務不履行を担保するため保証料等の名目で一定の金銭を預託している場合もあります。

(4) その他一般的な契約

その他、事業会社として一般的な契約（営業所等の賃貸借契約、機器のリース／レンタル契約、従業員の雇用契約等）があります。

3　許認可等

(1) 旅行業等について

旅行業、旅行業者代理業又は旅行サービス手配業の登録が必要です（旅行3・23）。第1種旅行業者は観光庁長官が、第2種旅行業者、第3種旅行業者、地域限定旅行業者、旅行業者代理業者及び旅行サービス手配業者は主たる営業所の所在地を管轄する都道府県知事が、それぞれ登録等の所管行政庁となります（旅行2・23、旅行令5①②）。

また、観光圏の整備による観光旅客の来訪及び滞在の促進に関する法律に基づく旅行業法の特例措置としての「観光圏内限定旅行業者代理業」は、観光圏整備計画についての国土交通省の認定を受けることによって行います（観光圏整備8）。

(2) 保険募集について

損害保険代理店（保険業2㉑）として、保険募集を行うためには、管轄財務局等（損害

保険代理店の所在地を管轄する財務局等）に登録が必要です（保険業276・313、保険業令49①）。実務上は、損害保険会社が損害保険代理店に代わって登録申請を行っている例が多いようです。

　また、損害保険代理店は、保険募集を行う役職員について、その氏名及び生年月日を管轄財務局等に届け出る必要があります（保険業302）。

4　注意点

(1)　旅行業等の廃業届

　旅行業者（旅行2①）、旅行業者代理業者（旅行2②）、旅行サービス手配業者（旅行2⑥）はその事業を廃止する場合には、事業廃止の日から30日以内にその旨を所管行政庁に届け出る必要があります（旅行15①・35①）。この届出があると、それぞれの登録が抹消されます（旅行20①・38①）。

　届出先は登録の申請先に同じく、第1種旅行業者は観光庁長官、第2種旅行業者、第3種旅行業者、地域限定旅行業者、旅行業者代理業者及び旅行サービス手配業者は主たる営業所の所在地を管轄する都道府県知事となります（旅行令5①②）（【書式6】事業廃止等届出書参照）。

(2)　旅行業を営む者の営業保証金の取戻し

　旅行業（旅行2①）を営む者は登録に際して営業保証金を供託しており（旅行7）、事業を廃止して登録が抹消された場合には営業保証金の取戻しができます。ただし、旅行業者と旅行業務に関し取引をした者に債権がある場合には、その債権者は営業保証金について弁済を受ける権利を有するため、債権者保護のため公告などの手続が必要です。この手続の具体的内容は、旅行業者が旅行業協会の会員である場合と、会員でない場合とで手続が異なります（旅行20③④・9⑧⑨）。
① 　旅行業者が旅行業協会の会員でない場合
　　官報に営業保証金取戻公告を掲載し、その掲載日の翌日から6か月以内に、所管行政庁に対して旅行業務に関する債権の申出がない場合、供託している営業保証金の取戻しを受けることができます。詳しい手続は所管行政庁にご確認ください。
② 　旅行業者が旅行業協会の会員である場合
　　現在、旅行業協会には「一般社団法人日本旅行業協会」（JATA）と「一般社団法

人全国旅行業協会」(ANTA) とがあり、旅行業者が旅行業協会の会員である場合、旅行業協会は、旅行客の旅行業者に対する債権について、旅行業者が供託した保証金から一定の範囲で旅行客に対して弁済します（弁済業務保証金制度（旅行48））。そのため、営業保証金の取戻しについても、旅行業協会において手続を実施する必要があります。詳しい手続は、加入している旅行業協会にご確認ください。

(3) 損害保険代理店の廃業

損害保険代理店はその募集業務を廃止する場合には、遅滞なく、その旨を管轄財務局等に届け出る必要があります（保険業280①二・保険業令49①三）。募集業務を廃止すると、損害保険代理店としての登録の効力は消滅します（保険業280③）。

なお、前記のとおり、損害保険代理店は、損害保険会社のために、旅行客から保険料を受領している状態にあり、この保険料は、実務上、損害保険代理店としての特別な口座で分別保管されているものの、仮に損害保険代理店に破産手続が開始してしまうと、損害保険代理店の一般財産に取り込まれてしまう可能性があります（最判平15・2・21民集57・2・95）。そうすると保険会社は保険契約者との間で保険契約は成立しながらも保険料相当額を受領できないリスクがあるため、保険会社を保護するべく、信託構成によって損害保険代理店が受領した保険料相当額につき保険会社が保全することができるとする見解があります。具体的なスキームとしては、①保険会社を委託者兼受益者、保険代理店を受託者、当初信託財産を保険料とする見解、②保険契約者を委託者、保険代理店を受託者、保険会社を受益者、当初信託財産を保険料とする見解、③保険会社を委託者兼受益者、保険代理店を受託者、当初信託財産を保険料債権とする見解などがあります。しかしながら、いずれの見解に対しても批判があるところであり、また、いまだ裁判例等で確立した見解もないため、実務においては、損害保険代理店が回収した保険料を保険会社に交付したうえで廃業するように、スケジューリングには注意が必要です。

(4) 旅行客と、バス会社、航空会社、ホテル・旅館等宿泊施設との契約の帰趨

旅行業者は、あらかじめ旅行客から旅行代金の前払を受け、この中から、バス会社、航空会社、ホテル・旅館等宿泊施設にそれぞれの対価を支払うという流れになっていることが多いと思われます。そして、旅行業者の破綻に際して報道されるとおり、旅

行業者が旅行客から旅行代金の前払を受けつつも、バス会社、航空会社、ホテル・旅館等宿泊施設に対価を支払わないまま、事業を廃止するという状況に陥った場合、なかには、旅行客がバス・飛行機の運航や宿泊提供を拒否され、旅行客が旅先で混乱するという事態も起こっています。

この点、それぞれの法律構成は 2 (1)のとおりであり、なかでもバス会社、航空会社、ホテル・旅館等宿泊施設のために旅行業者が「代理」、「取次ぎ」を行った場合は、旅行業者が旅行客からその代金を受領した時点で、旅行客のバス・飛行機等運送契約や宿泊契約に基づく支払義務は完了しており、バス・飛行機の運航や宿泊提供の拒否はできないとも考えられます。

いずれにしても、旅行客に被害が生じないよう、事業廃止のタイミングについては留意が必要です。

(5) クレジット会社との加盟店契約における保証金等預託金

前記のとおり、加盟店たる旅行業者が、クレジット会社に対して、加盟店契約における債務不履行を担保するため保証料等の名目で一定の金銭を預託していることがあります。旅行業者が廃業に際して、クレジット会社からこの預託金を回収しようとしたときに、旅行客からの立替金回収が完了していないことを理由に預託金の返還を拒絶される場合も想定されます。そこで、旅行業者としては、クレジット会社に対して預託金の返還について早期に打診をして、クレジット会社の意向を確認し、場合によっては和解によって預託金の回収額について譲歩することも考えられます。

(6) 個人情報

旅行業者は、その事業の性質上、膨大な個人情報を取り扱っています。氏名、住所のみならず、パスポート番号やクレジットカード番号なども取り扱っている場合が多いでしょう。これらによって作られる情報は特定の個人を識別できる「個人情報」に該当し（個人情報2①）、とりわけパスポート番号はそれだけで「個人識別符号」として「個人情報」に該当します（個人情報2②・①二、個人情報令1二）。そのため、廃業に当たって、これら個人情報が外部に流出しないように、適切に廃棄する必要があります。

【書式6】 事業廃止等届出書

事業廃止等届出書

登　録　種　別	☑ 旅行業（第2種・第3種・地域限定）　□ 旅行業者代理業 □ 旅行サービス手配業		
登　録　番　号	東京都知事登録旅行業第　　　　　ー　〇〇〇〇号 東京都知事登録旅行業者代理業第　　　　　　　号 東京都知事登録旅行サービス手配業第　　　　　号		
登　録　年　月　日	平成〇 年 〇 月 〇 日		
商　　　　　号	〇〇〇〇		
役職名・代表者名	代表取締役　〇〇〇〇		
事　業　廃　止　等　の 理　　　由 （発生年月日）	事　業　廃　止（平成〇 年 〇 月 〇 日）		
	事　業　譲　渡（　　　　年　　月　　日）		
	法　人　合　併（　　　　年　　月　　日）		
	事　業　者　死　亡（　　　　年　　月　　日）		
	代理業業務委託契約解除（　　　　年　　月　　日）		
	所属旅行業者登録抹消（　　　　年　　月　　日）		
	その他（　　　　　　　　　　　　　　　　　）		
〇事　業　譲　受　人 〇合併後存続する法人 　あるいは 〇合併により設立した 　法人	事業譲渡あるいは合併年月日　　　　年　　月　　日 商　　　号 代　表　者 住所（所在地）		
東　京　都　知　事　殿 　　旅行業法第 $\frac{15}{35}$ 条第　　項の規定に基づき届け出ます。 　　　　　　　　　　　　　　　　　平成〇 年 〇 月 〇 日 　　届　出　者 　　　　住所（所在地）〒〇〇〇ー〇〇〇〇 　　　　　　　　　　東京都〇〇区〇〇町〇丁目〇番〇号 　　　　商　　　号　〇〇〇〇 　　　　代　表　者　代表取締役　〇〇〇〇　　　　㊞ 　　　　（役職名）		

（注）この届けは、重要な届出ですから必ず来庁の上提出してください。（郵送不可）

〔連絡先電話〕＿＿＿（　　）＿＿＿＿　〔担当者〕＿＿＿＿

通知書の 受領方法	郵送	来庁

（東京都ウェブサイト参照）

第9 サービス業（美容関係）

1　業　態

　美容関係の事業としては、日本標準産業分類（総務省・平成25年［2013年］10月改定）によると、以下のように分類されています。
① 理容業
　　主として頭髪の刈り込み、顔そりなどの理容サービスを提供する事業。
　　例として、理容店、理髪店、バーバー、床屋など。
② 美容業
　　主としてパーマネントウェーブ、結髪、化粧などの美容サービスを提供する事業。
　　例として、美容室、美容院、ビューティサロンなど。
③ エステティック業
　　手技又は化粧品・機器等を用いて、人の皮膚を美化し、体型を整えるなどの指導又は施術を行う事業。
　　例として、エステティックサロン、美顔術業、美容脱毛業、ボディケア、ハンドケア、フットケア、アロマオイルトリートメント、ヘッドセラピー、タラソテラピー（皮膚を美化して体型を整えるもの）など。
④ リラクゼーション業（手技を用いるもの）
　　手技を用いて心身の緊張を弛緩させるための施術を行う事業。
　　例として、ボディケア、ハンドケア、フットケア、アロマオイルトリートメント、ヘッドセラピー、タラソテラピー（心身の緊張を弛緩させるのみのもの）など。
⑤ ネイルサービス業
　　化粧品・器具等を用いて、手及び足の爪の手入れ、造形、修理、補強、装飾など爪に係る施術を行う事業。
　　例として、ネイルサロン、マニキュア業、ペディキュア業など。
　このように、美容関係の事業には様々な業種が含まれますが、ここでは、比較的複雑な債権債務関係が形成される傾向にあるエステティックサロン事業を念頭に置きながら、適宜、理容業、美容業にも触れて解説します。

2　多く見られる契約類型

(1)　役務提供契約

　エステティックサロン事業者は、多数の顧客との間で、施術を施すことを内容とする役務提供契約を締結しています。期間が1か月を超え、施術代金が5万円を超える契約である場合、当該契約は、特定商取引に関する法律上の特定継続的役務提供契約（特定商取引41①一、特定商取引令別表第4一）に該当するため、顧客には、クーリングオフ、中途解約権が認められます（齋藤雅弘ほか『特定商取引法ハンドブック』411頁以下（日本評論社、第5版、2014））。

　理容業、美容業では、1回のサービスに対して、その都度、現金又はクレジットカードで決済されることが多く、エステティックサロン事業にみられるような役務提供契約に類する契約が締結されることは少ないのではないかと思われます。

(2)　売買契約

　エステティックサロン事業者は、顧客に施術を行うだけではなく、顧客に対して、健康食品、化粧品、石鹸、浴用剤等、関連する商品を販売していることが多く、これが特定商取引法上の関連商品に該当する場合、顧客にはクーリングオフ、中途解約権が認められます（特定商取引48②・49⑤⑥）。また、エステティックサロン事業者は、仕入業者から商品を仕入れており、その売買契約も多く見られます。

　理容業、美容業でも、店舗において、シャンプー、整髪料等を顧客に販売していることがあり、仕入業者との間での売買契約も見られます。

(3)　割賦販売・信用購入あっせん

　エステティックサロン事業者は、顧客との間で役務提供契約や商品売買契約を締結する際、顧客から分割払を受けるために割賦販売によることがあります。また、信用購入あっせん業者（以下「信販会社」といいます。）と加盟店契約を締結し、顧客が信販を利用して、エステティックサロン事業者が代金の立替払を受けていることも多く見られます。

　理容業、美容業でも、信販会社と加盟店契約を締結し、包括信用購入あっせんによって、信販会社から代金の立替払を受けていることがあります（いわゆるクレジットカード払です。）。

(4) リース契約

　エステティックサロン事業では、店舗に備えている機械や設備がリース物件であることが多く見られます。これは理容業、美容業でも同様です。

　廃業時には、リース契約を解除してリース物件をリース業者に返還する必要がありますが、物件の返還だけではなく、リース契約の約定に基づいて、損害金や違約金をリース業者に支払うことが必要となる場合があります。その費用の捻出についても、契約書を確認し、通常清算に要する費用として見込んでおくことが必要です。

(5) 賃貸借契約

　エステティックサロン事業では、店舗が賃借物件であることが多く見られます。これは理容業、美容業でも同様です。

　賃貸借契約については、清算の過程で契約を解除し、明渡しを行う必要がありますが、明渡しに当たり原状回復の必要がありますので（改正前民616・598、改正後民621）、その費用についても通常清算に要する費用として見込んでおくことが必要です。

　また、賃貸借契約上、直ちに解除して明渡しができるわけではなく、一定期間前に解約の予告をすることが必要である場合が多くみられます。賃貸借契約については、通常、賃貸借契約書が締結されているはずですから、契約解除に関する条項の内容を確認し、解除の手続を正確に把握した上で、できる限り、無用な賃料を支払わずに済むように、解除の時期を適切に見積もっておく必要があります。

3 許認可等

　エステティックサロン事業には、原則として、許認可や届出は不要です。ただし、美顔施術を行う場合には、理容師法又は美容師法の規制が及ぶほか、サウナ等を伴う場合には、公衆浴場法の規制が及びます。この場合には、各業法上の許可を受けていることがあります。清算時には、何らかの許認可を受けているか否か、念のため確認をすることが必要です。

　理容業、美容業を行うには、それぞれ、理容師法又は美容師法に基づき、理容師免許又は美容師免許を得ておく必要があり（理容師2、美容師3①）、事業開始時には、都道

府県知事（保健所設置市又は特別区にあっては、市長又は区長）に届出をして（理容師11①・17、美容師11①・20）、理容所又は美容所について使用前の検査確認を受けています（理容師11の2・17、美容師12・20）。廃業時には、廃業届出を提出する必要がありますので（理容師11②・17、美容師11②・17）、注意が必要です。

4 注意点

(1) 契約の処理

　エステティックサロン事業では、多数の顧客との役務提供契約、複数の信販会社との加盟店契約などにより複雑な法律関係が生じていることが多いことから、清算手続の選択や、清算の方法として、事業譲渡等のM&Aを用いるか否かに関係し、契約関係をどのように終了させるかについて注意が必要です。

◆役務提供契約
　エステティックサロン事業者は、顧客との間で締結した役務提供契約に基づく役務提供債務を負っています。顧客の数は多数になることが多く、その金額も多額であることがあります。また、エステティックサロン事業者が、顧客及び信販会社から前受金を受領している場合、クーリングオフ、中途解約権の行使、合意解除などにより顧客との役務提供契約を解除すると、顧客又は信販会社に対して前受金返還債務を負い、これを履行する必要が生じます。そのため、清算するに当たり、役務提供債務の履行の見込み、前受金返還債務の履行の見込みを確認しておく必要があります。
　また、清算に当たってはどこかで事業停止をする必要がありますが、突然事業を停止すると、顧客に混乱が生じかねません。そのため、例えば、事業譲渡等により役務提供契約を承継してもらえる事業者を見つけだして店舗閉鎖を相当期間前に告知して承継先店舗への移管を誘導し、事業譲渡等ができない場合には、役務提供期間内は役務提供を継続するなど、可能な限り清算に向けてソフトランディングできるよう検討することが望ましいでしょう。

◆加盟店契約
　エステティックサロン事業者と顧客との役務提供契約の解除によって、加盟店であ

るエステティックサロン事業者が、契約先の信販会社に対して、立替えを受けた代金を返還する必要が生じ得ます。そのため、加盟店契約の内容をよく確認しておく必要があります。

(2) 顧客情報の取扱い

　エステティックサロン事業者、理容業者、美容業者のいずれにも共通しますが、事業の性質上、多数の顧客の個人情報を取り扱っています。このような個人情報については、事業停止後、利用の必要がなくなったときは、外部への漏えいが生じないよう、遅滞なく消去する必要があります（個人情報19参照）。消去の方法としては、①書類等の有体物については、焼却、溶解、シュレッダーでの裁断等、②電子データについては、専用のデータ削除ソフトウェアの利用やハードディスク等の記録媒体の物理的な破壊等、復元不可能な手段によることが推奨されます（岡村久道『個人情報保護法』215頁（商事法務、第3版、2017））。

第10　サービス業（清掃関係）

1　業　態

　清掃業は、商業ビルの清掃、住居の清掃、公共施設の清掃、浄化槽の清掃、死体等の処理を行う特殊清掃等、清掃の対象によって私的なものから公的なものまで様々で、誰もが日常生活の中で関わりを持っているものといえます。そして、清掃業は、単に生活を快適にするだけでなく公衆衛生に関わるという意味では、社会において重要な役割を担っているといえます。

　清掃業は、多額の投資を行うことなく個人の技能をもとに清掃業務を行うものから、一定の人的・物的設備を投資し清掃業務を行うものまで、その業態は様々であるといえます。

　そこで、本項では、清掃業に共通して多く見られる契約類型、許認可、注意点等について述べていきます。

2　多く見られる契約類型

(1)　清掃業務に関する業務委託契約

　清掃を行うに当たり、委託者との間で業務委託契約を締結することが通常です。
　業務委託契約の詳細については、本章第1 2 (2)を参照してください。

(2)　廃棄物処理に関する業務委託契約

　廃棄物処理法では、「事業者は、その事業活動に伴って生じた廃棄物を自らの責任において適切に処理しなければならない。」（廃棄物3①）と定められており、事業者は、事業を行うにあたって発生した廃棄物を適切に処理する義務があります。

　そこで、清掃業者が清掃を行うに当たり、廃棄物が発生した場合には、当該廃棄物について自ら処理をする、又は、処理を第三者に依頼する必要があります。処理を第三者に依頼する場合には、廃棄物処理業者との関係で、廃棄物処理に関する業務委託

契約を締結することが考えられます。

前記のとおり、事業者は、事業を行うに当たって発生した廃棄物を適切に処理する義務があるとされているため、廃棄物の処理を受託した業者が不法投棄等の不適切な処理を行った場合には、産業廃棄物の排出事業者として、社会的な責任を追及されるだけでなく、産業廃棄物処理の適正な対価を負担していなかった、又は、廃棄物処理業者によって産業廃棄物処理の委託基準違反の処理が行われることを知っていたといった事情がある場合には、不法投棄された産業廃棄物の除去等の責任を負うことがあります。

したがって、産業廃棄物処理業者の選定は極めて重要であるといえます。

(3) その他一般的な契約

その他、事業会社として一般的な契約（営業所等の賃貸借契約、機器のリース／レンタル契約、従業員の雇用契約等）があります。

3 許認可等

(1) 浄化槽清掃業について

浄化槽清掃業を営もうとする者は、当該業を行おうとする区域を管轄する市町村長の許可を受けなければなりません（浄化槽35①）。

同許可の申請に当たっては、許可申請書及び添付資料として法人の定款又は寄附行為及び登記事項証明書（個人である場合には、その住民票の写し）、申請者及び役員が浄化槽法36条2号に定める欠格事項に該当しない旨を記載した書類、浄化槽の清掃に関する専門的知識、技能等の証明、その他市町村長が必要と認める書類が必要とされています（浄化槽規10）。

なお、清掃の過程で発生したし尿を運搬するに当たっては、一般廃棄物収集運搬業者として市町村長の許可を受けなければなりません（廃棄物7①）。

(2) 登録清掃業者について

建築物の衛生的な環境の確保を図るためには、建築物の環境衛生上の維持管理を行

う事業者が、適切にその業務を遂行するように資質の向上を図っていくことが重要であるため、一定の物的、人的基準を満たしている事業者について、都道府県知事が登録清掃業者として登録をする制度があります（建築物衛生12の2）。

本登録制度は、登録を受けない事業者が建築物の維持管理に関する業務を行うことに制限を加えるものではありませんが、公共施設等の清掃に関しては、登録清掃業者であることが入札の条件とされることもあります。

(3) その他

その他、清掃業務の実施に際して、産業廃棄物の運搬を行う場合には産業廃棄物収集運搬業の許可が（廃棄物14）、物品の買取り等を行う場合には古物商の許可が必要になります（古物3①）。

4 注意点

(1) 浄化槽清掃業の廃業届出

浄化槽清掃業者が事業を廃止する場合には、浄化槽清掃業者であった個人又は浄化槽清掃業者であった法人の役員が、事業を廃止した日から30日以内にその旨を市町村長に届け出る必要があります（浄化槽38五）。

また、浄化槽清掃業を営む法人について破産手続開始決定により解散をした場合には、当該破産会社の破産管財人が、法人が解散をした日から30日以内にその旨を市町村長に届け出る必要があります（浄化槽38三）。

し尿の運搬に関して一般廃棄物収集運搬に関する許可を受けていた場合で、事業の全部を廃止した場合には廃止の日から10日以内に市町村長に届出をしなければなりません（廃棄物7の2③、廃棄物規2の6②）（【書式7】一般廃棄物収集運搬業廃止届出書参照）。

(2) 登録清掃業の廃業届出

建築物清掃業の登録業者が、事業を廃止した場合には、事業を廃止した日から30日以内に、その旨を都道府県知事に届け出る必要があります（建築物衛生規33①）（【書式8】建築物衛生管理業登録事業廃止届出書参照）。

(3) その他の許認可等

その他、産業廃棄物収集運搬業の許可を受けていた業者が事業の全部を廃止した場合には、廃止の日から10日以内に都道府県知事に対して届出をしなければなりません（廃棄物14の2③・7の2③、廃棄物規10の10①②・様式11）（【書式9】産業廃棄物処理業廃止届出書参照）。

また、古物商の許可を受けていた業者が廃業をする場合には、廃業した日から10日以内に、古物商の許可証を公安委員会に返納しなければなりません（古物8、古物規7・様式9）（【書式10】古物商許可証　返納理由書参照）。

(4) 差入保証金の取戻し

建物の清掃業務を行うに当たり、委託者に対して契約保証金を交付している場合があります。

廃業の際に、差し入れた保証金の返還を求める必要があることは言うまでもありませんが、返還される保証金が、「廃業に伴って損害が生じた」との理由で、不当に減額されている場合があります。

このような場合には、委託者の主張に全面的に従うのではなく、差引金額の内訳を求めるなど、委託者の主張が合理的か否かをきちんと確認する必要があります。

(5) 次の業者への引継ぎ

特に継続的な契約関係を前提とする清掃業者が廃業することにより清掃業務の履行が滞れば、公衆衛生の悪化を招き、場合によっては感染症の原因を生じさせることにもなりかねません。

そこで、契約期間の満了前に廃業をする場合には清掃業務に滞りが生じないよう時期や引継方法についても留意が必要です。

どうしても契約期間の満了前に廃業せざるを得ない場合には、委託者に対して法人としてのサービスを継続できない旨伝えた上で、次の業者が決まるまでの間、従業員個人と直接業務委託契約を締結するよう打診する等柔軟な対応が必要になります。この場合に、当該業務を行うに当たり許認可が必要か否かについては十分に確認が必要です。

(6) 貸与品の返却

　清掃業者は、建築物やテナントの鍵の貸与を受けていることが多くあります。これらの物品について適切に返却できなければ、委託者との間でトラブルになり、円滑な事業の廃止が困難になる可能性があります。

　そこで、清掃業者が事業を廃止する場合には、貸与品、貸与品の返却先、管理方法を再度確認し、速やかに貸与品の返却を実施する必要があります。

(7) 委託先の情報の取扱い

　清掃業者は、事業の性質上、委託先の情報を目にすることがあります。このような情報について、従業員との間で第三者に口外しないことを確認する誓約書等を作成するとともに、資料については適切に、かつ、確実に廃棄処分をすることが必要になります。

【書式7】 一般廃棄物収集運搬業廃止届出書

一般廃棄物収集運搬業　[休止]　[廃止]　届出書

平成　〇年　〇月　〇日

〇〇市長　様

　　　　　　　　住所（所　在　地）〇〇市〇〇町〇丁目〇番〇号

　　　　　　　　（名　　　称）株式会社〇〇〇〇

　　　　　　　　氏名（代表者名）〇〇〇〇　㊞

　一般廃棄物収集運搬業の[全部][一部]を[休止][廃止]したいので、〇〇市廃棄物の減量推進及び適正処理並びに生活環境の清潔保持に関する規則第〇〇条の規定により、次のとおり届出します。

記

1. [休止][廃止]の年月日
　　平成〇年〇月〇日

2. 事業の範囲
　　し尿等の収集及び運搬

3. 理　　　由
　　事業清算のため。

4. 委託者の措置
　　別紙添付書類のとおり

別紙　〔省略〕

（大阪市ウェブサイト（http://www.city.osaka.lg.jp/kankyo/cmsfiles/contents/0000198/198772/yousiki21.pdf（2019.2.4））を加工して作成）

【書式8】 建築物衛生管理業登録事業廃止届出書

登録事業廃止届出書

平成　〇年　〇月　〇日

〇〇県知事　様

　　　　　　　　　　　　　　住　　　所　〇〇市〇〇町〇丁目〇番〇号

　　　　　　　　　　　　　　氏名又は名称　株式会社〇〇〇〇

　　　　　　　　　　　　　　代表者の住所　〇〇市〇〇町〇丁目〇番〇号

　　　　　　　　　　　　　　代表者の氏名　〇〇〇〇

　建築物における衛生的環境の確保に関する法律第12条の2第1項の登録に係る事業を廃止したので、建築物における衛生的環境の確保に関する法律施行規則第33条第1項の規定により、次のとおり届け出ます。

事業の区分	建築物　　〇〇〇〇　業
登録番号	〇〇県　　第　〇〇〇〇　号
営業所の名称	〇〇〇〇
営業所の所在地 （電話番号）	〇〇〇〇 〇〇-〇〇〇〇-〇〇〇〇
事業を廃止した年月日	平成　〇年　〇月　〇日

【書式9】　産業廃棄物処理業廃止届出書

<table>
<tr><td colspan="3" align="center">産業廃棄物処理業 廃止／変更 届出書</td></tr>
<tr><td colspan="3" align="right">平成　○年　○月　○日</td></tr>
<tr><td colspan="3">
○○県知事　殿

届出者（〒○○○－○○○○）
　　　住　　所　　○○市○○町○丁目○番○号
　　　氏　　名　　株式会社○○○○　　　○○○○
　　　（法人にあっては、名称及び代表者の氏名）
　　　電話番号　　○○－○○○○－○○○○
</td></tr>
<tr><td colspan="3">
　平成○年○月○日付け第○○○○号で許可を受けた産業廃棄物処理業に係る以下の事項について廃止／変更したので、廃棄物の処理及び清掃に関する法律第14条の2第3項において準用する同法第7条の2第3項の規定により、関係書類等を添えて届け出ます。
</td></tr>
<tr><th></th><th>新</th><th>旧</th></tr>
<tr><td>廃止した事業又は変更した事項の内容（規則第10条の10第1項第2号に掲げる事項を除く。）</td><td>産業廃棄物収集運搬業</td><td></td></tr>
<tr><td colspan="3">変更した事項の内容（規則第10条の10第1項第2号に掲げる事項）</td></tr>
<tr><td colspan="3">（変更内容が法人に係るものである場合）※法定代理人、株主及び出資をしている者の変更</td></tr>
<tr><td colspan="1">（ふりがな）
名　称</td><td colspan="2">住　所</td></tr>
<tr><td></td><td colspan="2"></td></tr>
<tr><td colspan="3">（変更内容が個人に係るものである場合）※法定代理人、役員（法定代理人が法人である場合の当該法人の役員を含む）、株主、出資をしている者及び使用人の変更</td></tr>
<tr><td>（ふりがな）
氏　名</td><td>生年月日
役職名・呼称</td><td>本　籍
住　所</td></tr>
<tr><td></td><td></td><td></td></tr>
<tr><td></td><td></td><td></td></tr>
<tr><td></td><td></td><td></td></tr>
<tr><td>廃止又は変更の理由</td><td colspan="2">事業清算のため。</td></tr>
<tr><td colspan="3">
備考
1　この届出書は、廃止又は変更の日から10日（法人で規則第10条の10第3項第1号又は第2号の規定により登記事項証明書を添付すべき場合にあっては、30日）以内に提出すること。
2　各欄にその記載事項のすべてを記載することができないときは、同欄に「別紙のとおり」と記載し、この様式の例により作成した書面を添付すること。
</td></tr>
</table>

（廃棄物規様式11）

【書式10】 古物商許可証　返納理由書

資料区分	16		受理年月日	4. 平成	年	月	日
受理警察署		（　　　署）					

返納理由書

古物営業法第8条 第1項／第3項 の規定により許可証を返納します。

平成〇年〇月〇日

〇〇県公安委員会　殿

届出者の氏名又は名称及び住所
株式会社〇〇〇〇
〇〇市〇〇町〇丁目〇番〇号　㊞

許可の種類	1. 古物商　　2. 古物市場主
許可証番号	〇〇〇〇〇〇〇〇〇〇〇
許可年月日	3. 昭和　4. 平成　〇年〇月〇日
氏名又は名称	（フリガナ）カブシキガイシャ〇〇〇〇 （漢字）株式会社〇〇〇〇

返納理由の発生年月日	4. 平成　〇年〇月〇日
返納理由	1. 古物営業を廃止した。 2. 許可が取り消された。 3. 亡失した許可証を発見し、又は回復した。 4. 許可証の交付を受けた者が死亡した。 5. 許可証の交付を受けた法人が合併により消滅した。

記載要領
1　届出者は、氏名を記載し及び押印することに代えて、署名することができる。
2　不要の文字は、横線で消すこと。
3　数字を付した欄は、該当する数字を〇で囲むこと。

第11 サービス業（情報技術（IT）関係）

1 業 態

　一般にIT産業と呼ばれる事業分野は、情報・通信技術に関わる経済活動全般にまたがっており、その中にはハードウェア、ソフトウェア、通信インフラ、通信サービス、システム構築等の様々な業種が含まれます。また、日進月歩でイノベーションが起こっており、メディア業や金融業などの他事業との融合が進んだり、全く新しい事業分野が誕生したりするところにも特徴があります。

　ここでは、多岐にわたるIT関係事業の中から、ソフトウェアの受託開発やパッケージソフトウェアの提供を行うITベンダーや、アプリケーションソフト等のサービスをネットワーク経由で提供するアプリケーションサービスプロバイダ（ASP）を取り上げ、事業の清算時に生じうる問題について解説します。

2 多く見られる契約類型

【ITベンダー】

(1) 開発委託契約

　ITベンダーがユーザーからソフトウェア開発を受託する場合、ユーザーとの間で開発委託契約を締結します。契約形態としては、①プロジェクトの全工程を網羅する契約を締結する方式（一括契約）と、②工程全体を対象とするソフトウェア開発委託基本契約が締結され、これに基づき、要件定義、外部設計、内部設計、プログラミング、システムテスト、導入・受入支援、運用テスト等の段階毎に個別契約が締結される方式（多段階契約）があります。一定以上の案件規模であれば、多段階契約方式が採用されることが一般的です。契約の法的性質としては、原則として請負、準委任又はこれらの複合的な性格の無名契約のいずれかに分類されます。

（2） ライセンス契約

ITベンダーがユーザーに既成ソフトウェアを使用させる場合には、ユーザーとの間でソフトウェアの使用にかかるライセンス契約を締結することもあります。

（3） 下請業者との契約

ITベンダーでは、ユーザーから請け負った開発作業を下請に出すことも多く、その場合には、外注先との間で開発再委託契約を締結します。

（4） 保守契約

ITベンダーでは、システム完成・納品後は、ユーザーとの間で、ソフトウェア・ハードウェアのメンテナンスを目的とした保守契約を締結することも広く行われています。

【ASP】

（1） サービス利用契約

ASPは、サービス利用者との間でサービス利用契約を締結します。個人を想定する場合はもちろん、企業を顧客とする場合でも、大量、画一的な処理を可能にするために、ASP側がサービス利用約款やサービス利用規約を用意し、一律に適用することが一般的に行われています。

（2） サービス提供環境を確保するための契約

ASPは、サービス提供のためのサーバー等の機器を外部のデータセンターに設置するため、データセンター事業者との間でデータセンターサービス契約を締結することがあります。この契約は、データセンターの電源、空調設備、サーバー機器を格納するラック等を使用することを内容としますが、その他にも、通信回線事業者との間でWAN回線利用契約、機器等保守事業者との間で保守契約、コールセンター事業者との間でユーザー対応の委託契約等を締結することがあります。

最近は、物理的な機器を所有せずにクラウド上にサービス提供環境を構築する場合もあり、この場合には、クラウド事業者との間でクラウドサービス利用契約を締結します。

3 許認可等

　システム開発やITサービスの提供について必須の許認可があるわけではありませんが、サービスの品質やセキュリティに対する顧客の信頼を得るために、国際標準化機構（ISO）や国際電気標準会議（IEC）が定める国際規格（品質マネジメントに関するISO9001、情報セキュリティマネジメントに関するISO/IEC27000シリーズ等）を取得しているケースもあります。

　また、BtoCサービスなどを手がけ、多くの個人情報を扱う場合には、一般財団法人日本情報経済社会推進協会からプライバシーマークの付与を受けているケースもあります。

4 注意点

(1) ITベンダー

　受注したプロジェクトを途中で投げ出してしまうことは発注者に対する債務不履行となり、発注者からの損害賠償請求を免れません。多段階契約方式の場合には、一応、個別契約毎に履行の有無が判定されることにはなりますが、プロジェクトが中途で終了してしまった場合、納品済の成果物とはいえ、発注者にとっては全く無価値になってしまうことがあります。例えば、プログラミング作業の完成前に終了した場合、発注者としては、代替となるベンダーにあらためて発注し直すことが必要になりますが、もとの受注者の成果物のうち、要件定義は流用することができても、内部設計は全く利用できないということがありえます。こうなってくると、内部設計に関する個別契約自体に不履行はないといっても、発注者は、一方的にプロジェクトを投げ出したベンダーに対し、内部設計部分の費用の返還等を求める可能性も十分あります。

　ベンダーとしては、事業の清算を検討している場合には、受注したプロジェクトへの影響を最小限にするため、プロジェクトの完成まで清算を遅らせたり、代替ベンダーによるプロジェクトの承継に積極的に協力したりするといった努力が求められます。

　もっとも、清算を予定しながら社内外の人員や取引を維持するのには、資金面でも、モチベーションの面でも難しい舵取りが要求されます。

また、開発自体が終了したとしても、ベンダーにおいて保守契約を引き受けることができない場合、当初予定していたシステムの性能が発揮・維持できないおそれがあり、発注者には大きな不利益が及ぶ可能性があります。締結済みの保守契約の契約期間が残っている場合も同様です。

　このような事態に対応するためには、必要最低限の期間、保守に応じるとか、代替保守先を紹介するといったことが考えられます。

　もっとも、前者の場合、清算を控えつつ保守体制を維持することが難しいこともありますし、後者の場合も、他社が開発したシステムの保守を引き受けてくれる業者を確保できるかが課題となります。

(2) ASP

　提供するサービスの内容にもよりますが、サービス提供を突然終了することは、ユーザーに大きな不利益を及ぼす可能性があります。特に、ユーザーが事業者で、業務の根幹に関わるようなサービス（例えば、勤怠管理、経理、販売管理等の基幹システムなど）の場合は、ユーザーの事業活動の継続を危うくするおそれもあります。

　したがって、サービス提供を終了するに当たっては、ユーザーが代替サービスへの移行の準備ができるよう、余裕を持ってサービス終了を告知する、代替サービスへの移行方法を案内する、ユーザーデータのエクスポート方法を用意するといった形でユーザーへの影響をできる限り小さくする努力が求められます。

　また、ASPにおいて保持しているユーザーのデータについては、プライバシーポリシー等に基づいて適切に処分する、消去した上で消去証明書をユーザーに交付するといった対応も必要になります。

第12 サービス業（警備関係）

1 業態

　警備業とは、他人の要請に応じて各種警備業務を行うものをいいます。
　警備業法によれば、各種警備業務は、以下の4種類（順番に、いわゆる1号業務、2号業務、3号業務、4号業務）に大別されています（警備2①一～四）。

① 1号業務（警備2①一）
　　事務所、住宅、興行場、駐車場、遊園地等（以下、本項において「警備業務対象施設」といいます。）における盗難等の事故の発生を警戒し、防止する業務のことをいいます。
　　前記のとおり幅広い対象の警備を行うものであり、施設警備業務、巡回警備業務、保安警備業務、空港保安警備業務、機械警備業務等様々な形態によって警備が提供されています。

② 2号業務（警備2①二）
　　人若しくは車両の雑踏する場所又はこれらの通行に危険のある場所における負傷等の事故の発生を警戒し、防止する業務のことをいいます。
　　例えば、交通誘導警備業務及び雑踏警備業務がこれに当たります。

③ 3号業務（警備2①三）
　　運搬中の現金、貴金属、美術品等に係る盗難等の事故の発生を警戒し、防止する業務のことをいいます。
　　例えば、貴重品運搬警備業務及び核燃料物質等危険物運搬警備業務がこれに当たります。

④ 4号業務（警備2①四）
　　人の身体に対する危害の発生を、その身辺において警戒し、防止する業務のことをいいます。
　　例えば、身辺警備、いわゆるボディーガードがこれに当たります。

　なお、その他の警備業として、警備業法には、機械警備業務も定められています（警備2⑤）。これは、警備業務用機械装置（警備業務対象施設に設定する機器により感知した盗難等の事故の発生に関する情報を当該警備業務対象施設以外の施設に設置する機器に送信し及び受信するための装置で、内閣府令で定めるものをいいます（警備規2）。）を使用して行う警備業のことです。

2 多く見られる契約類型

(1) 警備業務提供に関する委託契約 ■■■■■■■■■■■■

　警備業の多くは、顧客との間で警備業務提供に関する委託を行う旨の契約を締結しています。なお、警備業法では名義貸しが禁止されていることから（警備13）、業務の全部又は一部の再委託を行う場合には、このような規制に反しないようにしなければなりません（通達として、平成15年12月15日警察庁丁生企発408号「警備業者に対する警備業務提供委託に関する指針について」があります。）。

(2) 雇用契約 ■■■■■■■■■■■■■■■■■■■■■■■■■■

　警備業については、労働者派遣法が定める適用除外業務に該当するため労働者の派遣が禁止されています（労派遣4①三）。そのため、雇用契約によって業務に従事している従業員が多くいます。

　警備業という特性上、勤務が深夜にわたること、業務時間が長くなる傾向にあることは否定できません。また、宿直が必要となりその中で仮眠時間が設定されている場合もあり、いつでも出動できる体制をとってはいるが待機している時間が発生することもあります。

　そのため、警備業においては、業務の特性上、正確な労働時間を適切に把握することが難しく、これまでも、裁判等において、労働時間の該当性が争われるケースが多くありました。

　労働法規を守ることは当然のことですが、適切に労務を管理できていないことが清算手続を円滑に進めることの障害になることもあるので、日頃から適切な労務管理を行う必要があります。

3 許認可等

　警備業を営もうとする者は、警備業法3条各号のいずれにも該当しないことについて、都道府県公安委員会の認定を受けなければなりません（警備4）。

この認定を受けた場合には認定証が発行されますが、この認定証の有効期間は、認定を受けた日から起算して5年です（警備5④）。認定証の有効期間の満了後も引き続き警備業を営もうとする警備業者は、その主たる営業所の所在地を管轄する公安委員会に、認定証の有効期間の更新を申請し、その更新を受けなければなりません（警備7①）。

また、その他にも多くの届出が必要となります。

例えば、主たる営業所の所在する都道府県以外の都道府県の区域内に営業所を設け、又は当該区域内で警備業務（内閣府令で定めるものを除きます。）を行おうとするときは、内閣府令で定めるところにより、当該都道府県の区域を管轄する公安委員会に、一定の事項を記載した届出書を提出しなければなりません（警備9、警備規11〜14）。また、警備業務を行うに当たって用いようとする服装の色、型式、携帯しようとする護身用具の種類、規格その他を都道府県の区域を管轄する公安委員会に届け出なければならないとされています（警備15・16）。

4 注意点

(1) 委託契約の処理

警備業の場合、1回限りのスポットの契約もありますが、例えば、建物の一定期間の警備を受託する契約等、一定の期間が継続する内容の契約が多いと考えられます。

継続的な契約を途中で一方的に終了してしまえば、関係者に多大な迷惑をかけてしまうので、それに対する配慮が必要でしょう。

また、関係者への配慮という観点だけではなく、このような場合には、損害を賠償するべき義務が発生する可能性が高いでしょう。通常は違約金条項という形で損害賠償額の予定を契約で定めているため、多額の債務を負うこととなり、清算が円滑に進まないということもあり得ます。このような法的な観点からの検討も必要でしょう。

したがって、委託契約が終了する時期に廃業する等、事業閉鎖の時期及び方法を考慮する必要があります。このような配慮をすることによって、前記のとおり、廃業の影響を最小限にすることができますし、通常は損害賠償を受けるリスクを減少させることにもつながります。

このような配慮ができない場合には、事業の清算時期によっては、既述のとおり違約金（損害賠償義務）が発生する可能性がありますが、このような違約金の定めが有

効か否か、有効である場合には過大な違約金の定めをしているのではないかといった検討が必要となり、清算に影響が出ないよう検討する必要があります。

(2) 雇用関係の処理

　警備業者の特徴として、従業員が多いこともあり、事業の清算をする際は、労働関係の処理が必要となります。

　よく問題となる例としては、未払給与の処理、雇用関係の継続・解雇の時期（解雇予告手当との関係）が挙げられ、また、労働関係に関する各種届出の検討等も必要となります（雇用契約の解消に関する留意点については、**第2章第2 3**をご参照ください。）。

　特に業務の性質上、勤務時間が深夜にわたることや、所定労働時間を超えて勤務しなければならないことが多くあります。

　そのため、清算をする段階になって、思わぬ額の未払時間外手当が発生していることが発覚することもありますが、未払の時間外手当が多くなり、多額の債務が残った状態となれば、通常清算という方法が採れないということも考えられます。

　そのため、常日頃から、時間外手当が発生しないよう、発生したとしても未払とならないよう従業員の労働時間管理を適切に行うことが大事です。仮に、未払時間外手当が発生しているのであれば、その債務がどの程度あるのか、資産及び他の債務を含めて検討した際に通常清算を行えない程度に至っていないのか、清算時期を調整することによって、通常清算を進めることが可能か等の検討を行う必要があります。

　また、労働関係の処理に関連して、警備業という特殊性から、警備業を行う際に法人が貸与していた持ち物（警備の際に用いていた服、護身用具、後述の個人情報等）については必ず回収してください。これらのものの回収が不十分な場合、悪用される可能性があり、そのことによって、他人に損害を与えた場合には、法人が損害賠償債務を負う可能性が出てきますので、十分な注意が必要です。

(3) 警備業等の廃業届

　警備業者は、警備業を廃止したときは、内閣府令で定めるところにより、公安委員会に、廃止の年月日その他の内閣府令で定める事項を記載した届出書を提出しなければなりません（警備10①、警備規15・16）（**【書式11】警備業廃止届出書**参照）。

　このような届出がなされたときには、認定は効力を失うとされています（警備10②）。

この場合には、認定証の交付を受けた者は、遅滞なく、認定証をその主たる営業所の所在地を管轄する公安委員会に返納しなければなりません（警備12①一）。

また、前記のとおり各種届出をしていることがあるので、それに関する対応を確認する必要があります（例えば、前記廃業届だけではなく、主たる営業所が所在する都道府県以外に設置された営業所の廃止届が必要となります。）。

(4) 個人情報

警備業者は、顧客の重要な情報を管理している可能性が高いです。建物の構造に関する情報、会場の一般には知られていない情報（要人が避難する際の経路等）から顧客の個人情報まで多岐にわたる情報を扱うこととなります。

これらの情報を従業員が持っている可能性がありますので、確実に回収する必要もありますし、当然のことですが守秘義務を明記する等、従業員が職務上知り得た秘密を漏らさないようにする工夫が必要です。

また、データとして管理している情報については、他に漏れないように徹底的に管理し、清算の際には処分するように注意しましょう。

第4章　業種別の注意点

【書式11】　警備業廃止届出書

※　資料区分		※　受理警察署		（　　　　　　署）
※　受理番号		※　受理年月日		年　　　月　　　日

警備業廃止届出書

警備業法第10条第1項の規定により届出をします。

平成○年○月○日

○○県公安委員会　殿

届出者の氏名又は名称及び住所
株式会社○○○○
○○市○○町○丁目○番○号　㊞

（フリガナ）氏名又は名称	カブシキカイシャ○○○○
	株式会社○○○○
法人等の種別	1. 個人　[2]. 株式会社　3. 持分会社　4. 財団法人　5. 社団法人　9. その他
認定証を交付した公安委員会の名称	○○公安委員会　※
認定証の番号	○○○○○○
廃止の年月日	○年○月○日
廃止の事由	事業を清算したため、警備業を行わなくなった。

記載要領
1　※印欄には、記載しないこと。
2　届出者は、氏名を記載し及び押印することに代えて、署名することができる。
3　数字を付した欄は、該当する数字を○で囲むこと。

備　考
　　用紙の大きさは、日本工業規格A4とする。

（警備規別記様式5号）

第13　サービス業（介護関係）

1　業態

　介護サービス業には、様々な種類のサービスがありますが、大別すると、①利用者が自宅に居住していることを前提とする居宅型のサービス、②利用者が施設に入居してサービスの提供を受ける居住型のサービス、③その他のサービスに分類できます。
① 　居宅型のサービス
　　利用者の自宅を訪問して介護等のサービスを提供する訪問介護（ホームヘルパー）、訪問看護の他、利用者が施設に通所して介護サービスを受けるデイサービス等があります。
② 　居住型のサービス
　　有料老人ホーム、サービス付き高齢者住宅、ケアハウス、特別養護老人ホーム等があります。
③ 　その他のサービス
　　要介護認定を受けた利用者に必要な介護サービスのプランの作成を行ったり、利用者と事業者とを仲介したりする居宅介護支援事業所、地域包括支援センター等があります。
　なお、介護保険制度上、介護サービスは、居宅サービス、施設サービス、地域密着型サービスの3つに大別されていますが、例えば、有料老人ホーム、ケアハウスなどは、利用者が施設に入居して介護サービスを受けるにもかかわらず、居宅サービスに分類されていたりするなど分かりにくい体系となっているので、注意が必要です。
　介護サービス業の運営主体としては、民間企業、NPO法人、社会福祉法人、医療法人等様々です。
　介護サービス業は、介護保険法等に基づく厳しい基準を満たした上で、所定の指定を受ければ、介護保険から報酬を得られることから、サービスの対価について回収不能となるリスクは比較的小さい業態であるといえます。すなわち、介護保険の適用対象となる事業では、介護サービスを提供した場合、その報酬の7～9割は介護保険から支払われ、介護サービスの利用者は残りの1～3割だけを自己負担することとなっています。
　介護保険制度の下では、65歳以上の高齢者は、その居住する市町村において、要介

護認定の申請をすることにより、自立（非該当）又は7段階の要支援度・要介護度（要支援1・2、要介護1～5）のいずれかの認定を受けます。そして、要支援又は要介護が認定された場合、その程度に応じて、ケアマネジャーに、必要な介護予防サービス又は介護サービスを定めたケアプランを作成してもらうことで、当該高齢者は、プランに合った介護サービスの事業所を探し、介護保険による介護サービスを受けることができます。そのため、介護サービスの種類も、利用者の要支援度・要介護度の程度や内容において細かく分類されているというわけです。

　介護保険制度は、厚生労働省の社会保障審議会介護保険部会が主体となって、3年に1回の割合で見直すこととされています。例えば、旧来の難易度が低い定型的な介護サービスに対する介護報酬は減算、今後拡充していくべき難易度が高い介護サービスに対する介護報酬は加算、というように介護保険報酬の体系も変更されていきます。

　そのため、介護サービス業者は、旧来の運営方法を維持したままでは、経営を継続していくことが厳しくなっていきます。

　また、業界の傾向として、現場スタッフの業務負担が大きい割に、賃金は比較的低額であることから、人材の確保が困難な状況となっています。

2　多く見られる契約類型

(1) 介護サービスの利用契約

　介護サービス事業者は、介護サービスを受けようとする利用者との間で、サービスの利用契約を締結します。

　介護サービスの利用契約の法的性質としては、基本的には役務を提供する準委任契約（民656）であると解されます。介護サービス利用契約の特徴として、サービスの内容を具体的に特定することが困難で分かりにくいこと、契約の相手方である利用者は、通常、判断能力が十分ではなくなっていることが多いという点があるため、契約の締結に際しては、利用者に十分な理解が得られるように努めることが求められます。具体的には介護サービス事業者は、サービス利用契約の締結に際して、利用者に対し、重要事項説明書の交付と共に、重要事項の説明を行うことが必要とされています（指定居宅サービス等の事業の人員、設備及び運営に関する基準8①、各自治体条例等）。

(2) 施設への入居契約（居住型施設の場合）

施設への入居を前提とする介護サービスの場合は、事業者と利用者との間で、施設への入居契約も締結します（介護サービスの利用契約と入居契約が一体の契約書であることも多いです。）。重要事項の説明と重要事項説明書の交付が必要であることは前記と同様です。

入居契約の法的性質としては、賃貸借契約型、分譲型、利用権設定型が考えられます。

利用者の施設への入居に際しては、利用者から事業者に対して入居一時金が支払われることがよくありますが、その名目は、敷金、入居金、権利金、保証金など様々で、その目的も不明確であることが多くあります。

そのため、施設の利用者が死亡したり、中途解約したりするような場合に、入居一時金の残額の返還義務の有無をめぐってトラブルとなることが多くあります。このようなトラブルが頻発していたため、平成23年の老人福祉法の改正（平成23年法律72号）により、「有料老人ホームの設置者は、家賃、敷金及び介護等その他の日常生活上必要な便宜の供与の対価として受領する費用を除くほか、権利金その他の金品を受領してはならない。」と法律で明記されることとなりました（老福29⑥）。

(3) その他の契約

事業所の敷地又は建物を借り受けるための不動産賃貸借契約、サービスの外部委託契約（給食サービス、医師の往診、訪問看護等）、その他事業者として必要な一般的な契約（機器のリース、スタッフの雇用契約等）があります。

3 許認可等

介護サービスを営もうとする者は、老人福祉法に基づき、厚生労働省令が定めた届出要件を満たした上で、都道府県知事に対して届出をする必要があります（老福14・15②・29）。あわせて、介護保険の適用を受けようとする場合には、都道府県又は市町村の指定（又は許可）を受ける必要があります（介保70・78の2・79・86・94・107・115の2・115の12・115の22）。

介護保険の適用事業所としての指定（又は許可）を受けるための基準は、人員、施

設・設備、運営の3項目に分けて、厚生労働省令や各都道府県の条例等により、それぞれ細かい基準が定められています。これらの内容は、各地方公共団体のウェブサイト等で確認することができます。

また、これらの基準は、指定（又は許可）を受け、施設の運営を開始した後も、維持し続ける必要があります。

4　注意点

(1) はじめに

　介護サービス業は、生活する上で支援や介護を必要とする高齢者を顧客として、継続的に介護サービスを提供することを内容とする事業です。

　そのため、介護サービス事業者の廃業は、場合によっては、顧客の生命・身体の安全にも多大な影響を及ぼす場合があります。

　特に、施設型の介護サービスの場合、利用者は、自宅では健康な生活を維持できないからこそ施設に入居しているのであり、その施設が廃業となることは、利用者の生命・身体の安全へ重大な影響を及ぼすおそれがあるといえます。他方、施設型以外の介護サービスは、ある意味、他の業者で代替が利くことが多いといえますので、引継ぎ等を十分にすることに留意すれば大きな問題は生じにくいといえます。

　そこで、以下では、主に施設型の介護サービス事業者の廃業を前提として留意点を説明します。

　施設型の介護サービス業者の場合、入居者は当該施設が終の棲家となることを期待していることも多く、契約上も、入居者から多額の権利金や敷金を受領していたり、終身にわたる介護サービスを合意していたりする場合には、廃業に向けて入居者に退去を求めることで、トラブルになりやすいといえます。

　また、入居者全員の退去が完了するまでは廃業手続を完了することができませんので、廃業にかかるコストを試算しにくい側面もあります。仮に、全入居者の転居完了前に、資金が底を尽き、介護サービスの提供を継続できなくなった場合には、入居者の生命・身体の安全に重大な支障を来しかねませんので、廃業手続中の資金繰りとスケジュールの管理は重要です。

　もちろん、入居者が住み慣れた当該施設での居住を継続できることが最も望ましいことですので、事業譲渡等により、入居者の生活の継続をするための努力はギリギリ

まで継続するべきであり、廃業・清算は最後の手段とすべきです。

　他方で、廃業・清算の手続を進めていく中で、資金繰りに不安があったり、入居者との間で転居をめぐって紛争化したりして、廃業手続が円滑に進まなくなる懸念がある場合には、裁判所の破産手続の担当部にも早めに相談しておくべきです。そして、万一の場合には、直ちに、破産手続開始決定を受けて、破産管財人が廃業手続の遂行に着手し、入居者の円滑な転居等を遂行できるように、随時、裁判所に報告・相談しながら廃業手続を進めることも検討が必要です。

(2)　役所との関係

　廃業の方針を決定した場合には、速やかに、管轄の市町村にも報告し、スケジュールや問題点について相談し、情報を共有しておくべきです。

　なお、廃業手続の遂行中であっても、介護保険事業の運営基準を維持する必要があります。例えば、介護スタッフの一斉解雇や一斉退職、介護スタッフの有給休暇消化等により、人員配置基準を満たさない状態とならないように配慮して、スタッフの退職のスケジュールも検討しておく必要があります（人員配置基準違反は、入居者の安全を脅かすものであることはもちろんですが、違反状態が一定割合以上になると、介護報酬が減算されるので、廃業手続遂行中の資金繰りにも影響を及ぼすことになります。）。

　また、廃業届は、廃業後ではなく、廃業日の1か月前までに提出する必要がある点にも注意が必要です（老福14の3・16・29③）。

　そのため、廃業が完了する目途が立った段階で、廃業届を提出しておく必要があります。

　なお、M＆A等による事業承継を行う場合、介護保険法に基づく指定（又は許可）を承継できるかどうかが問題となります。この点、介護保険法や各地方公共団体の設置運営指針等において、指定（又は許可）の承継の可否について定めた規定はないことや、そもそも、指定（又は許可）は、人員・設備・運営にかかるきめ細かい基準を満たして初めて受けることができること等に鑑みれば、指定（又は許可）は事業者ごとに取得すべきものですので、原則として、承継はできないものと解されます。もっとも、施設やスタッフをそのまま引き継ぐような場合等、事業承継の前後で、実質的に運営状況が異ならないような場合には、承継先が新たに指定（又は許可）を受ける上で所轄の市町村が柔軟に対応してくれる場合もありますので、M＆Aを行う場合にも、早めに役所に相談を開始することが重要です。

(3) 介護スタッフとの関係

　廃業に向けて、入居者に安全かつ円滑に転居してもらうためには、転居の完了まで、従前通りの介護サービスを継続できることが前提となります。

　したがって、介護スタッフの協力が肝要です。

　他方で、廃業に際しては、入居者の転居を促していくと同時に、事業規模も縮小していく必要がありますが、前記のとおり、スタッフの退職時期については、人員配置基準を下回らないように配慮してスケジュールを検討する必要があります。入居者の人数に対して、スタッフの解雇、設備の処分を先行させないように留意が必要です。

　人員配置基準は別としても、入居者の安全な転居を確保するためには、必要最低限のスタッフのみを残すという発想ではなく、入居者の最後の一人が無事に転居を完了するまで従前同様の介護サービスを維持する、という視点でスタッフの配置や退職時期を検討すべきです。

(4) 入居者との関係

　入居者の生命と身体の安全を確保するためにも、迅速かつ円滑な転居の促進が重要です。

　安全かつ円滑な転居を促進する上では、転居先の検討を入居者やその家族任せにするのではなく、個々の入居者の心身の状況を具体的に把握できている担当の生活相談員、ケアマネジャー、介護スタッフ等と協議し、個々の入居者ごとに、近隣の最適な転居先候補施設をリストアップして入居者に提案するということも有益です。

　転居先の候補施設でも、入居率を高めたいと考えていることは多いので、複数名の転居者を一度に紹介できる場合には、迅速に入居環境を整えてもらえることもあります。入居者の転居先を探す上で、生活保護受給者の転居先施設の確保は難航しやすいと思われます。生活保護受給者の場合、売上が上がりにくいためです。ただし、設立間もない施設など、入居率を増やすために生活保護受給者でも積極的に受け入れている施設もありますし、生活保護受給者も引き受けることを条件に複数名の入居者を紹介するなど、工夫の余地はあります。

　施設への入居には、主治医の健康診断書なども必要となりますので、施設を転居する際には、主治医の健康診断書等も準備しておく必要があります。この点、1つの施設では1名ないし2名程度の医者が、大多数の入居者を担当していることが多いので、主治医にも早めに相談して、できる限り早く健康診断書等の作成を行ってもらう必要が

あります。

　転居に際し、入居者との間でトラブルとなりやすいのは、入居一時金の返還や、転居費用の負担の問題です。

　入居者は通常複数いるはずですし、家族同士で連絡を取り合っていることも多いため、対応を誤ると、集団で混乱が生じ、収拾が付かなくなるおそれもあります。

　十分に対応方針を検討した上で、入居者や家族向けの説明会を開き、理解を得ることが理想的です。基本的には、事業者側の事情で廃業し、退去してもらうことになるわけですから、資金繰りとの兼ね合いにはなりますが、できる限り、入居一時金の一定割合を返還したり、転居費用の全額又は一部を負担したりすることを検討した方がよいでしょう。転居費用については、特定の引越業者に複数名の入居者の引越を請け負ってもらった方が割引等も対応してもらいやすくなるので、個々の入居者任せにするよりも、施設側が一括して特定の業者に委託する方が安くなるのが通常です。転居件数が多ければ、総額ではかなりの金額差となることもありますし、コストの見通しやスケジュールもコントロールしやすくなるというメリットもあります。

　なお、入居一時金や転居費用を負担する際には、入居者間で公平になるように配慮が必要です。

(5)　外部のサービス業者との関係 ■■■■■■■■■■■■■

　給食サービス、訪問看護等の介護サービスの一端を担ってもらっている外部業者に対しては、破産手続等の法的手続ではないので、間違いなく全額を支払うことを説明し、入居者の転居が完了するまでサービスを継続してもらう必要があります。

　給食サービスについては、資金繰りの状況によっては、弁当に切り替えることを検討せざるを得ない場合もありますが、できる限り、回避すべきです。通常、介護施設では、入居者ごとに、流動食・キザミ食の要否、アレルギー食材等を把握した上で、きめ細かく個別対応していることが多いので、急に業者や配食の形態を変更すると、ただでさえ廃業や転居に向けて混乱が生じやすい中で、現場スタッフへの負担も増し、配食業者側の過誤も生じやすくなります。その結果、誤嚥等によって死亡事故が生じる事態ともなりかねないためです。

株式会社・各種法人別
　　清算手続マニュアル
　－手続の選択から業種別の注意点まで－

平成31年3月18日	初版一刷発行
令和元年7月3日	二刷発行

編集代表　島　史　賢
　　　　　中　智　晴
編集委員　尾　渕　雅　男
　　　　　田　邊　一　誠
　　　　　溝　渡　　　一
　　　　　太　田　洋

発 行 者　新日本法規出版株式会社
　　　　　代表者　星　謙一郎

発 行 所　新日本法規出版株式会社

本　　社	(460-8455)	名古屋市中区栄1－23－20
総轄本部		電話　代表　052(211)1525
東京本社	(162-8407)	東京都新宿区市谷砂土原町2－6
		電話　代表　03(3269)2220
支　　社		札幌・仙台・東京・関東・名古屋・大阪・広島
		高松・福岡
ホームページ		http://www.sn-hoki.co.jp/

※本書の無断転載・複製は、著作権法上の例外を除き禁じられています。
※落丁・乱丁本はお取替えします。　　ISBN978-4-7882-8518-7
5100056　法人別清算手続　　　　　　Ⓒ尾島史賢 他 2019 Printed in Japan